鲜卑族源流

管芙蓉　吕向阳

山西出版传媒集团
山西人民出版社

图书在版编目（CIP）数据

鲜卑族源流 / 管芙蓉，吕向阳著 .—太原：山西人民出版社，2018.9（2022.4 重印）
ISBN 978-7-203-10550-3

Ⅰ．①鲜…　Ⅱ．①管…　②吕…　Ⅲ．①鲜卑 - 民族历史 - 中国 Ⅳ．① K289

中国版本图书馆 CIP 数据核字（2018）第 211309 号

鲜卑族源流

著　　者：管芙蓉　吕向阳
责任编辑：魏美荣
复　　审：赵虹霞
终　　审：秦继华
装帧设计：武爱听

出 版 者：山西出版传媒集团 · 山西人民出版社
地　　址：太原市建设南路 21 号
邮　　编：030012
发行营销：0351 - 4922220　4955996　4956039　4922127（传真）
天猫官网：https://sxrmcbs.tmall.com　电话：0351 - 4922159
E - mail：sxskcb@163.com　发行部
sxskcb@126.com　总编室
网　　址：www.sxskcb.com

经 销 者：山西出版传媒集团 · 山西人民出版社
承 印 厂：三河市明华印务有限公司

开　　本：787mm × 1092mm　1/16
印　　张：18.5
字　　数：360 千字
版　　次：2018 年 9 月　第 1 版
印　　次：2022 年 4 月　第 2 次印刷
书　　号：ISBN 978-7-203-10550-3
定　　价：59.00 元

大同文化系列成果
《鲜卑族源流》

项目编号： 晋社联字 2006—33

项目主持： 管芙蓉

合作单位： 大同市区域文化学会

大同煤炭职业技术学院

大同大学云冈文化研究中心

注：《鲜卑族源流》是2006年至2007年度山西省社科联“十一五”规划重点课题，同年在大同市科技局立项，被列为大同文化资源整合与创新研究项目。

编 委 会

鲜卑族源流

鲜卑族源流

鲜卑族源流

鲜卑族源流

郭预衡先生题的书名

鲜卑石室石刻祝文

嘎仙洞——鲜卑祖室

序言

李治国

大同历史文化悠远绵长。早在十万年前的旧石器时代，这里便生活着以“许家窑人”命名的远古人类。进入文明时代，这里便成为北方游牧民族的栖息地，成为游牧民族同农耕民族交往与文化交融的地域。战国时代，赵武灵王的“胡服骑射”，首次把中原民族同北方民族的交融推向历史的巅峰，当时的大同便是推行“胡服骑射”的重要战略基地。秦汉以降两千多年来，从号称“五胡”的匈奴、鲜卑、羯、氐、羌到突厥、契丹、女真、蒙古族、满族等不同族系的北方各民族，几乎无一不曾频繁活动于大同这片土地，北方民族同中原民族交往和文化交融的一幕幕历史，几乎无一不在这里登台上演。大同历史便是在北方各民族与中原民族交往和文化交融的风雨行程中漫漫积淀而成，尤其是拓跋鲜卑创建的定都平城百年的北魏王朝，谱写了大同历史文化发展的最为辉煌的篇章。

因此，以研究大同历史文化为宗旨，系统梳理曾经活跃于大同地区的北方各民族的历史演进，尤其是拓跋氏所属鲜卑民族的历史演进，对于深化大同历史文化研究，促进大同经济社会发展，无疑具有重要意义，是时代赋予的重要学术课题。

鲜卑是继匈奴之后又一势力强大的民族，也是在中国历史上活动时间最为持久、对中国历史进程影响最为深远的北方游牧民族。

鲜卑与乌桓同属东胡民族。秦汉之际，东胡被匈奴冒顿单于破灭，鲜卑与乌桓同受匈奴役属。东汉末年，与汉为敌的北匈奴被击败西迁后，鲜卑随即进据匈奴故地，在其首领檀石槐统领下迅速发展壮大，进而形成各个不同部族，主要是慕容氏、宇文氏、拓跋氏等三大部众和属于三大部众支裔别种的诸如段氏、乞伏氏、秃发氏、吐谷浑以及库莫奚、契丹；等等。

那么，鲜卑族起源于何地？鲜卑各部族间是怎样的关系？鲜卑及其各部族是怎样演化流变的？这是我国鲜卑史学者着力探讨并取得突破性成就的基本学术课题。管芙蓉、吕向阳撰写的《鲜卑族源流》，便是在前辈学者学术成果的基础上，对鲜卑民族的历史演进所作的系统梳理。

大同市区域文化学会是以学术研究为核心的社会团体。自2007年5月成立以来，先后组织申报省级课题"北魏文学作品研究"等4项，组织合作课题8项。其成果先后获得省市级奖励20余项。从北魏到北朝，再到鲜卑民族历史文化研究，相继取得了一系列学术成果。一、先后出版著作：《北魏史话》、《东魏北齐与山西》、《北朝文坛》、《鲜卑族与山西》、《北魏名相崔浩》、《北魏孝文帝》、《平城与六镇》、《北朝散论》等；二、发表论文：《鲜卑族入主中原的意义》、《从"胡服骑射"到"孝文改制"——浅谈民族文化交流的"双向性"》、《浅谈北朝民歌的美学特色》、《佛母塔洞与冯太后——云冈石窟文化内涵解读》、《北魏崔浩死因再探》、《鲜卑民族对中华文明的影响》等；三、编印"大同文化"系列成果：《北魏文学作品选》、《大同文化产业开发研究》、《大同煤都文化》等内部资料。

《鲜卑族源流》是2006—2007年度山西省社科联"十一五"规划的山西地方文化特色研究重点课题，同年被大同市科技局列为"大同文化资源整合与创新研究"项目。本项目由大同煤炭职业技术学院管芙蓉副教授主持，由课题组成员管芙蓉和吕向阳共同完成这本书稿，这是深入探索鲜卑民族发展史的可喜成果。祝愿作者进一步发扬孜孜以求的学术执着精神，在大同历史文化研究领域取得更丰硕的成果！

2018年2月　大同

前言

被称为"五胡"之一的鲜卑族,是长期活跃于中国历史上的势力强大的北方游牧民族。鲜卑与乌桓同属东胡族系,秦汉之际,匈奴破东胡,乌桓与鲜卑从此受匈奴奴役;东汉初,匈奴分裂为南、北两部,南匈奴归附于汉,北匈奴继续与汉为敌,汉和帝永元三年(91年),北匈奴被汉与南匈奴以及乌桓、鲜卑等联军击败被迫西迁,匈奴政权瓦解,于是鲜卑大规模进据大漠南北河套一带之匈奴故地,由此而迅速发展壮大,成为继匈奴之后我国北方又一强大的游牧民族势力。

鲜卑族所属部族繁多纷杂。主要有拓跋氏、慕容氏、宇文氏三大部族,还有段氏、乞伏氏和与拓跋氏同源并同音异译的秃发氏以及出自慕容氏的吐谷浑、出自宇文氏的库莫奚与契丹和出自拓跋氏而在党项羌诸部中势力最强的拓跋部;等等。

十六国时,慕容氏曾建立前燕、后燕、南燕、西燕国,拓跋氏建立代国,乞伏氏建立西秦国,秃发氏建立南凉国,吐谷浑建立吐谷浑国;十六国后期,拓跋氏勃然崛起,结束了割据势力纷争,统一了黄河流域,建立起强大的北魏王朝,统治中国北方一个半世纪,由此形成历史上南、北朝对峙局面;北魏末年,鲜卑化的汉人高氏和鲜卑宇文氏瓜分北魏而建东魏、西魏,继而建立高氏统治的北齐和宇文氏统治的北周政权；唐末五代至北宋，出自宇文氏的库莫奚和契丹崛起，契丹吞灭库莫奚后建立辽国政权，党项羌诸部中势力最强的拓跋部建立了以党项羌为统治民族的西夏政权；等等。

可见，部族繁多纷杂的鲜卑族，同时也是中国历史上活动时间最为持久，对中国历史进程影响最为深远的北方游牧民族，在多元一体的中华民族大家庭和辉煌璀璨的中华民族文化形成发展的漫漫长河中，鲜卑族做出了伟大的历史贡献。

鲜卑族起源于何地？鲜卑各部族间是怎样的关系？在漫漫历史长河中，鲜卑及其各部族是怎样演化流变的？这是鲜卑史学者着力探讨并取得突破性成就的基本学术课题。《鲜卑族源流》便是在吸收参照前辈学者的学术成果基础上撰写的。尤其是米文平先生关于大兴安岭北部大鲜卑山鲜卑石室的发现和大兴安岭周围一系列相关考古发掘成果，为探讨鲜卑民族起源地及其早期迁徙历程提供了坚实的实物证据，从而也为本书关于鲜卑民族之源的论述奠定了立论基础。

《鲜卑族源流》运用了溯源探流的历史学方法，全书由上编、中编、下编构成。其上编："大鲜卑山：鲜卑民族的摇篮"，吸收参照了前辈学者的学术成果而集中论述鲜卑民族之"源"，系统论述了鲜卑三大部族："北部鲜卑"拓跋氏、"东部鲜卑"慕容氏、宇文氏皆源于大鲜卑山森林带以及他们沿着不同的方向和路线走出大鲜卑山的南迁历程。这就理出了鲜卑民族的历史源头，为进一步揭示鲜卑各部族的关系及其演化流变的历史轨迹理出头绪。《鲜卑族源流》

系统梳理鲜卑族的历史演进,宏观展现了鲜卑民族的历史全貌。

山西地方文化特色研究《鲜卑族源流》,是2006年至2007年度山西省社科联"十一五"规划重点课题(晋社联字2006—33),同年在大同市科技局立项,被列为大同文化资源整合与创新研究项目。本课题由大同市三晋文化研究会原会长董瑞山先生和云冈研究院原院长李治国先生推荐申报,大同煤炭职业技术学院管芙蓉副教授主持。已出版发表相关研究成果:《鲜卑族与山西》(著作)、《鲜卑族入主中原的意义》、《鲜卑民族对中华文明的影响》(论文)等。

《鲜卑族源流》绪论、上编主要由管芙蓉完成。中编主要由吕向阳完成。下编由管芙蓉、吕向阳共同完成。其中,下编第一章至第五章及结论部分,主要由管芙蓉完成,下编第六章、第七章,主要由吕向阳完成。

《鲜卑族源流》2008年结题,得到鲜卑族研究专家米文平先生多次指导,学术顾问李元庆、孙安邦先生的审议修改,大同学者赵一德、李开元先生的鼎力相助,北京师范大学郭预衡教授为书名题字。在省市社科界领导、大同煤炭职业技术学院领导、大同大学云冈文化研究中心领导的大力支持下,经过12年的不懈努力,多次修改补充,终于完成这部书稿。而今准备出版之际,许多为本书付出劳动的专家学者已成故人,借此表示深切的怀念和敬仰!

2018年1月　恒源花园

目录

绪论　关于鲜卑族及其各部族

一、鲜卑族:“东胡之余也”“东胡之支也”　/ 001

二、檀石槐联盟与鲜卑各部族　/ 003

上编　大鲜卑山:鲜卑民族的摇篮

第一章　鲜卑族的原始栖息地　/ 011

第一节　关于大鲜卑山　/ 011

第二节　关于鲜卑山　/ 016

第三节　大鲜卑山的森林民族　/ 023

第二章　鲜卑民族的迁徙历史　/ 026

第一节　鲜卑各部族同源而异流　/ 026

第二节　北部鲜卑之迁徙(上)　/ 031

第三节　北部鲜卑之迁徙(下)　/ 042

第四节　东部鲜卑之迁徙　/ 056

中编　南下中原:鲜卑民族的辉煌

第一章　鲜卑族尽居匈奴故地　/ 071

第一节　北部鲜卑和南部鲜卑　/ 071

第二节　鲜卑族与中原华夏民族的早期交往　/ 075

第三节　匈奴族的衰弱和南部鲜卑的强盛　/076
第四节　南部鲜卑的强盛和进入雁门地区　/078
第五节　檀石槐统一下的鲜卑族　/080

第一篇　南部鲜卑徒何部慕容氏的强盛与发展　慕容氏与燕国

第二章　慕容氏之前燕国　/084
第一节　慕容廆与前燕国　/084
第二节　走向强盛的前燕国　/088
第三节　迁都邺城　/091
第四节　前燕国的内乱和灭亡　/092

第三章　慕容氏之后燕国　/095
第一节　后燕王慕容垂　/095
第二节　创建后燕国　/097
第三节　动乱中的后燕国　/098
第四节　后燕国的灭亡　/100

第四章　慕容氏西燕国的创建与消亡　/102
第一节　复兴燕国的慕容泓　/102
第二节　自相残杀 西燕灭亡　/103

第五章　慕容氏南燕国的创建与消亡　/105
第一节　南燕国的创建人慕容德　/105
第二节　迁都广固　/107
第三节　南燕国的发展和灭亡　/108

第二篇　拓跋鲜卑的辉煌历史　拓跋氏与北魏王朝

第六章　拓跋氏之代国　/112

第一节　纷乱中的鲜卑拓跋部 / 112
第二节　鲜卑拓跋部建立代国 / 113
第三节　代国的灭亡 / 115
第七章　鲜卑拓跋氏建立北魏王朝 / 118
第一节　历史的机遇和代国的复兴 / 118
第二节　北魏王朝的缔造者拓跋珪 / 119
第三节　北魏政权的巩固者拓跋嗣 / 125
第八章　统一强大的北魏大帝国 / 128
第一节　魏太武帝拓跋焘的开疆拓土 / 128
第二节　镇压盖吴起义与南伐刘宋 / 131
第三节　魏太武帝的文治功绩 / 133
第九章　北魏王朝的创业夫妇 / 139
第一节　文成帝拓跋浚在历史上的地位和作用 / 139
第二节　文明皇太后冯氏 / 144
第十章　魏孝文帝的社会改革与迁都洛阳 / 149
第一节　魏孝文帝的社会改革措施 / 149
第二节　魏孝文帝迁都洛阳的动机 / 153
第三节　迁都洛阳的斗争 / 154
第四节　定都洛阳 / 157
第五节　魏孝文帝的遗憾 / 159
第十一章　北魏王朝的平稳发展和衰败 / 160
第一节　北魏王朝后期的平稳发展 / 160
第二节　灵太后胡充华的专权与河阴事变 / 163
第三节　北魏王朝的分裂 / 165

第三篇　宇文鲜卑的历史篇章　宇文氏与北周王朝
第十二章　宇文泰与西魏政权　/168
第一节　宇文泰与鲜卑宇文部　/168
第二节　宇文泰控制下的西魏　/170
第三节　西魏禅代　拓跋氏政权终结　/174
第十三章　北周的强盛和北中国的再次统一　/176
第一节　周明帝宇文毓和北周王朝　/176
第二节　周武帝宇文邕在历史上的作用和贡献　/177
第十四章　北周王朝的衰落　/179
第一节　宇文赟的荒淫与北周王朝的衰落　/179
第二节　杨坚的辅政和鲜卑宇文部政权的转移　/182

下编　支裔别种:鲜卑民族的流变
第一章　鲜卑族之支裔别种　/187
第一节　概　述　/187
第二节　陇西鲜卑乞伏部　/191
第三节　拓跋鲜卑秃发部　/194
第四节　慕容鲜卑吐谷浑部　/196
第五节　党项羌拓跋部　/198
第二章　陇西鲜卑乞伏部建立的西秦国　/202
第一节　鲜卑乞伏部概述　/202
第二节　鲜卑乞伏部西秦国的创建与发展　/203
第三节　西秦国的衰落和消亡　/205
第三章　鲜卑秃发部建立南凉国　/208
第一节　鲜卑秃发部简介　/208

第二节　鲜卑秃发部建立的南凉国　/209
第三节　南凉国的灭亡　/210
第四章　鲜卑徒何段就眷部的兴亡　/214
第五章　鲜卑吐谷浑国　/217
第一节　鲜卑吐谷浑国的来历　/217
第二节　南北朝时期的吐谷浑　/219
第三节　隋唐时期的吐谷浑　/224
第四节　鲜卑吐谷浑部的东迁与消亡　/227
第五节　吐谷浑部对我国西部的开发　/229
第六章　鲜卑拓跋部创建的西夏国(上)　/231
第一节　鲜卑拓跋部的西移和东迁　/231
第二节　五代时期的西夏拓跋部　/233
第三节　北宋初年的西夏拓跋部　/233
第四节　宋辽对峙与西夏拓跋部的休养生息　/236
第五节　西夏国的建立　/237
第六节　捍卫西夏国政权的拓跋元昊　/242
第七节　向汉族学习的拓跋谅祚　/243
第七章　鲜卑拓跋部创建的西夏国(下)　/245
第一节　西夏国的杰出女政治家　/245
第二节　宋和西夏的关系　/249
第三节　西夏与辽、金的关系　/252
第四节　西夏国的灭亡　/256

结　论

鲜卑民族对中华文明的影响　/263

参考文献　/275

绪论　关于鲜卑族及其各部族

一、鲜卑族："东胡之余也""东胡之支也"

"鲜卑"作为族称的最早史籍记载见于《三国志·乌丸鲜卑东夷传》注引王沈《魏书》曰："鲜卑亦东胡之余也，别保鲜卑山，因号焉。"其后《后汉书·乌桓鲜卑列传》曰："鲜卑者，亦东胡之支也，别依鲜卑山，故因号焉。"皆称鲜卑为东胡之余类或分支，其族称皆因鲜卑山而号焉。

东胡为我国古代北方民族一大族系。东胡族称最早见于战国时代的《逸周书·王会》："东胡，黄罴……"又曰："正北有匈奴……东胡。"接着《山海经·海内西经》亦载："东胡在大泽东，夷人在东胡东。"说明战国时代东胡已活跃于历史舞台。东胡与燕、赵接触频繁，并对二国构成威胁。据《史记·匈奴列传》《史记·赵世家》及《战国策·赵策》等史籍载，战国中后期，面对日益强大的东胡等游牧部族的侵扰，赵武灵王曾以举国之力推行"胡服骑射"，其主要战略目标即击破"三胡"，亦即东北面的东胡和西北面的林胡、楼烦三部族，并于击三胡后将新开辟领土建置为云中、雁门、代三郡，同时于边地筑长城"以拒胡"。而燕国败于东胡后其贤将秦开曾留滞东胡做人质，亦由此熟悉了东胡内情，回国后即率兵袭击东胡，迫使其向北退却1000余里，同时亦于边地筑长城"以拒胡"。可见当时的东胡势力相当强大了。

秦汉之际，东胡势力达于极盛。据《史记·匈奴列传》、《汉书·匈奴传》以及《三国志·乌丸鲜卑东夷传》和《后汉书·乌桓鲜卑列传》等史籍载，当时，强大的东胡势力曾西向蒙古草原拓展，由此引发与匈奴的冲突。而匈奴亦借秦末楚汉相争，中原战乱，迅速统一了大漠，建立起强大的家国政权，与中原王朝鼎足对峙。冒顿自立为单于后，遂发起袭击东胡之战，由此“大破灭东胡王，而虏其民人及畜产”，东胡势力遭到沉重打击。从此，强大的东胡族分而散落为三支：一支即匈奴所“虏其民人”，成为匈奴族的一部分了。据《史记·卢绾列传》载，西汉初卢绾率其众亡入匈奴后，匈奴封之为“东胡卢王”，其所管辖的就是被匈奴掳走的东胡人。另外两支即《三国志·乌丸鲜卑东夷传》[传]引王沈《魏书》及《后汉书·乌桓鲜卑列传》所载：一为乌丸(桓)族：“乌丸者，东胡也。汉初，匈奴冒顿灭其国，余类保乌丸山，因以为号焉。”“乌桓者，本东胡也。汉初，匈奴冒顿灭其国，余类保乌桓山，因以为号焉。”一为鲜卑族：“鲜卑亦东胡之余也，别保鲜卑山，因号焉。”“鲜卑者，亦东胡之支也，别依鲜卑山，故因号焉。”

分而散落的三支东胡人，前一支直接受匈奴统辖，并进而与匈奴融为一体了。后两支亦长期受匈奴役属。乌丸(桓)族于东汉末建安年间为曹操所破后，“其余众万余落，悉徙居中国”，从此与汉族融为一体了；鲜卑族则于东汉和帝年间北匈奴被汉与南匈奴及乌桓、鲜卑等联军击败溃退而被迫西迁后，“尽据匈奴故地”，从此日益强大起来。

东胡族何以称“东胡”呢？“胡”是自战国以来我国古代北方民族的泛称。战国赵武灵王“胡服骑射”，破“三胡”之“胡”即是此。汉代时，匈奴人即自称为“胡”，如《汉书·匈奴列传》载汉武帝太始年间匈奴孤鹿姑单于致武帝书曰：“南有大汉，北有强胡。胡者，天之骄子也。”因匈奴族活动于蒙古大漠，又自称为“胡”，并为中原汉族人所熟知，故对活动于匈奴之东的民族称“东胡”，此即《史记·匈奴列传》[索隐]引服虔曰：“东胡，乌丸之先，后为鲜卑。在匈奴东，故曰东胡。”那么，活动于匈奴之西的如汉代葱岭之东西域各民族便称“西胡”了，北即《后汉书·西域传》赞曰：“逷矣西胡，天之外区。”并且，对北方各民族传入中原的物品亦冠以“胡”字，如《后汉书·五行志》载“汉灵帝为胡服、胡帐、胡床、胡坐、胡饭、胡箜篌、胡笛、胡舞，京都贵戚皆竞为之”，皆指西胡之物。魏晋以后，凡活动于中原的北方各民族多被称为“胡”，最流行的如称匈奴、鲜卑、羯、氐、羌为“五胡”，此即《晋书·元帝纪》“晋氏不虞，自中流外，五胡扛鼎，七庙隳尊”之意。

如上所述，便是鲜卑族之为“东胡之余”、“东胡之支”的历史缘由。

二、檀石槐联盟与鲜卑各部族

西汉初，匈奴冒顿破灭东胡后，作为东胡“之余”、“之支”的鲜卑与乌桓同受匈奴役属。武帝年间，匈奴经汉军大规模讨伐，势力渐衰。东汉初光武帝年间，匈奴分裂为南、北两部：南匈奴归附汉朝，北匈奴继续与汉为敌。和帝年间，北匈奴在汉与南匈奴及乌桓、鲜卑等联军击败溃退而被迫西迁后，“鲜卑因此转徙据其此。匈奴余种留者尚有十余万落，皆自号鲜卑，鲜卑由此渐盛”[①]。从此鲜卑不但彻底摆脱了匈奴的役属，而且把势力扩展到北匈奴遁逃后的漠北草原，同时收归了留居故地“皆自号鲜卑”的匈奴余种十余万落，鲜卑日益强大了。桓帝年间，檀石槐被立为鲜卑“大人”后，“尽据匈奴故地”[②]。檀石槐是率领鲜卑族勃然崛起于大漠草原的杰出军事首领，他的历史功业主要在于两方面：

一是加强军事掠夺，扩充势力范围。“檀石槐既立，乃为庭于高柳北三百余里弹汗山啜仇水上”[③]。即在今山西阳高县东北300余里的河北尚义县东洋河上建立政治中心王庭。并以其“称兵十万”、“兵马甚威”的强大实力，展开大规模军事扩张：“南抄汉边，北拒丁令，东却扶余，西击乌孙，尽据匈奴故地，东西万二千(或四千)余里，南北七千余里，网罗山川、水泽、盐池甚广”[④]。当时，原匈奴活动的地盘尽归鲜卑占据了，鲜卑由此成为雄踞大漠草原的强大势力，对汉王朝北部边防构成严重威胁。至灵帝即位，汉之“幽、并、凉三州缘边诸郡无岁不被鲜卑寇抄，杀掠不可胜数”[⑤]。于是灵帝就讨伐鲜卑事“乃召百官议朝堂”，而朝臣多不主用兵。其中，议郎蔡邕的奏议集中阐述了鲜卑之强、

---

①《三国志·乌丸鲜卑东夷传》注引王沈《魏书》；《后汉书·乌桓鲜卑列传》。
②《三国志·乌丸鲜卑东夷传》注引王沈《魏书》；《后汉书·乌桓鲜卑列传》。
③《三国志·乌丸鲜卑东夷传》注引王沈《魏书》；《后汉书·乌桓鲜卑列传》。
④《三国志·乌丸鲜卑东夷传》注引王沈《魏书》；《后汉书·乌桓鲜卑列传》。
⑤《三国志·乌丸鲜卑东夷传》注引王沈《魏书》；《后汉书·乌桓鲜卑列传》。

朝廷之弱故不可用兵的道理。他指出,“自匈奴遁逃,鲜卑强盛,据其故地,称兵十万”,“兵利马疾,过于匈奴”;相形之下,当今朝廷“郡县盗贼尚不能禁,况此丑虏而可伏乎!”[①]。可见,当时的东汉朝廷,尚无力平定各郡县变乱,又何谈出兵讨伐鲜卑呢?亦可见,檀石槐统领下的鲜卑,比之曾经不可一世的匈奴更加强大了。

二是建立权力机构,强化政治统治。鲜卑“尽据匈奴故地”后,檀石槐在屡屡寇掠汉边而拒绝与汉“和亲”的同时,乃仿照匈奴遗制,“分其地为中、东、西三部”,各部设大人,东部:右北平以东至辽东,与扶余、貊接壤,共二十余邑落,大人曰弥加、阙机、素利、槐头;中部及西部:上谷以西至敦煌,西接乌孙,共20余邑落,大人曰置鞬落罗、日律推演、宴荔游(一说即燕荔阳)等,“皆为大帅”[②]。各部大人在檀石槐的统制下,“割地统御,各有分界”[③],由此组成强大的军事联盟。“自檀石槐后,诸大人遂世相传袭”[④]。可见,檀石槐建立的权力机构,基本上已不是按血缘组合的原始氏族公社,而是按地域划分的国家政权雏形;这个按地域划分的中、东、西三部及其辖属诸邑落,也已具有了地方政权的性质;虽然檀石槐死后联盟瓦解,诸部大人世相传袭,但也可见这个权力机构已为世袭王位与世袭贵族奠定了基础。

综上所述,檀石槐被立为鲜卑“大人”,是鲜卑族发展史上的第一个鼎盛阶段。檀石槐联盟分裂后,世相传袭的诸部大人便逐步形成了同属鲜卑族而族称不同的各部族。

鲜卑各部族,主要是慕容氏、宇文氏、拓跋氏三大部族,还有乞伏氏、段氏、秃发氏等部族。

据史载,慕容、宇文、拓跋三大部族的首领,当分别是檀石槐联盟的中、东、西三部大人之一。

---

①《后汉书·乌桓鲜卑列传》,中华书局,1965年版,第2991页。

②《三国志·乌丸鲜卑东夷传》注引王沈《魏书》;《后汉书·乌桓鲜卑列传》,中华书局,1965年版,第2990页。

③《三国志·田豫传》,中华书局,1982年版。

④《三国志·乌丸鲜卑东夷传》注引王沈《魏书》;《后汉书·乌桓鲜卑列传》,中华书局,1965年版,第2994页。

慕容部首领是檀石槐联盟的中部大人之一“慕容”。据《资治通鉴》胡三省[注]曰:“《魏书》曰:汉桓帝时,鲜卑檀石槐分其地为东、中、西三部,中部大人曰柯最、阙居、慕容等,为大帅,是则慕容部之始也。”[①]

宇文部首领当即是东部大人之一“槐头”。据《魏书》与《北史》所载《匈奴宇文莫槐列传》曰:莫槐“出于辽东塞外,其先南单于远属也,世为东部大人”。这是说莫槐先祖为匈奴。而其“出于辽东塞外”与其“世为东部大人”,皆与檀石槐联盟之“东部”相吻合。又,宇文氏曾建北周政权。据《周书》与《北史》所载,北周缔造者太祖宇文泰《本纪》曰:其先祖“有葛乌菟者,雄武多算略,鲜卑慕之,奉以为主,遂总十二部落,世为大人”;其后,葛乌菟裔孙莫那“自阴山南徙,始居辽西”。这是说宇文氏先祖葛乌菟为鲜卑,“世为大人”;其裔孙莫那自阴山南徙至辽西。阴山之脉,远接辽东塞外,故莫那自阴山南徙至辽西,实即自辽东塞外迁来辽西。据此,吕思勉先生断言:“莫那自阴山南徙”,“莫槐出辽东塞外”,“似即一人”[②]。这就是说,或莫槐先祖“南单于远属”,或莫那先祖“葛乌菟”,皆居辽东塞外,皆“世为东部大人”或“世为大人”。这同样与檀石槐联盟之“东部”相吻合。也就是说,宇文部首领当即是檀石槐联盟的东部大人之一。有学者断言:“东部大人槐头,就是宇文部大人的祖先莫槐。”[③]吕思勉则以莫槐与莫那“似即一人”。总之,自右北平以东至辽东一线之“东部”,当即是鲜卑宇文部的发轫地。关于宇文部之族属,上述一说为匈奴,一说是鲜卑。吕思勉据此断言:“疑宇文为匈奴、鲜卑杂种。”[④]因为檀石槐联盟之“东部”曾是鲜卑族与南匈奴杂居,故此。

拓跋部首领当即是西部大人之一,日律推演。据《资治通鉴》胡三省[注]:“推演,盖即推寅也。”[⑤]据《魏书》载,拓跋鲜卑历史上有过两位“推寅首领”:一位是公元1世纪前叶东汉初年的宣皇帝推寅。他的历史功业是,率领

①《资治通鉴·卷第八十·晋纪三·武帝太康元年—二年》,胡三省注,中华书局,1956年版。

②《吕思勉读史札记》,上海古籍出版社,1982年版,第834页。

③王仲荦:《魏晋南北朝史》上册,上海人民出版社,1979年版,第196页。

④《吕思勉读史札记》,上海古籍出版社,1992年版,第834页。

⑤见《资治通鉴·魏纪九·元帝景元二年》胡三省注。

部族，辗转“方千余里”，从大兴安岭北部原始森林“南迁大泽”，到达森林山地西南边缘的呼伦贝尔大草原。“大泽”即草原上的呼伦湖。另一位是公元2世纪中叶东汉桓帝年间的献皇帝邻，他的历史功业是：晚年让位其子圣武皇帝诘汾，命诘汾率部再次“南移”，历尽“九难八阻”，到达漠南阴山一带，“始居匈奴之故地”。这两次大迁徙，是拓跋鲜卑兴旺发达的历史大转折。而两次大迁徙的实现，“其迁徙策略，多出宣、献二帝，故人并号曰‘推寅’，盖俗云‘钻研’之意。”[①]就是说，宣皇帝推寅和献皇帝邻，均为拓跋鲜卑的兴旺发达立下了不朽功业，为表达对他们的爱戴尊崇，“故人并号曰‘推寅’，”以赞扬他们深谋远虑的开拓精神和丰功伟业。于是，人们又称献皇帝邻为“第二推寅”。这次大迁徙到达漠南后，“建国拓跋，因以为氏”[②]。从此开始以“拓跋”为族称，称作“拓跋氏”或“拓跋鲜卑”了。此时正值檀石槐被鲜卑各部立为“大人”，在草原建立军事大联盟，进而“尽据匈奴故地”并“分其地为中、东、西三部”之际，“第二推寅”当即在这时成为大联盟的西部大人之一。

以上是鲜卑族的三大部族：慕容氏、宇文氏和拓跋氏。就是说，檀石槐大联盟的中、东、西三部，当即是分别以“慕容”、“宇文”、“拓跋”为族称的鲜卑三大部族的发轫地。

三大部族之外有乞伏氏、段氏、秃发氏、吐谷浑等部族。

以上诸多部族，按其自汉代以来主要活动地域的不同又有“东部鲜卑”、“南部鲜卑”、“北部鲜卑”、“河西鲜卑”、“陇西鲜卑”、“徒河鲜卑”、“辽东鲜卑”、“辽西鲜卑”等称谓。诸如：

活动于辽河流域的慕容氏、宇文氏、段氏即被称作“东部鲜卑”。如《晋书》称活动于辽西地区的段氏为“东部鲜卑”等。[③]

相对于辽河流域的东部鲜卑，拓跋氏先世则由遥远的北方大兴安岭森林地带呼伦贝尔草原进而迁来漠南匈奴之故地，从此始以“拓跋”为氏。于是史

---

①见《魏书·序纪》，中华书局，1974年版，第2页。

②《北周孝贤墓志铭》，转引自米文平：《鲜卑史研究》，中州古籍出版社，1994年版，第124、215、471页。

③见《晋书·段匹磾列传》，中华书局，1974年版。

家遂称拓跋氏先世为"北部鲜卑"[①]。相对于北部鲜卑，辽河流域的东部鲜卑显然位于遥远的南方。于是史家遂有"两种南、北鲜卑"之称[②]。又称辽河流域的东部鲜卑为"南部鲜卑"了。

"河西鲜卑"是活动于黄河河套以西宁夏、甘肃、青海一带的秃发氏。"秃发"即"拓跋"之音转。据史载，秃发氏先祖匹孤为拓跋氏圣武皇帝诘汾长子、神元皇帝力微长兄[③]。当年，匹孤率部塞北阴山一带迁徙河西[④]。形成河西鲜卑，并于十六国时建南凉政权。

"陇西鲜卑"是活动于陕、甘间陇山之西甘肃一带的乞伏氏。据史载，大约在公元2世纪末，鲜卑部落大联盟瓦解，一部分鲜卑部落自漠北向南，迁至大阴山（今内蒙古阴山）山脉一代游牧。当时迁至此处的有出连、叱卢、乞伏等部。后各部共推源出高车的乞伏部纥干（鲜卑语，意为"依倚"）为首领，称之为乞伏可汗讫铎莫何。乞伏由此突显于其他陇西鲜卑各部，并于十六国时建西秦政权。

"徒何鲜卑"源自前秦政权的创建者慕容廆。慕容氏是活动于辽河流域的东部鲜卑（或南部鲜卑）。据史载，慕容廆的曾祖莫护跋"魏初率其诸部人居辽西"，并于今辽宁北票市一带的大棘城之北建立都邑；慕容廆之父涉归时"迁邑于辽东北"；慕容廆即位后，"以辽东僻远"，"又迁于徒河之青山"，之后，"廆以大棘城即帝颛顼之墟也"，"乃移居之"。"徒河"或称"屠河"、"徒何"，"徒河之青山"即今辽宁锦州市西北一带。"徒何（河）鲜卑"之称即源于此。慕容廆其人即首次以"徒何（河）慕容廆"载入史册。[⑤]

同时，"本出于辽西"的东部鲜卑段氏，其首领段就六眷亦以"徒何段就六眷"而载入史册。[⑥]

---

①见米文平：《鲜卑史研究》，中州古籍出版社，1994年版，第100页。

②见马长寿：《乌桓与鲜卑》，转自《鲜卑史研究》，中州古籍出版社，1994年版，第3页。

③见《新唐书·宰相世系》五上："源氏"。

④见《晋书·秃发乌孤载记》；《魏书·秃发乌孤列传》。

⑤见《晋书·慕容廆载记》；《魏书·徒何慕容廆列传》；《北史·徒何慕容廆列传》。

⑥《魏书·徒何段就六眷列传》；《北史·徒何段就六眷列传》。

并且,由于慕容廆及其父祖曾往迫迁徙于辽东和辽西,故慕容廆之庶兄,“其先居于徒河之青山”,后曾建吐谷浑政权的鲜卑吐谷浑部首领吐谷浑其人,史籍中或称之为“本辽东鲜卑徒河涉归子也”,“本辽东鲜卑慕容廆之庶兄也”,或又称之“本辽西鲜卑徒河涉归子也”[①],于是也就有了“辽东鲜卑”和“辽西鲜卑”的不同称谓。

那么,鲜卑族起源于何地?鲜卑各部族间是怎样的关系?在漫漫历史长河中,鲜卑族及其各部族是怎样演化流变的,他们对于多元一体的中华民族的形成和中华民族文化的发展起了怎样的推动作用?如此等等,乃是鲜卑史研究者长期探求的基本课题。这本《鲜卑族源流》的小册子,便是在前人思想成果的基础上对上述问题所作的初步梳理。

---

①见《魏书·吐谷浑列传》;《北史·吐谷浑列传》;《周书·吐谷浑列传》;《隋书·吐谷浑列传》;《旧唐书·吐谷浑列传》。

上编

大鲜卑山：鲜卑民族的摇篮

第一章　鲜卑族的原始栖息地

第一节　关于大鲜卑山

“鲜卑”之族称来自鲜卑山。也就是说,鲜卑山是鲜卑民族起源地。史籍所记载的鲜卑山有多处,诸如大鲜卑山棘城鲜卑山、塞外鲜卑山、阿干鲜卑山,等等。那么,鲜卑民族的起源地是哪个鲜卑山?这是鲜卑史学者长期探求的基本课题,也是鲜卑学研究长期面临的一大难题。

20世纪80年代初,在大兴安岭北部嘎仙洞发现的鲜卑石室,为破解这一难题提供了有力证据。正如1988年12月7日《光明日报》刊发《对历史研究热点的思考》一文所说:“北魏史的研究,一直是我国断代史研究中的一个薄弱环节。时至1980年,我国考古工作者在大兴安岭嘎仙洞找到了鲜卑石室,并发现了石刻祝文,这就为拓跋鲜卑的发源地和其远祖的口碑史料的可信性提供了重要的依据。”亦由此,嘎仙洞鲜卑石室的发现被称作鲜卑学发展的“第四阶段的里程碑”。于志耿、孙秀仁所著《黑龙江古代民族史纲》写道:“近代鲜卑学的形成与发展,大致经历了四个阶段。……第四阶段的里程碑,当是米文平先生等1980年在大兴安岭北段东麓阿里河附近嘎仙洞发现的北魏太平真君四年的刻石祝文。由此,确定了大鲜卑山即今大兴安岭,鲜卑石室即今嘎仙洞,鲜卑发源地即在这一地区。而且这一重大发现无疑地证实了《魏书》记载的真实性,在鲜卑学文献与考古相结合的历史过程中又飞跃了一大步。”①

嘎仙洞鲜卑石室发现的里程碑意义，在于它证实了《魏书·序纪》所载“国有大鲜卑山，因以为号”的“大鲜卑山”，就在嘎仙洞所在地大兴安岭北部。并且，大兴安岭一带的相关考古发掘表明，大鲜卑山即是拓跋氏“北部鲜卑”的起源地。同时是慕容氏、宇文氏等“东部鲜卑”，或称“南部鲜卑”的起源地，这就是说，大鲜卑山是鲜卑民族的摇篮，是鲜卑民族的原始栖息地；大鲜卑山之外的诸多鲜卑山，不过是随着鲜卑民族的迁徙历程而后出现的山名。这样，关于鲜卑民族起源地的难题亦随之而得以破解。

最早记载大鲜卑山的史籍是《魏书·序纪》追述拓跋氏根祖渊源的文字。说是拓跋氏先祖系黄帝后裔，最初“受封北土”，居住在北方，“国有大鲜卑山，因以为号”，遂取大鲜卑山之“鲜卑”以为族称名号，称鲜卑族。同时，“其帝以土德王，北俗谓土为托，谓后为跋，故以为氏”，由此遂称鲜卑托(拓)跋氏。

当时，居住在大鲜卑山的拓跋氏先祖，“世为君长，统幽都之北，广漠之野，畜牧迁徙，射猎为业，淳朴为俗，简易为化，不为文字，刻木纪契而已，世事远近，人相传授，如史官之纪录焉。”“幽都”或“幽都之北”，皆指“受封北土”的广阔北方。这里描述的拓跋氏先祖的社会生产生活情景：世为君长，率部迁徙；森林草原，射猎游牧；淳朴简易，无文字记事，靠口耳传授等等，正是当时尚处于原始社会氏族部落阶段的写照。

据说，“受封北土”的拓跋氏先祖系黄帝之孙，“昌意少子”，其后裔名“始均”者，曾入仕尧舜之世“命为田祖”。自此“爰历三代，以及秦汉”，“而始均之裔”，不交南夏，是以载籍无闻焉。也就是自尧舜之世至秦汉皆不曾与华夏(汉)族交往，故而不见史籍所载。

拓跋氏先祖自“受封北土”，而后“经六十七世，至成皇帝讳毛立。聪明武略，远近所推，统国三十六，大姓妇九十九，威振北方，莫不率服”。这里的“统国三十六”之“国”当指氏族集团或部落族；“大姓九十九”之“大姓”则当指诸多较小的氏族部落或家族。说明历经六十七世的发展，拓跋氏先祖已经进入

①转引自米文平：《鲜卑史研究》，中州古籍出版社，1994年版，第133页。

原始社会末期的氏族集团或部落联盟阶段,其首领或皇帝毛所统之“国”已是“威振北方,莫不率服”,拥有强大的实力了。而后再历经五世,至“宣皇帝讳推寅立。南迁大泽,方千余里,厥土昏冥沮洳”。“大泽”即呼伦贝尔大草原的呼伦湖;“沮洳”即低洼的沼泽湿地。是说宣皇帝推寅率部南迁,来到“方千余里”低洼沼泽湿地的呼伦湖畔,从此走出大鲜卑山,拓跋氏先祖的社会生产生活亦从此走向新的历史阶段。以上《魏书·序纪》所述,如说拓跋氏先祖出自黄帝之孙、昌意少子,显然是鲜卑民族对华夏(汉)民族根祖认同心态的反映,究其史事,自有待进一步考证。如说拓跋氏之“拓跋”源自“黄帝以土德王”,同样表达了鲜卑对华夏的根祖认同。其实,以“拓跋”为氏,是在宣皇帝推寅之后又七世,即献皇帝邻及其即位者圣武皇帝诘汾时代,亦即东汉末年桓帝时代,拓跋氏先祖由大泽再度南迁漠南,“始居匈奴之故地”后,“建国拓跋,因以为氏”[①]。从此始称“拓跋氏”,此前只称“鲜卑”,并无“拓跋”之称。同时,按《魏书·序纪》所述,拓跋氏先祖有确切纪年可考者,始于圣武皇帝诘汾之子,神元皇帝力微,他是继皇帝毛之后第十五代皇帝,《魏书》称之为“始祖神元皇帝”[②],并载,神元“元年,岁在庚子。”据史家考证,此“庚子”年即曹魏文帝黄初元年,亦即公元220年。这就是说,力微之前至成皇帝毛,毛之前至始均,始均之前至“受封北土”的“昌意少子”,他们的确切纪年及其历史业绩,还有待鲜卑史学者进一步深入考证,也就是说,力微之前拓跋氏早期活动的漫漫历史行程,尚属口耳相传留下来的记录而非确切纪年的信史。

但是,《魏书》作为“现存叙述北魏历史的最原始和比较完备的资料”,“书中记载鲜卑拓跋部的早期活动,多少反映了拓跋部的社会面貌,提供了由氏族、部落到国家发展过程的材料。”[③]尤其是《序纪》关于“国有大鲜卑山,因以为号”及其相关记述,为破解鲜卑族起源地,揭示鲜卑族早期历史行程提供了

---

①《北周李贤墓志铭》,转引自米文平:《鲜卑史研究》,中州古籍出版社,1994年版,第124页。

②《魏书·序纪》载“太祖即位,尊为始祖”;《魏书·太祖纪》载:“(天兴)二年春正月甲子,(太祖)初祠上帝于南郊,以始祖神元皇帝配”,是即北魏开国君主道武帝拓跋珪即位后,尊奉神元皇帝力微为“始祖”,中华书局,1974年版。

③《魏书》出版说明,中华书局,1974年版,第2页。

重要的文献学依据。

破解鲜卑族起源地，揭示鲜卑族早期历史行程的基础环节在于确定大鲜卑山的地理方位。《魏书·礼志一》关于拓跋鲜卑先祖旧墟石室的记载则为之提供了更直接的文献学依据：

> 魏先祖之居幽都也，凿石为祖宗之庙于乌洛侯国西北。自后南迁，其地隔远。真君中，乌洛侯国遣使朝献，云石庙如故，民常祈请，有神验焉。其岁，遣中书侍郎李敞诣石室，告祭天地，以皇祖先妣配。祝曰："天子焘谨遣敞等用骏足，一元大武敢昭告于皇天之灵。……"石室南距代京可四千余里。

是说拓跋氏先祖当年在北方（幽都）居住时，曾经"凿石为祖宗之庙"，亦称"石庙"、"石室"。拓跋氏南迁后，其地与石室远隔，遂称"旧墟石室"。至北魏太武帝拓跋焘太平真君年间，前来朝贡的乌洛侯国使者告知"石庙如故"，于是太武帝派遣中书侍郎李敞携祝文前往祭祀。此石室位于"乌洛国西北"，"南距代京可四千余里"。"代京"即北魏京都平城，今山西大同市。说明自代京以北四千余里即为乌洛侯国西北之地，亦即旧墟石室所在地。

那么，乌洛侯国在何方位？《魏书·乌洛侯传》载：

> 乌洛侯国，在地豆之北，去代都四千五百余里。其土下湿，多雾气而寒，民冬则穿地为室，夏则随原阜畜牧。多豕，有谷麦。无大君长，部落莫弗皆代为之。……其国西北有完水，东北流合于唯水，其地小水皆注于难，东入于海。……世祖真君四年来朝，称其国西北有国家先帝旧墟，石室南北九十步，东西四十步，高七十尺，室有神灵，民多祈请。世祖遣中书侍郎李敞告祭焉，刻祝文于室之壁而还。

这段记载，首先描述了南距北魏京都平城四千五百余里的乌洛侯国的地理方位。据米文平先生考证：乌洛侯之南的地豆，"当在洮儿河以南的大兴安岭南部山地之中”,“其北界……与乌洛侯相接”。乌洛侯西北之完水“即额尔古纳河”。难水“即今之嫩江”。但“从其地小水皆注入难,东入于海”一语来看,《魏书》是把嫩江连同其下游直到入海(即今松花江及其下游的那一段黑龙江)都作为一条河流称之为难水。所以,这里所说的“完水,东北流合于难水”不是合于今嫩江。而是合于(嫩江下游松花江注入以后的那一段)黑龙江。由此来看,“北魏时期的乌洛侯,应在嫩江中游西至大兴安岭山地之间”。[①]

同时,这段记载所描述的乌洛侯国的自然条件及其生活习俗:一是“其土下湿,多雾气而寒”的气候;二是“多豕,有谷麦”和“夏则随原阜畜牧”的“以农业为主兼及畜牧的经济生活”;三是“民冬则穿地为室”的穴居习俗。这些都是大兴安岭以东嫩江平原农业地区的情景。

更重要的是,这段记载确定了“乌洛侯国遣使朝献”是在太平真君四年(443年),并进而描绘了“旧墟石室”的具体规模:“南北九十步,东西四十步,高七十尺”;同时说明,中书侍郎李敞携祝文祭祀石室后,即“刊祝文于室之壁而还”。

总之,就这段记载看,《魏书·礼志》所载“凿石为祖宗之庙于乌洛侯国西北”的拓跋氏先祖之“旧墟石室”,即应在嫩江西北之大兴安岭北部一带;米文平先生进而断言:“就在嫩江上游支流的甘河源头,靠近大兴安岭顶巅的东麓”。[②]

正是在这里,米文平先生于1980年发现了被称作“嘎仙洞”的山洞。此山洞的规模、方向、位置皆与《魏书》所载的“旧墟石室”基本相符。最引人注目的是,山洞石壁上镌刻有祝文,其内容亦皆与《魏书》所载基本相符,只是字句稍有出入。这样也就确凿地证实了《魏书》所载拓跋氏先之“旧墟石室”的真实性,证实了嘎仙洞即当年的“旧墟石室”,证实了嘎仙洞所在的嫩江西北之大兴安岭北部一带,即是《魏书》所载“国有大鲜卑山,因以为号”的大鲜卑山。从而雄辩地说明,鲜卑民族自古以来就居住、生活、繁衍在这里。大鲜卑山是鲜卑民族的摇篮,是鲜卑民族的原始栖息地。

---

①米文平:《鲜卑史研究》,中州古籍出版社,1994年版,第139—140页,第22—24页。

②米文平:《鲜卑史研究》,中州古籍出版社,1994年版,第24页。

第二节 关于鲜卑山

"鲜卑"之族称,来自于鲜卑山。史籍所载之鲜卑山有多处,诸如大鲜卑山、棘城鲜卑山、塞外鲜卑山、阿干鲜卑山,等等。如上所述,随着大兴安岭北部大鲜卑山嘎仙洞拓跋鲜卑"旧墟石室"的发现,已经确凿地证实了大鲜卑山是鲜卑民族的起源地和原始栖息地,其余诸多鲜卑山不过是随着鲜卑民族的迁徙历程而后出现的地名。那么,大鲜卑山之外的鲜卑山位于何方,是在怎样的背景下出现于史籍的?

一、关于棘城鲜卑山

棘城鲜卑山是作为东部鲜卑慕容氏迁入的地名而出现于史籍的。

棘城鲜卑的山之"棘城"的地理位置,据学者考证,今辽宁"北票三官营子村战国遗址即棘城"。[①]

最初提出棘城鲜卑山的史籍,当属北魏崔鸿《十六国春秋·前燕录》有关前燕奠基者慕容廆的记述:"慕容廆,先代君辽左,号曰余胡。……秦汉之际为匈奴所败,分保鲜卑山,因复以为号也,棘城之东。"

又,《隋图经》载:"鲜卑山,在柳城东南。"《通典·州郡八》营州柳城县条自注:"鲜卑山,在县东南二百里棘城之东。"营州柳城即今辽宁朝阳,鲜卑山即位于柳城东南二百里的棘城之东。

又,商务印书馆1931年版的《中国古今地名大辞典》"大棘城"条释:"在辽宁义县西北,晋初慕容廆以大棘城为帝颛顼之墟,由徒河徙居之。"此条释一是说明棘城鲜卑山之"棘城"本名"大棘城";二是大棘城位于辽宁义县西北;三是棘城鲜卑山属于慕容氏迁入之地名。

按上述记载,关于棘城鲜卑山之"棘城"("大棘城")的地理方位:或曰"北

---

①田立坤:《棘城新考》,《辽海文物学刊》,1996年第2期。转引自米文平:《鲜卑史研究》,中州古籍出版社,1994年版,第212页。

票三官营子村”,或曰“营州柳城县东南二百里”,或曰“义县西北”,总之不出今辽宁朝阳以东北票境内大凌河两岸;也就是说,“棘城之东”的“这个鲜卑山无非即指北票境内大凌河两岸之群山”。[①]

事实上,这个“棘城之东”鲜卑山,也就是《三国志》、《后汉书》所载汉初匈奴破东胡后鲜卑据以自保的鲜卑山。

《三国志·魏志·乌丸鲜卑东夷传》引西晋王沈《魏书》曰:

> 乌丸者,东胡也。汉初,匈奴冒顿灭其国,余类保乌丸山,因以为号焉。
>
> 鲜卑亦东胡之余也,别保鲜卑山,因号焉。其言语习俗与乌丸同。其地东接辽水,西当西域……鲜卑自为冒顿所破,远窜辽东塞外,不与余国争衡,未有名通于汉,而(由)自与乌丸相接。

《后汉书·乌桓鲜卑列传》的记载与此雷同:

> 乌桓者,本东胡也。汉初,匈奴冒顿灭其国,余类保乌桓山,因以为号焉。
>
> 鲜卑者,亦东胡之支也,别依鲜卑山,故因号焉。其语言习俗与乌桓同。……汉初,亦为冒顿所破,远窜辽东塞外,与乌桓相接,未常通中国焉。

按《三国志》、《后汉书》的记载,汉初匈奴破东胡后,乌桓入据乌桓山以自保;鲜卑“远窜辽东塞外”,入据鲜卑山以自保,“其地东接辽水,西当西域”,“与乌桓相接”。按这个记载,鲜卑据以自保的鲜卑山以及鲜卑活动的地理方位:一是“东接辽水”。大体上也就是辽河以西北票境内大凌河两岸一带,鲜卑山自当是大凌河两岸之群山了。二是“与乌桓相接”。据考证,汉初匈奴破

---

①米文平:《鲜卑史研究》,中州古籍出版社,1994年版,第212页。

东胡后，“乌桓分布在以饶乐水（今西拉木伦河）为中心的地区”[1]。即内蒙古赤峰境内西拉木伦河西岸一带；“乌桓据以自保的乌桓山，据考证在西拉木伦河以北的赤峰市阿鲁科尔沁旗附近”[2]。所以，鲜卑活动的辽河以西与乌桓活动的内蒙古东南部在地理上是相接的。

由此可见，《三国志》、《后汉书》所记载的鲜卑，也就是说《十六国春秋》记载的以慕容氏为主体的东部鲜卑；其所载之鲜卑山，也就是《十六国春秋》以及《隋图经》、《通典》等记载的“棘城之东”鲜卑山。这里是汉初匈奴破东胡后东部鲜卑活动的中心地带。

在历代史籍中，从北魏崔鸿的《十六国春秋》到北齐魏收的《魏书》、唐李延寿的《北史》和唐房玄龄等的《晋书》等等，也都是围绕前燕奠基者慕容廆之身世而记述“棘城”（“大棘城”）和“鲜卑山”的，说明汉初匈奴破东胡后，鲜卑据以自保的那个鲜卑山，也就是东部鲜卑慕容氏当时所在的“棘城之东”鲜卑山。

《魏书·徒河慕容廆列传》载：

> 徒河慕容廆，字弈洛环，其本出于昌黎，曾祖莫护跋，魏初率诸部落入居辽西……始建国于棘城之北。……父涉归……迁邑辽东。涉归死，廆代领部落。以辽东僻远，徙于徒河之青山。

《北史·徒河慕容廆列传》所载与此雷同：

> 徒河慕容廆字弈洛环，本出昌黎，曾祖莫护跋，魏初，率诸部落入居辽西……始建王府于棘城之北。……父涉归……迁邑辽东。涉归死，廆代领部落。以辽东僻远，迁于徒河之青山。

---

①米文平：《鲜卑史研究》，中州古籍出版社，1994年版，第211页。

②张久和：《东胡系名族综观》，《内蒙古大学学报》（哲社版），1990年2期。转引自《鲜卑研究》，第241页。

《晋书·慕容廆载》写道:

慕容廆字弈洛环,昌黎棘城鲜卑人也。其先有熊氏之苗裔,世居北夷……号曰东胡。……秦汉之际为匈奴所败,分保鲜卑山,因以为号,曾祖莫护跋,魏初率其诸部入居辽西……始建国于棘城之北。……父涉归……迁邑于辽东北,于是渐慕诸夏之风矣。……涉归死……廆立之。……太康十年,廆又迁于徒河之青山,廆以大棘城即帝颛顼之墟也,元康四年乃移居之。

上述关于慕容廆身世的记述,大体描绘出汉初匈奴破东胡后,东部鲜卑慕容氏活动的足迹:一是慕容廆"本出于昌黎"或曰"昌黎棘城鲜卑人";二是其曾祖莫护跋于曹魏初"入居辽西","始建国于棘城之北";三是其父涉归"迁邑于辽东北";四是慕容廆于西晋武帝太康十年(289年)"又迁于徒河之青山"于西晋惠帝元康四年(294年)"移居之""大棘城"。

这些记述所涉及的地名及其方位,除了"僻远"的辽东北(或辽东),其余皆属辽河以西大凌河流域。如"昌黎"。顾炎武《日知录》卷引"昌黎"条曰:"昌黎有五"。其所列五处之昌黎,前三处一曰西汉"属辽西郡",东汉"属辽东属国";二曰"当去龙城不远";三曰"(曹)魏并柳城、昌黎、棘城于龙城而立昌黎郡","即燕之旧都龙城"。这里,柳城、龙城即今之朝阳,可见汉魏之昌黎即位于大凌河流域之朝阳一带。又如"徒河之青山"。据考证:今辽西北票境内的牤牛河及其汇入大凌河之后一段,即古之"徒河"。"青山"即指今北票境内大凌河两岸之群山。[①]而"棘城之东"鲜卑山,"无非即指北票境内大凌河两岸之群山"[②],也就是慕容鲜卑所居"徒河之青山"即鲜卑山。[③]

综上所述可知,汉初匈奴破东胡后,东部鲜卑据以自保的鲜卑山,正是辽西大凌河流域"棘城之东"鲜卑山。至三国曹魏初年,慕容廆曾祖莫护跋率部

①田立坤:《棘城所考》,《辽海文物学刊》,1996年第2期。
②米文平:《鲜卑史研究》,中州古籍出版社,1994年版,第212页,第217页。
③米文平:《鲜卑史研究》,中州古籍出版社,1994年版,第212页,第217页。

“入居辽西”，“始建国（王府）于棘城之北”，由此形成慕容鲜卑的政治中心；至其父涉归，“迁邑于辽东北”；至慕容廆“又迁于徒河之青山”，进而“移居”“大棘城”。说明魏初至西晋年间，慕容鲜卑依然活动于辽西大凌河流域；东晋十六国年间，随着前燕国的建立，慕容鲜卑即由此一步步向中原挺进了。

二、关于塞外鲜卑山

塞外鲜卑山也属于东部鲜卑迁入的地名。

北魏崔鸿《十六国春秋·前燕录》于记述“棘城之东鲜卑山”的同时写道：“塞外又有鲜卑山，在辽西之西北一百里，与此异山而同号。”《通典·州郡八》营州柳城县条自注亦于记述“棘城之东鲜卑山”的同时写道：“塞外亦有鲜卑山，在辽西之北一百里，未详孰是”。

关于塞外鲜卑山的确切位置，清张穆《蒙古游牧记》卷一科尔沁右翼中旗“西至塔勒布拉克”下云：旗西三十里有鲜卑山，土人名蒙格。《大清一统志》亦有“鲜卑山在内蒙古科尔沁右翼西三十里，土人呼蒙格”的记载。

马长寿认为，“此山在今内蒙古东部科尔沁旗西哈古勒河附近”[①]。

米文平说：“辽西的位置，史家说法亦多分歧，而其西北一百里的鲜卑山，无非即不出大凌河中上游一带。”[②]

在米文平看来，历代史家有关鲜卑山的种种说法：或说“在棘城之东”，或说“塞外又有鲜卑山，在辽西之西北一百里”，或说“鲜卑山即青山”，或说科尔沁右翼中旗“旗西三十里有鲜卑山”，等等。“尽管诸说不一，但其大致地点都未离开大兴安岭南段及辽西一带地方。这里的鲜卑即东部鲜卑。”[③]

这也就是说：上述《三国志》、《后汉书》、《晋书》所载，汉初匈奴破东胡后，东部鲜卑据以自保的鲜卑山，亦即“其地东接辽水”，“与乌桓相接”的鲜卑山，应当就是《十六国春秋》、《通典》记载的“棘城之东”鲜卑山；以及《魏书》、《北

①见《乌桓与鲜卑》，第175页。转引自米文平：《鲜卑史研究》，中州古籍出版社，1994年版，第211页。

②米文平：《鲜卑史研究》，中州古籍出版社，1994年版，第212页。

③米文平：《鲜卑史研究》，中州古籍出版社，1994年版，第354页。

史》、《晋书》所载，自曹魏初慕容廆曾祖莫护跋“入居辽西”，“始建国(王府)于棘城之北”，至西晋年间慕容廆所迁之“徒河之青山”和移居之“大棘城”，其大致地点都未离开辽宁西部大凌河流域一带。

那么，《十六国春秋》、《通典》所载“辽西之西北一百里”的塞外鲜卑山，以及《蒙古游牧记》、《大清一统志》所载“科尔沁右翼中旗西三十里”的塞外鲜卑山，其大致地点则都不离内蒙古东南部霍林河、西拉木伦河流域一带。

汉初匈奴破东胡后，内蒙古东南部曾是乌桓分布的地区，“乌桓据以自保的乌桓山，据考证在西拉木伦河以北的赤峰市阿鲁科尔沁旗附近”，[①]说明“西汉初，乌桓分布在以饶乐水(今西拉木伦河)为中心的地区。”[②]那么，东部鲜卑是怎样迁入乌桓分布的内蒙古东南部，并在这一带留下“塞外鲜卑山”的地名？这大概需从汉武帝时乌桓的迁徙谈起。

《后汉书·乌桓鲜卑列传》载：

> 乌桓自为冒顿所破，众遂孤弱，常臣服匈奴，岁输牛马羊皮，过时不具，辄没其妻子。及武帝遣骠骑将军霍去病去击破匈奴左地，因徙乌桓于上谷、渔阳、右北平、辽西、辽东五郡塞外，为汉侦察匈奴动静。

这是说汉初匈奴破东胡后，入据乌桓山以自保的乌桓长期受匈奴奴役。至汉武帝元狩四年(前119年)，武帝发动了最后击败匈奴的决定性战役，派大将军卫青、骠骑将军霍去病分兵深入漠北，袭击匈奴主力。卫青出定襄郡(今内蒙古和林格尔一带)塞外千余里，击败匈奴单于。霍去病出代郡(今河北蔚县一带)塞外二千余里，大破匈奴左贤王(匈奴左地之兵，东部之兵)。“是后匈奴远遁，而漠南无王廷”[③]。同时，为防御匈奴进犯，武帝遂将乌桓迁至上谷等

①张久和:《东胡系各族综观》,《内蒙古大学学报》(哲学版),1990年第2期。转引自《鲜卑史研究》,第241页。说明“西汉初,乌桓分布在以饶乐水(今西拉木伦河)为中心的地区”。

②米文平:《鲜卑史研究》,中州古籍出版社,1994年版,第211页。

③见《史记》,中华书局,1959年版,第1911页(《汉书》之《匈奴传》,并见《汉书·武帝纪》)。

五郡塞外,“为汉侦察匈奴动静”。

塞外,或称塞北,古时泛指外长城以北广大地区,包括内蒙古、甘肃和宁夏北部以及河北、辽宁外长城以北等地;五郡塞外,当是指与上谷等五郡紧邻的外长城以北地带。

这就是说,当汉武帝击破匈奴左地,徙乌桓于五郡塞外后,东部鲜卑随之迁移到霍林河及西拉木伦河流域的乌桓故地;也就是说,上述史籍记载的“塞外鲜卑山”,当即是东部鲜卑迁入后留下的地名。①

三、关于阿干鲜卑山

阿干鲜卑山属于东部鲜卑慕容氏支系吐谷浑迁入的地名。

阿干鲜卑山即阿步干鲜卑山,其地理方位,据《水经注·河水》引释氏《西域记》载:“牢兰海东伏流龙沙堆,在屯皇东南四百里阿步干鲜卑山东,至金城为大河。”牢兰海或称楼兰海,即今新疆罗布泊;屯皇即今甘肃敦煌,金城即今兰州市;大河即黄河。这里记述了合门河(今青海大通河)的流向。阿步干鲜卑山即位于敦煌东南四百里外,“以释氏《西域记》所述方位看,是指今河西与青海交界处大通河源的祁连山”②。

关于“阿步干”,清人全祖望的解释是:“阿步干,鲜卑语也。慕容廆思其兄吐谷浑,因作《阿干之歌》,盖胡俗称其兄曰阿步干;阿干者,阿步干之省也。今兰州阿干谷、阿汗河……皆以《阿干之歌》得名。”③由此可知,阿步干鲜卑山,即阿干鲜卑山,属于东部鲜卑慕容氏吐谷浑部迁入的地名。

关于吐谷浑部的迁徙以及阿干鲜卑山之得名,《魏书》、《宋书》、《北史》之《吐谷浑列传》均有文字雷同的详实记述。

《魏书·吐谷浑列传》载:

吐谷浑,本辽东鲜卑徒河涉归子也。涉归一名弈洛韩,有二子,

①见米文平:《鲜卑史研究》,中州古籍出版社,1994年版,第217,459页。

②米文平:《鲜卑史研究》,中州古籍出版社,1994年版,第212页。

③转引自米文平:《鲜卑史研究》,中州古籍出版社,1994年版,第212页。

> 庶长曰吐谷浑,少曰弈洛环。涉归死,弈洛环代统部落,别为慕容氏。涉归之存也,分户七百以络吐谷浑。吐谷浑与弈洛环二部马斗相伤,弈洛环怒,遣人谓吐谷浑曰:“先公处分,与兄异部,何不相远,而马斗相伤?”吐谷浑曰:“马是高耳,食草饮水,春气发动,所以斗。斗家马而怒及人,乖别甚易,今当去汝万里之外。”……于是遂西附阴山,后假道上陇。弈洛环追思吐谷浑,作《阿干歌》,徒河以兄为阿干也。……
>
> 吐谷浑遂徙上陇,止于枹罕……逐水草,庐帐而居,以肉酪为粮。……

就是说,吐谷浑本为当时“迁邑辽东”的慕容鲜卑首领涉归之庶长子,即慕容廆庶长兄。涉归死后,因兄弟不和,吐谷浑被迫率部迁徙,沿阴山山脉西向,“遂徙上陇,止于枹罕”,抵达今甘肃临夏枹罕山,以此为基地,繁衍生息,逐渐形成吐谷浑部。传至吐谷浑之孙叶延,“遂以吐谷浑为氏焉”,以祖父之名为其姓氏和部族名。随之吐谷浑势力扩展到青海湖一带,控制了祁连山。于是,吐谷浑部遂奉祁连山为其祖先的发源地,命名为鲜卑山;为了与辽西慕容氏命名的鲜卑山相区别,称作“阿干鲜卑山”。

第三节 大鲜卑山的森林民族

20世纪80年代初发现了嘎仙洞鲜卑旧墟石室。嘎仙洞位于大兴安岭北段山巅东麓,嫩江西岸支流甘河流上游的一条山谷嘎仙沟中。地理坐标北纬50度38分,东经123度36分。属今内蒙古自治区呼伦贝尔市鄂伦春旗。

嘎仙洞鲜卑旧墟石室的发现,确凿地证实了《魏书·序纪》所载“国有大鲜卑山,因以为号”的大鲜卑山,就是指大兴安岭北段;证实了《魏书·礼志一》所载“魏之先居幽都也,凿石为祖宗之庙”的“石庙”,以及《魏书·乌洛侯传》所载“其西北有国家先帝旧墟石室”的“石室”,就是指嘎仙洞鲜卑旧墟石室。

由此进而证实了大兴安岭北段的大鲜卑山是鲜卑民族的摇篮,鲜卑民族的发源地;拓跋氏的北部鲜卑,慕容氏、宇文氏、乞伏氏等的东部鲜卑,其先祖均系大鲜卑山的原始居民;并且,与鲜卑同属东胡族系的乌桓,最初也是由大兴安岭北段的乌桓(丸)山走出来的。

大兴安岭是个广阔的苍茫林海,其北段是整个大兴安岭最完整最宽阔的地带,所以,世代生存于大兴安岭北段大鲜卑山的鲜卑族先民属于原始的森林民族。

米文平先生在他的《鲜卑史研究》第三编《民族生态文化研究》中,分别以"论森林民族"、"森林民族文化述论"、"东亚森林民族文化"、"论森林游猎民族的生态文化"等为题,集中阐释了他关于"森林民族"的学术见解。

"森林民族,是指自古在森林生态系统中生存的游猎民族",从其民族生态上称之为"森林游猎民族"简称"森林民族"。"森林民族"概念的内涵是:"自古以来就生存在原始森林中,以猎取森林中的野生动物,采集野生植物为生,创造了一种同森林生态环境和谐统一的特有文化。""'森林民族'这个概念就是基于民族生态学而提出的。""将森林民族作为一个单独系统"提出来,是因为"森林游猎民族具有游牧民族和农耕民族所不具备的特点和历史作用",或者说,"森林游猎民族,同草原游牧民族或农耕民族比较,有着更大的特点"。

那么,大兴安岭地区属于怎样的生态系统呢?从整个亚欧大陆看,这里位于亚欧大陆草原的东沿,亚寒带针叶林的南沿,温带夏绿林的北沿,其生态系统具有过渡性特征,"处于三个不同生态系统相邻的交界地带:(1年)北部是亚寒带针叶林为主的原始林,适于游猎部落部族生存,从古至今一向都有森林游猎部族生活于这丛山密林之间,从而在我国唯一的亚寒森林地区孕育了独特的森林游猎民族文化;(2年)西南部是连接蒙古高原的干旱草原地带,适于游牧民族的生存;(3年)东南部接近温带湿润的松嫩平原地带,适于农业生态文化的发展"。这样,"沿大兴安岭山脊向南伸入温带平原,犹如从大海伸到大陆的栈桥,使亚寒带针叶森林中的游猎民族,沿这条栈桥可以登上草原游牧文化地带,或登上松嫩平原农耕文化地带"。[①]

---

①以上所引见米文平:《鲜卑史研究》,中州古籍出版社,1994年版,第306—346页。

远古时代的鲜卑族先民,他们世代生存于大兴安岭北部大鲜卑山这片以亚寒带针叶林为主的原始密林中。森林生态环境决定了他们特有的生产生活方式。他们只能靠游猎经济谋生,从捕猎森林中的飞禽走兽获取生活资料,一切衣食住行皆取之于森林,取之于森林赐予的天然产物,世世代代繁衍生息于苍茫林海中,形成了与森林生态环境高度协调适应的森林民族独特的生产生活方式。

由于森林生态环境与世隔绝和原始游猎经济的生产力低下,鲜卑族先民的社会发展异常缓慢,长期处于没有文字,没有成文史的蒙昧状态中。这也凸显出大兴安岭北部原始森林民族的文化特点。

《魏书·序纪》记述的大鲜卑山时代拓跋氏先民的生产生活方式及其文化特点,诸如“畜牧迁徙,射猎为业,淳朴为俗,简易为化,不为文字,刻木纪契而已,世事远近,人相传授,如史官之纪录焉”,以及长期与世隔绝,“不交南夏,是以载籍无闻焉”;等等,即可以说明拓跋氏先民原来是生存于大兴安岭北部森林带的森林游猎民族。

更重要的是嘎仙洞出土的遗物。在嘎仙洞口发掘的探沟中出土的遗物:生产工具有石镞、骨镞等射猎工具而没有农业工具;生活食品有大景鹿、狍、獐、狸、野猪、土豹等野生动物骨骼而没有马、牛、羊等家畜骨骼。“这都证明当时生活在这里的先民皆以野生动物为食,只有游猎经济而没有农业或畜牧业经济”[①]。

可以看出,嘎仙洞出土遗物同上述《魏书·序纪》的记述是相吻合的。历史文献与出土遗物得以相互印证,有力地说明鲜卑族先民属于古老的森林游猎民族,即鲜卑山的森林民族。

①米文平:《鲜卑史研究》,中州古籍出版社,1994年版,第330页。

第二章　鲜卑民族的迁徙历史

第一节　鲜卑各部族同源而异流

鲜卑各部族，包括东部鲜卑（或称南部鲜卑）的慕容氏、宇文氏、乞伏氏等部族以及北部鲜卑的拓跋氏部族；慕容氏、宇文氏、拓跋氏是构成鲜卑民族的三大主体部族。

大兴安岭北部的大鲜卑山是鲜卑民族的摇篮，是鲜卑民族的原始栖息地。就是说，鲜卑各部族共同来源于大鲜卑山，来源于大鲜卑山原始森林带，他们的先祖是长期生活于大鲜卑山的原始森林民族；也就是说，东部鲜卑和北部鲜卑都是从大鲜卑山走出来的民族，所以“同源”。

“异流”，是说东部鲜卑和北部鲜卑走出大鲜卑山的年代及其迁徙的方向、路线和历程有异。大体上说，东部鲜卑的迁徙方向为东南向，即由大鲜卑山向东南沿嫩江流域逐步迁徙；北部鲜卑的迁徙方向为西南向，即由大鲜卑山向西南迁往呼伦贝尔草原进而逐步迁徙。并且，“沿嫩江流域南下后来被称为东部鲜卑的这支，比拓跋鲜卑南迁的年代至少要早几个世纪，只是最初南迁的情况未见文献的明确记载”[①]。

那么，走出大鲜卑山的东部鲜卑和北部鲜卑的漫漫迁徙历程，为当代史

①米文平：《鲜卑史研究》，中州古籍出版社，1994年版，第459页。

学家揭示北方各民族发展演变的历史轨迹,破解北方各民族遗留千古长河的“历史的秘密”,提供了怎样的规律性的启迪?

纵观东部鲜卑和北部鲜卑的迁徙方向和路线可以看到,大鲜卑山所在的大兴安岭北部是他们共同的始发站;由此自北向南:一支向东南迁往嫩、松、辽及霍林河、老哈河、西拉木伦河流域;一支向西南迁往呼伦贝尔草原进而到达漠南阴山;此后,两支鲜卑即先后南下,挺进中原了。

鲜卑民族的漫漫迁徙历程表明,他们挺进中原之前的历史大舞台主要是在内蒙古高原,他们遗留千古长河的“历史的秘密”即主要深藏于这里。

更重要的是,鲜卑民族的漫漫迁徙历程表明,内蒙古高原不只是鲜卑民族,也是北方各民族叱咤风云的历史大舞台,北方各民族遗留千古长河的“历史的秘密”也主要深藏于广袤的内蒙古大地。

为什么是这样呢?已故著名史学家翦伯赞先生的《内蒙访古》一文,以其清新隽永的笔调作了精辟而生动的阐释。

该文开宗明义地写道:“内蒙,对于历史学家来说,是一个富有诱惑力的地方”。因为,这里一直是“游牧民族生活和活动的历史舞台”,对史学家来说,这里自然是个“历史学的宝库”,而“这个历史的宝库,直到现在,还没有完全打开,至少没有引起史学家足够的注意”。所谓“还没有完全打开”的“历史的宝库”,其实也就是内蒙古大地深藏着北方各民族遗留千古长河的“历史的秘密”,还没有完全破解。

翦伯赞先生于20世纪60年代初赴内蒙古访问后写出的《内蒙访古》一文,即旨在破解这个“历史的秘密”,拿他的话说,叫做“揭穿了一个历史的秘密”。他不无感慨地写道:

> 这次访问对于我来说,是上了一课很好的蒙古史,也可以说揭穿了一个历史的秘密,即为什么大多数的游牧民族都是由东而西走上历史舞台。现在问题很明白了,那就是因为内蒙东部有一个呼伦贝尔草原。

翦先生给呼伦贝尔草原的历史定位：一是“假如整个内蒙是游牧民族的历史舞台，那么这个草原就是这个历史舞台的后台”；一是“假如呼伦贝尔草原在中国历史上是一个闹市，那么大兴安岭则是中国历史上的一个幽静的后院”；一是“呼伦贝尔草原不仅是古代游牧民族的历史摇篮，而且是他们的武库、粮仓和练兵场”。

所谓“后台”、“闹市”、“摇篮”或“武库、粮仓和练兵场”，就是说：

很多游牧民族都是在呼伦贝尔草原打扮好了，或者说在这个草原里装备好了，然后才走出马门。当他们走出马门的时候，他们已经不仅是一群牧人，而是有组织的全副武装的骑士、战士。这些牧人、骑手或战士总想把万里长城打破一个缺口，走进黄河流域。

也就是说：

他们利用这里的优越的自然条件，繁殖自己的民族，武装自己的军队，然后以此为出发点由东而西，征服内蒙中部和西部诸部落或最广大的世界，展开他们的历史性的活动。

总之，数千年来，游牧民族迭相上演的一幕幕威武雄壮的历史活剧，很多都是在这里操练、演习、打扮、装备好之后登上舞台的；所以，这里是我们揭示游牧民族发展演变的历史轨迹，破解北方民族遗留千古长河“历史的秘密”的中心环节。

那么，很多游牧民族是从何方来到这个“历史舞台的后台”或“闹市”，在这里构筑他们的“武库、粮仓和练兵场”？那就是大兴安岭这个“幽静的后院”：

重重叠叠的山岭和覆盖着这些山岭的万古长青的原始森林，构成了天然的障壁，把这里和呼伦贝尔草原分开，使居住在这里的人民与世隔绝，在悠久的历史时期中，保持着他们传统的古老生活方式。

就是说，很多的游牧民族最初都是从大兴安岭原始森林带这个“幽静的后院”走出来，来到呼伦贝尔草原“闹市”的；也就是说，很多游牧民族的先祖都是长期生活在大兴安岭原始森林带的森林民族，他们来到呼伦贝尔草原后，便逐步演化成了游牧民族。

那么，很多游牧民族来到呼伦贝尔草原后又将走向何方？那就是由东而

西,征服内蒙古中部和西部,占领这个"历史舞台",进而向着"最广大的世界"拓展他们的历史空间。一方面:

他们或者以辽河流域的平原为据点,或者以锡林郭勒草原为据点,但最主要的是以乌兰察布平原为据点,来敲打长城的大门,因而阴山一带往往出现民族矛盾的高潮。

这种走向即是南下越长城,跨黄河,挺进中原。这也是很多游牧民族的基本走向。沿这个走向,游牧民族便逐步演化成为农耕民族了。另一方面:

如果这些游牧民族,在阴山也站不住脚,他们就只有继续往西走,试图从居延打开一条通路进入洮河流域或青海草原;如果这种企图又失败了,他们就只有跑到准噶尔高原,从天山东麓打进新疆南部;如果在这里也遇到抵抗,那就只有远走中亚,把希望寄托在妫水流域了。

这种走向即是西进再西进。即由内蒙古西部乌桓特一带打开西进的通道,或直接到达甘肃、青海,或进而到达新疆,或再进而远走中亚。这也是部分游牧民族的基本走向。

总之,在悠远的历史长河中,内蒙古一直是"游牧民族生活和活动的历史舞台",两千多年来,匈奴人、乌桓人、鲜卑人、突厥人、契丹人、女真人、蒙古人,"一个跟着一个进入这个地区,走上历史舞台,又一个跟着一个从这个地区消失,退出历史舞台";"这些相继或同时出现于内蒙地区的游牧民族,他们像鹰一样从历史上掠过,绝大多数飞得无影无踪,留下来的只是一些历史遗迹或遗物,零落于荒烟蔓草之间,诉说他们过去的繁荣。有些连历史遗迹也没有发现,仅仅在历史文献上保留一些简单的纪录"。

所以,曾经是游牧民族"历史舞台"的内蒙古大地,一直深藏着游牧民族遗留千古长河的"历史的秘密",对当代史学家尤其民族史学家而言,这些"历史的秘密"无疑是一座"历史学的宝库";然而如同翦伯赞先生所说,"这个历史的宝库,直到现在,还没有完全打开",也就是这些"历史的秘密"还没有完全破解。因此,打开这座"历史学的宝库",破解这些"历史的秘密",便是当代史学家尤其是民族史学家面临的课题。

事实上,翦伯赞先生的《内蒙访古》一文所揭示的,在内蒙古这个"历史舞台”上游牧民族发展演变的历史轨迹，已为完全打开这座“历史学家的宝库”，破解这些“历史的秘密”铺设了道路，提供了锁钥。那就是：很多游牧民族都源于大兴安岭原始森林带，他们的先祖都是长期生活于大兴安岭的原始森林民族，他们最初都是从大兴安岭这个“幽静的后院”走出来，来到呼伦贝尔草原这个“闹市”区，以这个“闹市”区作为他们登台上演一幕幕活剧的“历史舞台的后台”，在这里打扮、装备、操练、演习好了，有了自己的“武库、粮仓和练兵场”成了“有组织的全副武装了的骑手、战士”，“然后才走出了马门”，然后再由东向西走上历史大舞台，来到内蒙古中南部阴山一带，然后走向“最广大的世界，展开他们的历史性的活动”。或者南下，越长城、跨黄河、挺进中原；或者西进再西进，直至“远走中亚”。

因此，仅就活动地域而言，曾经活跃于内蒙古这个“历史舞台”上的很多游牧民族可谓“同源而异流”：他们都曾由大兴安岭森林带走来，又都曾到达阴山一带，由此或向南，或向西发展演变，留下了不同的历史足迹。

在这个方面，以拓跋氏、慕容氏、宇文氏为主体的鲜卑各部族，以及与鲜卑同源于东胡系的乌桓族的发展演变最具典型意义。

继20世纪60年代初翦伯赞先生的《内蒙访古》面世20年后，至80年代初，米文平先生等关于大兴安岭北部大鲜卑山嘎仙洞鲜卑旧墟石室的发现，以及一系列相关考古发掘和研究成果表明，鲜卑各部族以及乌桓族等游牧民族，其先祖都曾是生活于大兴安岭森林带的原始森林民族，只是走出森林带的方向、路线和年代各不相同，鲜卑族由此形成了号称“东部鲜卑”（或称“南部鲜卑”）的慕容氏、宇文氏等部族和“北部鲜卑”的拓跋氏部族；进而，他们都曾由东向西会聚阴山一带；再进而，或南下，或西进，留下了不同的历史足迹。其中，东部鲜卑是从大兴安岭来到辽河流域平原，进而到达阴山一带；北部鲜卑则从大兴安岭“幽静的后院”来到呼伦贝尔草原“闹市”，进而到达阴山一带。所以，鲜卑各部族的活动空间和族系血统均属同源而异流。

因此，如果说翦伯赞先生《内蒙访古》的面世，为当代史学家尤其民族史学完全打开内蒙古这座“历史学的宝库”，破解游牧民族遗留千古长河的“历史的秘密”铺设了道路，提供了锁钥，那么，鲜卑各部族、“同源而异流”的发展演变历程,便是最具说服力的典型例证。

第二节　北部鲜卑之迁徙(上)

北部鲜卑即拓跋鲜卑。按说,“东部鲜卑走出大鲜卑山原始森林时代更早”,也就是“沿嫩江流域南下,后来被称为东部鲜卑的这支,比拓跋鲜卑南迁的年代至少要早几个世纪”[①]。因此,记述鲜卑民族的迁徙历程,似当以东部鲜卑为始。然而,东部鲜卑最初南迁的情况未见文献的明确记载,历史文献对东部鲜卑起源的记载,年代始于汉初匈奴破东胡,这就是《三国志·魏志·乌丸鲜卑东夷传》注引王沈《魏书》和稍后的《后汉书·乌桓鲜卑列传》等。而北部鲜卑之起源及其迁徙历程,从最初“国有大鲜卑山因以为号”而积六十七世至成皇帝毛,毛之后又积五世至宣皇帝推寅“南迁大泽”,推寅之后又积八世至圣武皇帝诘汾“始居匈奴之故地”,这个由大兴安岭森林带迁至呼伦贝尔草原进而迁至阴山一带的漫漫历程,一是有《魏书·序纪》的文献记载,同时有20世纪80年代初嘎仙洞鲜卑石室的发现和随之一系列相关考古发掘的实物印证,从而为揭示拓跋鲜卑的起源及其发展演变轨迹提供了充分条件。“拓跋”鲜卑这一文化发展模式,为解决鲜卑历史上一系列难题提供了一把钥匙[②],并为揭示东部鲜卑之起源及其发展演变轨迹提供了直接参照,所以,本文从北部鲜卑之迁徙入手来记述鲜卑民族的迁徙历程。

根据文献记载与考古遗迹相互印证以及民族史家的研究成果,北部鲜卑拓跋部建立北魏王朝之前在内蒙古大地的迁徙历程分三大时期,即:大兴安岭北部大鲜卑山时期;呼伦贝尔大泽时期;漠南阴山时期。其年代跨度,按《魏书·太祖纪》所载北魏开国皇帝太祖拓跋珪的说法:“昔朕远祖,总御幽都,控制遐国,虽践王位,未定九州。逮于朕躬,处百代之季……”这是说,拓跋氏先祖曾经是总统北方许多部落的酋长,到拓跋珪时已经有近一百代了。《魏

①米文平:《鲜卑史研究》,中州古籍出版社,1994年版,第459页。

②米文平:《鲜卑史研究》,中州古籍出版社,1994年版,第455页。

书·礼志四》亦有“魏氏居百王之末”的说法。据《魏书·序纪》:大鲜卑山时期的拓跋氏先祖,“世为君长,统幽都之北,广漠之野”,“积六十七世,至成皇帝讳毛立”;毛之后又积二十世祖先,二十八帝在位,直至创建北魏王朝的道武皇帝拓跋珪,共计八十七世祖先,九十五帝在位。这便是拓跋鲜卑在内蒙古大地活动的所谓“百代之季”或“百王之末”,大体上近一百代了。一代以二十年计,近一百代大体将近两千年了。拓跋珪公元386年至409年在位,由此上推近两千年,则拓跋鲜卑最早的先祖约当公元前十六七世纪的夏商之际。拓跋鲜卑迁徙的三大时期跨越了如此悠长的年代。

一、大兴安岭北部大鲜卑山时期

从《魏书·序纪》关于“昌意少子,受封北土,国有大鲜卑山,因以为号”的记载看,大鲜卑山是拓跋鲜卑的发祥地,即其先祖最初的繁衍生息之地。在大鲜卑山,至其先祖始均曾“入仕尧世”,并以其显赫功业被“帝舜嘉之”;此后“爰历三代,以及秦汉”,“而始均之裔不交南夏”,一直与世隔绝;直至积六十七世,至成皇帝毛,“统国三十六,大姓九十九,威振北方,莫不率服”,成为“总御幽都,控制遐国”,势力强大的大酋长,他是拓跋鲜卑历史上第一位被正式尊奉皇帝谥号的皇帝:成皇帝,毛之后又积五世至宣皇帝推寅,“南迁大泽”,从此始走出大鲜卑山,来到呼伦贝尔草原。可见“南迁大泽”之前,拓跋氏先祖已在大鲜卑山繁衍生息了七十余世,一千四五百年;大鲜卑山时期是拓跋鲜卑发展史上年代跨度最悠长的时期。

大鲜卑山在何处？由于鲜卑族迁徙历程中留下多处“鲜卑山”名号,因而《魏书·序纪》所载“国有大鲜卑山,因以为号”的大鲜卑山在何处,成为民族史学家一直探讨的问题。大兴安岭北部嘎仙洞鲜卑旧墟石室的发现证实,大鲜卑山就在大兴安岭北部;或者说,大鲜卑山即大兴安岭,意译应为“森林大山”,也就是根据大兴安岭北部丛山密林的生态环境特点,“大鲜卑山”之名如果意译应为“森林大山”。[1]

---

①米文平:《鲜卑史研究》,中州古籍出版社,1994年版,第217页。

嘎仙洞位于大兴安岭北段山巅东侧,嫩江支流甘河上游的一条山谷嘎仙沟中,现属内蒙古呼伦贝尔市鄂伦春自治旗。

嘎仙洞本是古老的天然花岗岩山洞。据米文平《大兴安岭鲜卑石室是怎样发现的》一文介绍,鄂伦春人至今还流传着许多有关嘎仙洞的神话传说。其中之一便是关于“嘎仙洞”之名的由来。

据说,从前盘踞这个山洞的是一个长了九个脑袋的恶魔,名叫“满盖”,他无恶不作,害得人们不得安生。于是一位名叫“嘎仙”的英雄射手决心智斗满盖夺回山洞。第一回合是答问题:大兴安岭山峰有多少,河流多少条?满盖答:山峰九百个,河流四百五十条。嘎仙笑道:五岁孩子都知道山峰一百个,河流五十条,两山夹一沟嘛!你的九个脑袋,把一当成九,所以答错了。事前有约定:答错者退出山洞。但满盖仍不服输。于是有了第二回合射箭比武:以西南方山顶的古砬子为靶,三箭连中者便是山洞的主人。满盖箭箭落空;嘎仙箭箭透靶,石砬子被穿出个大窟窿。人们无不笑满盖:脑袋多想得不集中,眼睛多看得不集中,所以箭箭落空。垂头丧气的满盖只得认输,把山洞让给了嘎仙。从此人们便称山洞为“嘎仙洞”,西南方山顶那个被箭穿出个大窟窿的石砬子就叫“窟窿山”了。①

嘎仙洞所在的大兴安岭北段山巅东侧,林海苍茫,峰峦层叠,古木参天,松桦蔽日。嘎仙洞即坐落在一道巍然陡立,高达百米,石色斑驳的花岗岩峰壁上。洞口在半山腰,离平地25米,略呈三角形,朝西南向。洞间宏伟,有如大厅,南北长90余米,东西宽27~28米,穹顶最高处达20多米,面积约2000平米,可容纳数千人。

嘎仙洞的地理方位及其规模,正与《魏书》所载拓跋氏“祖宗石庙”或“旧墟石室”相吻合。该书《礼志一》云:

> 魏先之居幽都也,凿石为祖宗之庙于乌洛侯国西北。……真君中,乌洛侯国遣使朝献,云石庙如故……其岁,遣中书侍郎李敞诣石

①见米文平:《鲜卑史研究》,中州古籍出版社,1994年版,第69—70页。

室，告祭天地，以皇祖先妣配。祝曰："天子焘谨遣敞等……昭告于皇天之灵。……"

《乌洛侯列传》亦云：

乌洛侯国……世祖真君四年来朝，称其国西北有国家先帝旧墟，石室南北九十步，东西四十步，高七十尺……世祖遣中书郎李敞告祭焉，刊祝文于室之壁而还。

这是说北魏世祖太武帝拓跋焘太平真君（443年），乌洛侯国使者告知其国西北尚存有拓跋氏"祖宗石庙"或"旧墟石室"，当年，太武帝即遣中书侍郎李敞持皇帝祝文前往祭奠，祭后将祝文镌刻于石室之壁。这些记载同发现的嘎仙洞石室相互印证，不但二者的方位和规模基本吻合，更重要的是，嘎仙洞内石壁上同样发现有石刻祝文，其内容与上述文献所载之祝文亦基本相符，只是字句稍有出入。

所以，嘎仙洞石室及其祝文的发现，不但确证了《魏书》所载"祖宗石庙"或"旧墟石室"的真实性，更重要的是由此证明，嘎仙洞所在的大兴安岭北部，正是《魏书》所载"国有大鲜卑山，因以为号"的大鲜卑山。大鲜卑山即是拓跋鲜卑的发源地，是拓跋先祖最初的繁衍生息之地，由此渡过了年代跨度最悠长的大鲜卑山时期。

关于大鲜卑山时期年代跨度：《魏书·序纪》所载拓跋鲜卑发展史上自成皇帝毛至北魏太祖道武帝拓跋珪的二十世祖先，二十八位在位皇帝，第一位有明确纪年的是始祖神元皇帝力微，"元年，岁在庚子。"史家推定此年即公元220年，亦即曹魏取代东汉献帝正式建立三国魏政权的文帝（曹丕）黄初元年；由此上溯十四世至成皇帝毛的生活时代，约当公元前260年左右的战国晚期阶段；再由此上溯六十七世至最初"受封北土"的时代，则约当公元前1600年左右的夏商之际了。

拓跋先祖走出大鲜卑山而"南迁大泽"，是毛之后第五代宣皇帝推寅在位期间。以毛的生活时代约当公元前260年左右的战国晚期阶段,则推寅的时代即约当公元前160年左右的西汉文、景帝之际了。这就是说,拓跋先祖生活的大鲜卑山时期的年代跨度,约当公元前1600年左右的夏商之际至公元前160年左右的西汉文、景帝之际,跨越1400余年;也就是说,拓跋先祖在距今3000多年前至距今2000多年前的十多个世纪,一直繁衍生息于大鲜卑山。

从嘎仙洞出土的文物看,在距今二三千年的地层中发现有陶器、石器和骨器,而未见铜器和铁器。陶器主要有粗砂黑褐陶和细砂红褐陶以及少量细砂黑褐陶;石、骨器主要有用于射猎工具的石镞、骨镞等。只有石、骨制工具而不见铜、铁工具,可见生活于大鲜卑山的拓跋先祖尚处于新石器时代。而在年代更早的最下层地层中还发现有近似砍砸器的原始打制石器,说明早在一万多年前的旧石器时代可能就有人类在这里活动。

那么,大鲜卑山时期的拓跋先祖处于怎样的自然生态环境中,采取怎样的经济生活方式呢?可以这样说,他们是长期生活于大兴安岭森林带的原始森林民族,是以捕猎野生动物,食其肉衣其皮为主要谋生手段的原始游猎民族。

当时的拓跋先祖,便世代生活于这"与世隔绝"的森林生态环境中,他们必须且只能选择以捕猎野生动物为生的游猎经济生活方式。从嘎仙洞出土文物看,只有石镞、骨镞等狩猎工具而不见农、牧业生产工具;有大量的獐、狍、猂、鹿、野猪等野生动物骨骼而不见马、牛、羊等家畜骨骼。并且,据《魏书·序纪》等文献记载,在大鲜卑山时期,"世为君长,统幽都之北"的拓跋先祖以"射猎为业"。由地下文物与文献记载相互印证,可见大鲜卑山时期的拓跋先祖是生活于森林生态环境中的原始游猎民族。

关于大鲜卑山时期拓跋先祖的社会生活面貌,《魏书·序纪》作了这样的描述:

> 国有大鲜卑山,因以为号。其后,世为君长,统幽都之北,广漠之野,畜牧迁徙,射猎为业,淳朴为俗,简易为化,不为文字,刻木纪契而已,世事远近,人相传授,如史官之纪录焉。
>
> 积六十七世,至成皇帝讳毛立。聪明武略,远近所推,统国三十

六，大姓九十九，威振北方，莫不率服。

这些说明，处于深山密林的拓跋先祖，世代以游猎经济为生，生产力低下的原始游猎经济，没有剩余劳动、剩余产品，加之与世隔绝的封闭状态，社会发展是异常缓慢的。当时的拓跋先祖，“淳朴为俗，简易为化”，没有文字记载，没有成文历史，除了“刻木纪契”的原始符号，“世事远近”只靠“人相传授”。这便是大鲜卑山时期拓跋先祖的社会生活面貌。

根据嘎仙洞出土文物只有石制、骨制工具而无铜、铁工具，以及关于成皇帝毛“统国三十六，大姓九十九”的文献记载，可知当时尚处于新石器时代父系氏族社会。故史家认为：“所谓‘统国三十六，大姓九十九’，也不过是一些父系氏族和血缘部落构成的部落群。”“此所谓‘国’当指氏族集团或者部落；所谓‘大姓’当指氏族或者比氏族较小的家支。”“大姓九十九”应当统于“三十六国”之内，此三十六个部落，九十九个氏族都集居在额尔古纳河东南的大兴安岭之北段，拓跋鲜卑的远祖毛便是这一地区的部落集团的酋长。[①]总之，“大兴安岭北段林区，即《魏书》记载之‘大鲜卑山’。这里林地面积不小于十五万平方公里。两千多年前，北部鲜卑的三十六个部落，游猎在这无边无际的茫茫林海之中，其人口密度之低，可以想见。三十六个部落未必能有统一的固定的政治和经济上的联系，只能是一个松散的群体。”[②]以上，便是拓跋鲜卑发展史上年代跨度最悠长的“大兴安岭北部大鲜卑山时期”。

二、呼伦贝尔大泽时期

据《魏书·序纪》载，成皇帝毛之后的第六代宣皇帝推寅在位期间，“南迁大泽，方千余里，厥土昏冥沮洳”。这是说拓跋先祖在宣皇帝推寅时，开始从大兴安岭北部森林带走出来，南迁到“方千余里”的“大泽”，从此结束了拓跋

①米文平：《鲜卑史研究》，中州古籍出版社，1994年版，第116—117页；并见该页所引马长寿《乌桓与鲜卑》。

②米文平：《鲜卑史研究》，中州古籍出版社，1994年版，第116—117页；并见该页所引马长寿《乌桓与鲜卑》。

鲜卑发展史上年代跨度悠长的大鲜卑山时期。

关于"大泽"的地理方位:民族史学家经研究考证认为,就是指大兴安岭西南呼伦贝尔草原的呼伦湖。如《呼伦贝尔志略》:"大泽即呼伦湖。"马长寿《乌桓与鲜卑》:"南迁大泽方千余里,当系一个湖泊众多的沮洳地带。这一地区,从迁徙方向与地形来说,可能就是呼伦贝尔湖区。"宿白《东北、内蒙古地区鲜卑遗迹》:"'南迁大泽方千余里'的大泽,应是呼伦湖。"①

呼伦湖位于今内蒙古呼伦贝尔市之西南边地,也正是大兴安岭北段之西南。湖面是西南—东北走向,南北长二百余里,东西宽百余里,周围五百余里,按古代小计量之"里",正所谓"方千余里",这"方千余里"的呼伦湖畔,自然"厥土昏冥沮洳",是一片低洼沼泽湿地了。

并且,《山海经》之《大荒北经》、《海内西经》分别有"有大泽,方千里"和"东胡在大泽东"的记载;《史记·匈奴等》载"燕北有东胡",《索隐》度云:"东胡,乌丸之先,后为鲜卑。在匈奴东,故曰东胡。"这个"方千里"的"大泽"应当也是指呼伦湖。所说"东胡在大泽东","在匈奴东":东胡是乌丸、鲜卑先民。拓跋鲜卑早期生活的大兴安岭北段大鲜卑山即位于呼伦湖"大泽"之东,则鲜卑之先民东胡的居住地亦当"在大泽东"了;又,匈奴生活于蒙古大漠,东胡的居住地自当"在匈奴东"。

总之,随着嘎仙洞鲜卑石室的发现,大鲜卑山的地理方位就在大兴安岭北段已得到确证,那么,在大鲜卑山嘎仙洞石室之南,能够称得上"方千余里"的"大泽",便只有其西南方向呼伦贝尔草原的呼伦湖了。这个呼伦湖,便是宣皇帝推寅"南迁大泽"的"大泽"了。

关于拓跋先祖"南迁大泽"的年代及其生活于大泽时期的年代跨度:据《魏书·序纪》,自宣皇帝推寅"南迁大泽"至圣武皇帝诘汾再次"南移",来到漠南阴山,"始居匈奴之故地",其间历经八世皇帝。按一世约20年计,八世约当160年。

就是说,如果拓跋先祖最初"受封北土"的时代约当公元前1600年左右的夏商之际,则积六十七世至成皇帝毛的时代即约当公元前260年左右的战国

①转引自米文平:《鲜卑史研究》,中州古籍出版社,1994年版,第138页。

晚期阶段；再积五世至宣皇帝推寅的时代即约当公元前160年左右的西汉文、景帝之际了；再积八世至圣武皇帝诘汾的时代即约当公元初年的西汉之际了。也就是说，拓跋先祖"南迁大泽"的年代约当西汉前期；大泽时期的年代跨度当一个半世纪多。

但是，《魏书·序纪》载有诘汾之子始祖神元皇帝力微"元年，岁在庚子"。据史家推定，此年系曹魏黄初元年，即公元220年；按这个年代推定，那就是说，诘汾由大泽再次"南移"至"匈奴之故地"的年代即约当公元200年左右的东汉末年而非公元初年的西汉之际；由此上推八世，则宣皇帝推寅"南迁大泽"的年代即约当公元初年的西汉之际，而非公元前160年左右的西汉前期。

公元初年的西汉之际，是拓跋鲜卑发展史上第一个大转折时期，即由年代跨度悠长的大兴安岭北部大鲜卑山时期进入呼伦贝尔大泽时期。进入大泽时期的拓跋先祖，其自然生态环境、经济生活方式和社会组织形式都发生了根本性转折：

一是，他们走出了"重重叠叠的山岭和覆盖着这些山岭的万古长青的丛密的原始森林"，即大兴安岭森林生态环境带，来到了坦荡广阔，一望无垠，水草茂密的呼伦贝尔大草原，来到一个全新的生态环境带，草原生态环境带。

二是，他们逐步摆脱了漫长的森林游猎民族的经济生活方式，摆脱了完全依赖野生动植物为生的长期与世隔绝的封闭型生存状态，开始了以草原生态环境为依托的游牧民族的经济生活方式，进入了驰骋奔放的开放型生存状态。如同《史记·匈奴列传》与《汉书·晁错传》所描述的，他们"逐水迁徙"，随畜牧而转移，"随畜因射猎禽兽为生业"，"衣食之业不著于地……食肉饮酪衣皮毛，非有城郭田宅之归居，如飞鸟走兽于广野，美草甘水则止，草尽水竭则移……往来转徙，时至时去。"这种以"游"与"牧"为特色的经济生活方式，显然不同于封闭状态的森林游猎，完全依赖野生动植物谋生，而是主要从事牲畜的畜养、放牧和繁殖，从而极大地丰富了生活资料来源，拓展了生活空间。

三是，他们的社会组织形式，也已不再如同大鲜卑山时期"统国三十六，大姓九十九"那样，不过是众多父系氏族和血缘部落构成的松散的原始部落群，而是进一步发展为较具集中性的若干部落联盟，再进而组合为与地缘关系相结合的部落联盟,再进而组合为具有军事政治功能的部落军事政治大联盟,一步步向着国家政权形式过渡了。

综上所述,拓跋先祖进入呼伦贝尔大泽时期后,这里广阔无垠的草原生态环境,迁徙游牧的经济生活方式,一步步把他们造就成了英雄的骑马民族或马背民族。就像《史记·匈奴列传》说的"儿能骑羊,引弓射鸟鼠,少长则射狐兔",他们一个个成就为跃马飞驰、弯弓射猎的矫健骑手、猎手;于是也就像翦伯赞先生《内蒙访古》所描述的,呼伦贝尔草原进而成为"他们的武库、粮仓和练兵场"。"他们利用这里的优越的自然条件,繁殖自己的民族,武装自己的军队,然后以此为出发点由东而西,征服内蒙中部和西部诸部落或最广大的世界,展开他们的历史性的活动";当他们"在呼伦贝尔草原打扮好了,或者说在这个草原里装备好了,然后才走出马门";"当他们走出马门的时候,他们已经不仅是一群牧人,而是有组织的全副武装了的骑手、战士";"这些牧人、骑手或战士总想把万里长城打破一个缺口,走进黄河流域",开创他们的历史伟业。

所以,在拓跋鲜卑发展史上,呼伦贝尔大泽时期是一个承前启后的根本转折。在这里,他们不仅摆脱了大鲜卑山时期长期与世隔绝的原始的森林生存环境和生活状态,更重要的是为他们"走出马门",走向漠南阴山匈奴故地,进而越长城,跨黄河,入主中原,建立国家政权,在大中华民族大舞台上演出威武雄壮的历史活剧,进行了充分准备,铺设了前进道路。

关于拓跋先祖由大鲜卑山迁往呼伦贝尔大泽的迁徙年代和迁徙路线,今内蒙古呼伦贝尔市境内一系列考古遗存提供了直接的地下实物印证。这些考古遗存主要是:

其一,嘎仙洞鲜卑文化遗存:位于呼伦贝尔市东北部鄂伦春自治旗阿里河镇西北10公里,地当大兴安岭北段顶巅东麓、嫩江西岸支流甘河上游,年代上限可早到战国初期。

其二,孟根楚鲁鲜卑墓群:位于呼伦贝尔市中南部鄂温克自治旗伊敏河流域,年代经碳14测为距今2190±95及2120±80年,约当公元前1世纪—公元前2世纪的西汉年间。

其三,拉布达林墓群:位于呼伦贝尔市西北部额尔古纳市驻地拉布达林镇小西山东南坡上，地当岭西根河岸边，年代不应早于东汉初年。

其四，札赉诺尔鲜卑墓群：位于呼伦贝尔市西部满洲里市呼伦湖北岸木图那雅河东岸坡地上，年代为东汉中晚期。

这些考古遗存中出土的陶器，无论年代较早的手制夹砂陶或年代较晚的轮制细泥陶，其型制和纹饰，尤其纹饰，具有共同的基本特征，这就是陶器表面的压光暗条纹，学者称这是“最突出的表现”“鲜卑文化一脉相承的基本特征”。①

所谓“压光暗条纹”，就是陶器成型尚未干透时，以光滑坚硬的物体压磨陶器表面显现光暗条纹。这样不仅可使陶器表面更加坚实，而且光滑美观。

“这一基本特征，最初见于嘎仙洞探沟早期鲜卑文化层出土的一件完整敞口罐上，器表素面，外有烟炱，应为炊器。通体有竖向不规则的压光暗条纹”。②嘎仙遗存属战国时期。继之，西汉时期的孟根楚鲁墓群、东汉时期的拉布达林墓群和札赉诺尔墓群出土的陶器表面，“均有通体压光暗条纹”。③久而久之，这种美感效应积淀成自觉的审美追求，升华为审美文化而世代传承不绝；压光暗条纹亦由原初手制陶的不规则型演进为轮制陶的规则型，即“直到后来使用泥质轮制陶器的时候，积淀于鲜卑人意识深层的这种美的观念文化特征，压光暗条纹成为有规则的竖向、横向或网状暗条纹饰，仍然同后起的滚轮印纹一同施于轮制的泥质陶器表面”，④甚至“直到隋唐时期，入主中原的鲜卑族已完全融合于汉族文化后，留在呼伦贝尔草原上的游牧部落，仍保留着这种文化传统”。⑤

所以，陶器表面共同具有的这一“鲜卑文化一脉相承的基本特征”，也就成为今日我们识别鲜卑民族特有的所谓“鲜卑文化传统基本特征”；⑥那么，拓

①米文平：《鲜卑史研究》，中州古籍出版社，1994年版，第446页，454页。

②米文平：《鲜卑史研究》，中州古籍出版社，1994年版，第454页。

③米文平：《鲜卑史研究》，中州古籍出版社，1994年版，第454页。

④米文平：《鲜卑史研究》，中州古籍出版社，1994年版，第446—447页，第454页—455页。

⑤米文平：《鲜卑史研究》，中州古籍出版社，1994年版，第446—447页，第454页—455页。

⑥米文平：《鲜卑史研究》，中州古籍出版社，1994年版，第446—447页，第454页—455页。

跋先祖由大鲜卑山的迁徙呼伦贝尔大泽的迁徙年代和迁徙路线,也就从上述考古遗存中的陶器表面压光暗条纹这一基本特征得到直接的实物印证,因为,他们留下的上述考古遗存,正是他们此次迁徙历程的实物标记。

上述考古遗存中,拉布达林墓群的年代约在东汉初期,略早于东汉中晚期的札赉诺尔墓群。米文平先生据此推断:“拓跋鲜卑自大兴安岭北部迁出后,可能首先是沿根河向西,来到根河下游,然后沿额尔古纳河继续向西南,到达呼伦湖畔和呼伦贝尔腹地”;[①]也就是说,“拉布达林墓群,可能即推寅率部南迁过程中,初出森林的头一个停留之地。其时当在公元1世纪前叶,这与拉布达林墓群出土遗物的年代是相合的”,而“呼伦湖北岸的札赉诺尔墓群,当即其南迁到达此地留下的遗迹”。[②]

并且,由嘎仙洞、拉布达林和札赉诺尔墓群出土的殉葬动物骨骼之异同也可以推断:拉布达林一带可能即是拓跋先祖“初出森林的头一个停留之地”,或者说是他们由大鲜卑山森林游猎经济走向呼伦贝尔草原游牧经济的中间过渡之地。

嘎仙洞出土的动物骨骼,如狍、獐、鹿、狸、野猪以及土豹、鼠类等皆为野生动物而不见马、牛、羊等家畜骨骼,说明当时只有单一的游猎经济无畜牧、农业经济。

札赉诺尔的殉葬动物骨骼则纯属马、牛、羊、狗等家畜而不见野生动物,说明当时已不再从事森林游猎,而是驯养马、牛、羊等家畜,发展草原游牧经济了。

拉布达林的殉葬动物骨骼却是野生、家畜兼具。如其中7座墓出土的殉葬动物头骨、马、羊头骨各一个而野猪头骨有三个,正说明森林的拓跋先祖尚未摆脱依赖野生动物为食的游猎经济生活,他们的经济生活方式尚处于由森林游猎走向草原游牧的过渡历程。同时也说明,来到拉布达林的拓跋先祖还不可能完全摆脱游猎经济生活,他们不可能不受当地自然生态环境的决定性制约。拉布达林地处大兴安岭北部原始森林和呼伦贝尔草原之间,正当森林

---

①米文平:《鲜卑史研究》,中州古籍出版社,1994年版,第450页。

②米文平:《鲜卑史研究》,中州古籍出版社,1994年版,第454页。

和草原两大生态系统的过渡地带，生活在当地的拓跋先祖只能选择与过渡地带相适应的经济生活方式，尔后来到草原腹地札赉诺尔，才完全摆脱了森林游猎而从事草原游牧。

这样，从东汉初年的拉布达林墓群到东汉中晚期的札诺尔墓群，这些东汉年间鲜卑考古遗存的出土，也就为拓跋先祖生活的呼伦贝尔大泽时期的历史行程提供了地下实物印证。

第三节 北部鲜卑之迁徙（下）

一、漠南阴山时期

漠南即蒙古大漠南部阴山一带。

《魏书·序纪》载，自宣皇帝推寅“南迁大泽”，来到呼伦贝尔草原，历经六世，至献皇帝邻即位。“时有神人言于国曰：此土荒遐，未足以建都邑，宜复徙居。帝时年衰耆，乃以位授子。”及圣武皇帝诘汾即位，“献帝命南移，山谷高深，九难八阻，于是欲止。有神兽，其形似马，其声类牛，先行导引，历年乃出。始居匈奴之故地。其迁徙策略，多出宣、献二帝，故人并号曰‘推寅’，盖俗云‘钻研’之义。”

这是说，献皇帝邻在位期间，鉴于荒凉偏远的呼伦贝尔草原不宜建都立国，不利事业的拓展，于是决定再度“南移”，迁徙漠南阴山一带的“匈奴之故地”。于是，圣武皇帝诘汾即位后，遂即率部出发，历经“九难八阻”，终于穿越“山谷高深”的大兴安岭，来到了匈奴祖先的发迹地漠南阴山一带，从而结束了拓跋鲜卑发展史上的呼伦贝尔大泽时期而迈向新的漠南阴山时期。

虽然，这次率部南移的实行者为圣武皇帝诘汾，决策者却是其父献皇帝邻。这是拓跋先祖继宣皇帝推寅第一次率部“南迁大泽”后，第二次“南移”。这两次大迁徙，是拓跋鲜卑发展史上的两次大转折，故两次迁徙的决策者宣、献二帝共同受到后人的高度尊奉和崇敬，即因“其迁徙策略，多出宣、献二帝，故人并号曰‘推寅’，盖俗云‘钻研’之义”。这里，“推寅”被赋予了“善于钻研的人”或“深谋远虑的人”或“高瞻远瞩的人”的含义，无不在表达对宣、献二帝的英明睿智及其历史伟业的高度尊奉和崇敬。于是，拓跋鲜卑历史上便有了两位被尊为

“推寅”的皇帝：宣皇帝推寅和献皇帝邻，史上分别称“第一推寅”和“第二推寅”。

漠南阴山时期涵盖了从献皇帝邻和圣武皇帝诘汾“始居匈奴的故地”，历经八世，直至北魏开国皇帝道武帝拓跋珪“迁都平城，始营宫室，建宗庙，立社稷”这样一个历史阶段。据《魏书·序纪》，拓跋鲜卑史上第一位有确切纪年的皇帝为诘汾之子，始祖神元皇帝力微，力微“元年，岁在庚子”，年代相当于三国曹魏文帝黄初元年，即公元220年；北魏“迁都平城”的年代为道武帝天兴元年的公元398年。就是说，漠南阴山时期的年代跨度约为两个世纪，相当于三国、两晋和十六国的历史阶段。

又据《北周李贤墓志铭》载：“魏圣帝（按即圣武皇帝诘汾）齐圣广渊，奄有天下，乃率诸国定扶戴之议。凿石开路，南越阴山。竭手爪之功，成股肱之任。建国拓跋，因以为氏。”这是说，被称作“北部鲜卑”的拓跋先祖，至圣武皇帝诘汾率众“南移”，迁来漠南阴山后，始“建国拓跋，因以为氏”开始议定以“拓跋”为族姓，从此始有“鲜卑拓跋氏”或“拓跋鲜卑”之族称；也说明，《魏书·序纪》所载拓跋鲜卑为黄帝后裔，“昌意少子”，其族称“拓跋”，盖源于“黄帝以土德，北俗谓土为拓，谓后为跋，故以为氏”的说法，不过表达了鲜卑民族对于华夏民族的根祖认同心态。

生活于漠南阴山时期的拓跋鲜卑，其所处自然生态环境依旧是大漠草原，与呼伦贝尔大泽时无根本改变，其人文地理环境和中华文明进程的历史背景却为这个英雄的民族提供了无比广阔的拓展空间。

一是，漠南阴山毗邻古长城沿线。古长城沿线大体上与我国农、牧区自然分界线相吻合。我国历史上北方戎狄（胡）民族的游牧文化区和中原华夏（汉）民族的农耕文化区，大体上分布于古长城沿线之南北。如《辽史·营卫志》中所云：

> 长城以南，多雨多暑，其人耕稼以食，桑麻以衣，宫室以居，城郭以居；大漠之间，多寒多风，畜牧畋渔以食，皮毛以衣，转徙随时，车马为家。此天时地利所以限南北也。

因此，古长城沿线历来是北方和中原民族文化碰撞交融的中心地带，是北方各民族南下求发展所必须逾越的边界线；于是，毗邻古长城沿线的漠南阴山一带便成为北方各民族纷至沓来的集散据点，成为他们跨越长城，挺进中原的战略基地，于是，如同翦伯赞《内蒙访古》一文所说，我国历史上的“阴山一带往往出现民族矛盾的高潮”。

就处于漠南阴山时期的拓跋鲜卑而言，当他们在呼伦贝尔草原“打扮好了”、“装备好了”，然后“走出马门”，成为“不仅是一群牧人，而是有组织的全副武装了的骑手、战士”，进而来到毗邻古长城沿线的漠南阴山后，也就为实现本民族的宏愿“把万里长城打破一个缺口，走进黄河流域”，登上中华民族大舞台，出演威武雄壮历史活剧，提供了无比广阔的拓展空间。

二是，拓跋鲜卑生活的漠南阴山时期，正处于中华文明进程中“民族大迁徙，大融合，社会大转轨的时期”前夜。著名考古学家苏秉琦先生曾以“从全新的视角认识北朝文化”为题谈到“北朝几百年间的历史”在中华文明进程中的地位时说：

> 北朝几百年的历史，传统的观点是：“五胡乱华”，南朝则是相对稳定，承上启下，联接汉唐盛世过渡时期。这种观点如果不说是错误应该说是十分偏颇的。
>
> 在中国古代文明史上，战国秦汉初是极其重要的时期，是大开拓大发展的时期，南北朝时期是又一个极其重要的时期，是民族大迁徙、大融合、社会大转轨的时期。

陕北、晋北、冀北及内蒙古南部，这个大体东西向的燕山南北长城地带，从史前到三国时代历来是北方畜牧文化与黄河流域农耕文化接壤、过渡地带，它不是一条线，而是一条宽数百公里的带……北朝的北方民族正是通过这一地带的若干口岸南下中原的。[①]

---

①《晋文化与北朝文化研究的新课题》，《华人·龙的传人·中国人——考古寻根记》，辽宁大学出版社，1994年，第7页。

所谓“民族大迁徙,大融合,社会大转轨”,就是说,继春秋战国社会大动荡、大分裂后,秦汉王朝确立了中央集权的封建统一大帝国,即大体以古长城沿线为北界的华夏(汉)民族的统一大帝国;然后,正当秦汉交替,楚汉相争的战乱之际,以冒顿为单于的匈奴势力勃然崛起,统一大漠,建立起强大的国家政权,由此形成了“南有大汉,北有强胡”的两大民族统一体的并峙局面。[①]于是,古长城沿线南北,西汉王朝同匈奴势力展开了长期的争战征讨。至东汉年间,匈奴分裂为南北两部,南匈奴附汉,匈奴政权瓦解,进而北匈奴被迫西迁,南匈奴部众大批移居塞内,与汉人杂居,匈奴势力逐步衰败了。

至魏晋十六国时期,随着西晋灭亡,东晋远避江南,号称“五胡”的游牧民族迭相登上历史舞台,北方黄河流域割据政权林立,战乱空前频仍,中国社会又一度陷入大动荡、大分裂。这便是以往史家所谓“五胡乱华”的十六国战乱。

十六国战乱自公元304年(西晋帝永安元年)南匈奴后裔刘渊(元海)称汉王,建立国家(后称前赵)政权始,至公元439年(北魏太武帝太延五年)匈奴卢水胡沮渠蒙逊建立的北凉政权灭亡止,历时136年。诚如《晋书·刘元海载记》所云:“其为战国者一百三十六载,抑元海为之祸首云。”就是说,历时136年的十六国战乱是随着刘渊汉国的建立而拉开序幕的。继之,“五胡”各族迭相建立割据政权。史称“十六国”的政权中十三国政权为“五胡”各族所建。分别为:

匈奴族三国:刘渊之汉国(前赵)、赫连勃勃之大夏、沮渠蒙逊之北凉。

鲜卑族五国:慕容皝之前燕、慕容垂之后燕、慕容德之南燕、乞伏国之西秦、秃发乌孤之南凉。

羯族一国:石勒之后赵。

氐族三国:李雄之成汉、苻洪之前秦、吕光之后凉。

羌族一国:姚苌之后秦。

又,汉族三国:张轨之前凉、冯跋之北燕、李暠之西凉。共十六国。

---

①《汉书·匈奴传·上》,中华书局,1962年版。

此外，尚有不计入十六国之列的诸如：鲜卑族慕容泓之西燕、汉族冉闵之冉魏、鲜卑族拓跋什翼犍之代国；等等。

总之，历时136年的十六国时期，以“五胡”为主体的割据政权林立，政权更迭频繁，如同《晋书·刘元海载记》所描述的，各个割据政权，“或篡通都之乡，或拥数州之地，雄图内卷，师旅外并，穷兵凶于胜负，尽人命于锋镝”，当时的北方黄河流域，遍地战火弥漫，饱受战乱煎熬的广大民众，“或死于干戈，或毙于饥馑，其幸而自存者，盖十五焉”[①]，社会经济受到严重的破坏。但另一方面，政权更迭的频繁性和争战地域的飘忽性，又有力地促进了不同民族间广泛的接触交往，交错杂住，促进了北方游牧民族不断地向内地迁徙流动。于是，古长城沿线以南，自秦汉以来华夏（汉）民族成一统的格局被打破了，北方黄河流域广大地区成为匈奴、鲜卑、羯、氐、“五胡”各族同汉民族接触交往的大舞台和北方游牧文化同中原农耕文化碰撞交融的大熔炉；不同民族的接触交往和不同民族文化的碰撞交融，给古老的中华民族及其文化注入了鲜活的生命力，生机勃发的北方民族文化融入中原民族文化机体，给中国社会带来了巨大变化；于是，中华文明进程中“又一个极其重要的时期”：“民族大迁徙、大融合，社会大转轨的时期”到来了。

漠南阴山时期的拓跋鲜卑，便是推动“民族大迁徙、大融合，社会大转轨”的历史车轮滚滚向前的伟大生力军。他们跨长城、越黄河，入主中原，建立北魏王朝的一个半世纪，便是中华文明进程中“民族大迁徙、大融合，社会大转轨的时期”达到鼎盛的历史性标界；他们在漠南阴山度过的两个世纪，便是朝这个鼎盛时期拓展前进的两个世纪。

漠南阴山时期，自献皇帝邻至昭成皇帝什翼犍，历经七世。他们一步步奠定了北魏王业的基石。

其一，献皇帝邻加入檀石槐军事联盟，组建拓跋鲜卑统治机构。

东汉末桓帝年间，檀石槐被推为鲜卑“大人”，“兵马甚盛，南抄汉边，北拒丁令，东却扶余，西主乌孙，尽据匈奴故地”，建立起强大的军事联盟，“乃为庭

①《魏书·食货志》，中华书局，1974年版。

于高柳北三百余里弹汗山啜仇水上”，[①]在今山西阳高县东北300余里的河北尚义县东洋河上建立了政治中心王庭。联盟按地域划为东、中、西三部，各部设“大人”。其西部大人之一名“日律推演”，据《资治通鉴》胡三省注“推演，盖即推寅也。”[②]他便是拓跋鲜卑史上被尊为“第二推寅”的献皇帝邻。

加入檀石槐军事联盟，使到达漠南阴山的拓跋鲜卑获得了更大的拓展空间。为统一部族管理和军事行动的需要，献皇帝邻组建了拓跋鲜卑的统治机构，形成了以“帝室十姓”为核心的统治集团。据《魏书·官氏志》载：

> 魏氏本居朔壤，地远俗殊，赐姓命氏，其事不一……初，安帝统国，诸部有九十九姓。至献帝时，七分国人，使诸兄弟各摄领之，乃分其氏。自后兼并他国，各有本部，部中列族，为内姓焉。

“安帝”即《魏书·序纪》所载大鲜卑山时期最后一位安皇帝越；所谓“诸部有九十九姓”，当是说自成皇帝毛“统国三十六，”“大姓九十九”以来，拓跋先祖长期处于诸多部落或氏族结合体的松散状态。来到漠南阴山，随着部族势力的扩展，献皇帝邻“七分国人”，将诸部划分为八个行动集团，自己亲领一部，其余七部委派自己的七个兄弟分头统领：

献帝以兄为纥骨氏，后改为胡氏；次兄为普氏，后改为周氏；次兄为拓跋氏，后改为长孙氏；弟为达奚氏，后改为奚氏；次弟伊娄氏，后改伊氏；次弟为丘敦氏，后改为丘氏；次弟为俟氏，后改为亥氏。

七族之兴，自此始也。

此七族，连同献皇帝邻亲领的拓跋氏共八族，总号为“鲜卑八部”。随后：

> 又命叔父之胤曰乙旃氏，后改为叔孙氏；又命疏属曰车焜氏，后改车氏。

---

①《三国志·乌桓鲜卑东夷传》注引王沈《魏书》；《后汉书·乌桓鲜卑列传》。

②《资治通鉴·魏纪九·元帝景元二年》胡三省注，中华书局，1956年版。

凡与帝室为十姓，百世不通婚。太和以前，国之丧葬祠礼，非十族不得与也。

帝室十姓构成拓跋鲜卑统治集团的核心。十姓之间保持“百世不通婚”的宗法关系；享有“国之丧葬祠礼，非十族不得与也”的政治特权，直到孝文帝太和改制。

所谓：“自后兼并他国，各有本部，部中别族，为内姓焉”，主要当是说随着部族势力的更大扩展，至献皇帝之孙神元皇帝力微即位后，进一步组建了“帝室十姓”外围的“内入诸姓”和“四方诸姓”两层统治机构。

以上“帝室十姓”的首领，七姓与帝为兄弟，其余一为叔父，一为远亲，形式上属于血缘部落联盟，实际上是以拓跋兄弟为主结成的十个部族统治集团，统治着十个部族的“国人”，部族首领与部民处于不平等的统治与被统治地位。所以，这已经是早期国家王权形态的萌芽，标志着拓跋鲜卑已经由原始氏族社会向阶级社会迈进了。

继之，如《北周李贤墓志铭》所载，圣武皇帝诘汾“乃率诸国岜扶戴之议”，“建国拓跋，因以为氏”，由此度过了以“拓跋”为族称的漠南阴山时期。

其二，神元皇帝力微建立统治中心，健全统治机构，通好中原王朝，稳定统治秩序。

力微被北魏道武帝拓跋珪“尊为始祖”，表明他对拓跋鲜卑事业有开创之功。自力微时代始，拓跋鲜卑有了确切的历史纪年。《魏书·序纪》载：“力微元年，岁在庚子。”此年系曹魏文帝黄初元年，即公元220年。

力微即位初，因遭“西部内侵”，国民离散，遂投奔没鹿回部大人窦宾，共同反击西部，兵败溃散后，力微全力救护窦宾脱险。为报救护之恩，窦宾“将分国之半”予力微，力微不受，于是窦宾以爱女赠嫁，并答应他“请率所部北居长川”，即今内蒙古乌兰察布市兴和县一带。力微在长川收容旧部，“诸旧部民，咸来归附”，并于窦宾死后吞灭了没鹿回部，“诸部大人，悉皆款服，控弦上马二十余万”，势力迅速发展壮大。神元三十九年（曹魏高贵乡公甘露三年，公元258年）。力微自长川“迁于定襄之盛乐”，即今内蒙古呼和浩特市和林格尔县一带。四月，力微举行祭天大礼，“诸部君长皆来助祭，惟白部大人观望不至，于是征而戮之，远近肃然，莫不震慑。”从此，拓跋氏在部落联盟中确立起大酋长的世袭权。盛乐成为力微建立的统治中心，即拓跋鲜卑的第一个都城。

力微时代，檀石槐的部落军事大联盟已告解体，拓跋鲜卑的势力迅速发展壮大，特别是力微吞灭没鹿回部进而确立起部落联盟大酋长地位后，蒙古草原上的各部落或纷纷加入拓跋部或与它建立关系，由此形成了“内入诸姓”和“四方诸姓”两个新的关系圈。

为强化拓跋部的统治权，力微在献皇帝邻建立的“帝室十姓”基础上，进一步健全了统治机构，就是将“内入诸姓”和“四方诸姓”分别纳入“帝室十姓”的外围统治机构。

所谓“内入诸姓”，即《魏书·官氏志》所载“神元皇帝时，余部诸姓内入者”，总计75姓。其族属部别十分混杂，有属匈奴族者，有属丁零族、柔然族、乌桓族、东部鲜卑族以及东西方各杂族，他们同拓跋氏全无血缘关系，由此构成围绕“帝室十姓”统治核心的第一层外围统治机构。

所谓“四方诸姓”，亦即《魏书·官氏志》所载：“东方宇文、慕容氏”二部，属东部鲜卑，“此二部最为强盛”；“南方有茂眷氏，后改为茂氏”等七部；“西方尉迟氏，后改为尉氏”等十六部；“北方贺兰，后改为贺氏”等十部，共计三十五部。“凡此四方诸部，岁时朝贡”，他们未加入拓跋部，仍保持自己的独立地位，只是与之建立“岁时朝贡”的通好交往关系，由此构成“帝室十姓”外围的第二层统治机构。

这个以“帝室十姓”为核心，以“内入诸姓”与“四方诸姓”为外围的统治机构，不仅各部首领与部民处于统治与被统治的不平等地位，其核心与外围统治机构间亦属控制与被控制的不平等关系。因此，如果说献皇帝邻的统治机构已经是早期国家王权形态的萌芽，那么，神元皇帝力微的统治机构便已经具备国家王权的雏形了。从此直到昭明皇帝什翼犍的一百五六十年间，拓跋首领基本上沿着世袭王制的道路，维持了一脉相承的统治局面。

据《魏书·序纪》载，神元皇帝力微“凡飨国五十八年”。力微拓跋鲜卑事业的开创之功，尤其突现在善于吸取历史教训，做出通好中原王朝，稳定统治秩序的战略决策。这就是当他确立了部落联盟大酋长地位而举行盛乐祭天大礼时告诫诸部大人的话：

> 我历观前世匈奴、蹋顿之徒，苟贪财利，抄掠边民，虽有所得，而其死伤不足相补，更招寇仇，百姓涂炭，非长计也。

就是说，不能像匈奴等游牧汗国那样，往往以野蛮的武力抄掠代替文明的财货贸易，不但造成"百姓涂炭"，而且彼此"更招寇仇"，此"非长计也"。于是约束诸部，宣布"与魏和亲"，同中原曹魏政权交往通好。三年后的神元四十二年，即曹魏元帝景元二年，公元261年，力微即遣太子沙漠汗客居魏都洛阳，"为魏宾之冠"，他是拓跋部通好中原王朝的第一位使者。

力微通好中原王朝的方针是"笃信推诚，不为倚伏以要一时之利，宽恕任真，而遐迩归仰"。因此，沙漠汗客居洛阳期间，虽然司马氏取代曹魏的"魏晋代"之变，但却"和密"。从此，双方聘问交市，往来不绝，大量的金、帛、缯、絮从洛阳运往盛乐，音乐技术人员也被派往盛乐交流。

力微通好中原王朝的成功实践，开创了拓跋鲜卑历史的新纪元。从此告别了自大鲜卑山以来，拓跋鲜卑"不交南夏，是以载籍无闻焉"的时代，迈向了同中原汉民族接触和文化交流的新未来。沙漠汗前后两次客居魏、晋都城洛阳，深受中原文化熏陶。他"身长八尺，英姿瓌伟，在晋之日，朝士英俊多与亲善，雅为人物归仰。"为通好中原王朝做出了开创性贡献。不幸的是，当地第二次短暂居洛阳后返回盛乐途中，因西晋重臣卫瓘收买拓跋部保守派向力微进谗言，将沙漠汗杀害于塞南，"后乃追谥焉"，死后被追谥为"文皇帝"。力微年老丧子，悔恨不已，精神遭受沉重打击，当年病故。此年系神元五十八年，即西晋武帝咸宁三年，公元277年。

力微时代结束了，但是，"自始祖以来，与晋和好"的政治局面依然持续不断向前推进；尽管拓跋鲜卑这时并未屈服中原王朝，事实上却已形同魏、晋国内的少数民族了。

其三，穆皇帝猗卢建立代国，昭成皇帝什翼犍振兴代国，拓跋鲜卑完成了由氏族社会向阶级社会的过渡。

穆皇帝猗卢系文皇帝沙漠汗之子,于力微卒后31年即公元308年即位,时值西晋怀帝永嘉二年,在位九年卒;昭成皇帝什翼犍系沙漠汗四世孙,于力微死后61年即公元338年即位,时值东晋成帝咸康四年,在位三十九年卒,时值东晋孝武帝太元元年,即公元376年。从猗卢即位到什翼犍卒,即公元308年到376年的六七十年,正值东、西晋交替,十六国战乱蜂起的年代,拓跋鲜卑的代国便是伴随这样的动荡年代走过来的。

猗卢即位前,昭皇帝禄官曾效仿冒顿、檀石槐建制,将拓跋领地划分为东、中、西三部,并经征战开拓,拓跋部获得进一步发展,"控弦骑士四十余万",势力大增。猗卢即位后,首先"总摄三部,以为一统",即以盛乐为中心,把三部势力集中统一起来。进而沿着力微开创的通好中原王朝的道路大踏步前进。

猗卢统一三部后,北方黄河流域面临着因果关联的两大乱势:一是西晋末年"八王之乱"引发的"永嘉之乱",导致西晋灭亡;二是匈奴族刘渊汉国(后称前赵)灭亡西晋,东晋南渡,掀起了十六国战乱。

猗卢在位期间,坚持通好西晋王朝。当刘渊乘"八王之乱"起兵反晋,并州地区遭受围攻,西晋王朝岌岌可危之际,猗卢大力援助时任并州刺史的刘琨同反晋势力作战。其援晋之功屡受朝廷晋封,由此为代国的建立奠定了基础。

一是猗卢三年,即晋怀帝永嘉四年,公元310年,依附刘渊汉国的"白部大人叛入西河,铁弗刘虎举众于雁门以应之,攻琨新兴,雁门二郡"。"白部"指慕容鲜卑;"西河"即西河国,故治今离石,属并州;"铁弗"系匈奴单于后裔;"新兴、雁门二郡"均属并州,分别治今忻州、代县。为击退白部、铁弗、刘琨向猗卢求援,猗卢发战骑二万,"大破白部","次攻刘虎,屠其营落",解除了并州之危。战后,"晋怀帝晋帝大单于,封代公",以代郡为猗卢封邑。

代郡治今河北蔚县,属幽州。于是猗卢"以封邑去国悬远,民不相接"为由,要求入据今代县句注山陉岭以北之地,刘琨逐将雁门郡所属陉岭以北之楼烦、马邑、阴馆、繁峙、崞五县之汉民徙至陉南,重建城邑。猗卢据有了"东接代郡,西连西河、朔方,方数百里"的并州北部地区,疆域大大拓展了,实力大大增强了,建立代国的条件逐步成熟了。

二是猗卢五年，即晋怀帝永嘉六年，公元312年，刘渊的即位者刘聪乘刘琨离开并州首府晋阳之机，命其子刘粲及族人刘曜率兵攻陷晋阳，杀害刘琨父母，刘琨向猗卢"告难"，猗卢遂命其长子六修等率众为前锋，自统大军20万为后继，一举击败刘粲，帮刘琨收复了晋阳。

此时的猗卢，以其援晋之功受朝廷晋封，拓展了疆域，增强了实力；与此同时，西晋王朝却是风雨飘摇。永嘉五年，即公元311年，刘聪部将石勒、刘曜等攻陷洛阳，晋怀帝被掳至刘汉国都平阳，永嘉七年，即公元313年，刘聪杀晋怀帝；同年，晋愍帝在长安即位，改之建兴元年。建兴四年，即公元316年，刘曜攻长安，晋愍帝出降，西晋亡。此时的中原战乱，更为猗卢建立代国提供了机遇。于是，猗卢六年，即晋愍帝建兴元年，公元313年，"城盛乐以为北都，修故平城以为南都"，同时"于灅水之阳黄瓜堆筑新平城，晋人谓之小平城。"平城即今大同市，小平城位于大同市西南。这样，从漠南阴山的盛乐到雁门关之北的平城，二都南、北鼎立，拓跋国初具规模了。一年后的猗卢八年，即晋愍帝建兴三年，公元315年，"晋愍帝晋帝为代王，置官属，食代、常山二郡"。常山郡治所今河北石家庄古城村，猗卢的领地更拓展了。于是，晋封代王的猗卢，仿效晋王朝体制，开设官府，制定刑法，代国政权建立起来了。

猗卢之后，代国出现中衰，什翼犍是代国的振兴者。

猗卢九年，即西晋灭亡的晋愍帝建兴四年，公元316年，猗卢死于内部变乱。即位的平文皇帝郁律虽"资质雄壮，甚有威略"，在位五年间，破走朔方铁弗刘虎，"西兼乌孙故地，东吞勿吉以西，控弦上马将有百万"，雄踞北方草原，进而"治兵讲武，有平南夏之意，施展统一中原的战略宏图；但是，即位的惠皇帝贺傉、炀皇帝纥那、烈皇帝翳槐仅能守土自保，在内外动荡变乱之下，帝位频繁更迭，代国走向中衰。

当时正值西晋灭亡东晋南渡后，羯族石勒于公元319年即东晋元帝太兴二年灭掉匈奴族刘氏前赵（汉国）而建石氏后赵政权，一度统一了中原黄河流域。什翼犍系烈帝翳槐之弟，幼年曾被烈帝送入后赵都城襄国（今河北邢台）做人质以与石勒请和，石勒死后，即位的石虎迁都于邺（今河北临漳），什翼犍继续留邺。烈帝临崩顾命曰："必迎立什翼犍，社稷可安。"于是，公元338年即东晋成帝咸康四年,什翼犍自邺北返途中“即位于繁峙之北,时年十九,称建国元年”。繁峙在今山西浑源西南。年轻的昭明皇帝什翼犍即位后,代国一步步振兴起来了。

建国二年,即东晋成帝咸康五年,公元339年,什翼犍“始置百官,分掌众职,”(魏书卷一序纪第一,第12页)“余官杂号,多同于晋朝[1],效仿晋朝官制建立起新的国家机构;又制定法律,“法令明白,百姓晏然”[2],由此形成了具有政府规模的国家体制。建国三年,“移都于云中之盛乐宫”,都城由繁峙迁回旧都盛乐;建国四年,“筑盛乐城于故城南八里”,在盛乐旧城南八里处筑建了新城,从此有了稳定的政治中心。建国五年,“诸部毕集,设坛埒,讲武驰射,因以为常”,按新制训练军队,军队开始正规化。经过几年的整顿,代国一步步走出中衰,走向振兴。

什翼犍在位39年,这也是代国由中衰走向振兴和最后灭亡的39年。当时的外部形势是,东晋南渡后,北方黄河流域十六国战乱愈演愈烈,割据政权走马灯式地频繁更迭,中国南北处于空前的大分裂、大动荡之中。对代国构成威胁的主要是先后崛起于北方羯族石氏后赵,进而鲜卑慕容氏前燕,最后是灭亡代国的氐族苻氏前秦等割据政权。

什翼犍即位后,对后赵和前燕采取友好交往之策,从而为代国的发展创造了和平的外部环境。建国十三年,即东晋穆帝永和六年,公元350年,后赵石虎死后,大将军冉闵“尽灭石氏”,“即皇帝位”,“国号大魏”,[3]史称“冉魏”。冉魏仅残喘了两年即被前燕所灭。从此,前燕成为继后赵而起的北方割据政权。于是,什翼犍同前燕互结联姻,和睦相处,集中投身代国的发展。

当冉魏取代后赵的第二年,即建国十四年,什翼犍曾萌生乘机大举进军中原之念,他对左右说:“石胡衰灭,冉闵肆祸,中州纷梗,莫有匡救,吾将亲率六军,廓定四海!”左右力谏道,此时进军中原,时机尚未成熟:“恐无永逸之

---

①《魏书·官氏志》,中华书局,1974年版,卷一百一十三志第十九,第2971页。

②《魏书·刑罚志》,中华书局,1974年版,魏书卷一百一十一志第十六刑罚志,第2873页。

③《资治通鉴·卷九十八·晋纪二十》,中华书局,1956年版。

利，或有亏损之忧”。什翼犍也就打消了此念。此后，什翼犍借助有利的外部环境，继续大力推进代国的发展。

先是，为安定国内，巩固政权，什翼犍在十余年间接连出巡各地。建国十二年“西巡，至河而还”，到达黄河沿岸；十九年再次“西巡，因而临河”；二十二年“东巡，至于桑干川”，到达桑干河流域；二十五年“南巡，至君子津”，“行幸代”，即到达今内蒙古清水县西北之黄河君子津后，又来到今山西大同市一带的代地巡视。其中，两次西巡显然是针对黄河两岸朔方郡的匈奴南单于后裔铁弗部，借巡视以威慑对方。

接着，自建国二十六年至三十三年，即东晋哀帝兴宁元年至废帝太和五年，公元363—370年的八年间，什翼犍在国内安定，政权巩固，代国实力大增的基础上，进而展开对外征讨。主要是两次远征漠北的高车，两次讨伐朔方的铁弗。

高车系“古赤狄之余种”，中原汉人称之为“高车”、“丁零”，北方胡人称之为“敕勒”，“或云其先匈奴之甥也”，[①]原居于贝加尔湖及其以北以西，魏晋时有的徙至贝加尔湖以南鄂尔浑河，古拉河流域漠北高原。什翼犍于建国二十六年第一次“讨高车，大破之，获万口，马牛羊百余万头”；三十三年再次“征高车大破之。”

铁弗系匈奴“南单于之苗裔”[②]西晋灭亡之际，穆皇帝猗卢曾援助并州刺传刘琨击破入据雁门以南的铁弗首领刘虎，迫其“西走渡河，窜居朔方”，逃至今内蒙古杭锦旗一带河套地区。什翼犍建国二十二年，刘虎之孙刘卫辰继为铁弗首领后，曾一度“遣子朝贡”，“遣使朝聘”并向代国“求婚”，什翼犍将女儿嫁他。但刘卫辰又“潜通苻坚”，暗结前秦，被坚封为“左贤王”，“夏阳公”，[③]充当前秦附唐，与代国为敌。建国二十八年，“卫辰谋反，东渡河”，进攻代国，什翼犍率军“讨之，卫辰惧而逃走”，这是第一次讨伐铁弗。第二次是建国三十年冬，代军以苇绳控制黄河流水，在上面散布苇草，结成冰桥，渡河突然袭击，

---

①《魏书·高车列传》，中华书局，1974年版，第2307页。

②《魏书·铁弗刘虎列传》，中华书局，1974年版，第2054页。

③《魏书·铁弗刘虎列传》，中华书局，1974年版，第2055页。

生俘其人口及马牛羊数十万头,“收其部落十六七焉”,卫辰率宗族西逃后“奔苻坚,坚送还朔方,遣兵戍之”[①]。黄河防线遂由秦军留戍,与卫辰共防代军。

以上,两次远征漠北高车,两次讨伐朔方铁弗,什翼犍代国最辉煌的军事实力由此达到鼎盛。

建国三十四年至三十九年,即东晋简文帝咸安元年至孝武帝太元元年,公元371—376年,是什翼犍在位的最后六年,也是代国在内外形势制约下由盛转衰进而灭亡的六年。

建国三十四年,作为拓跋部统治核心“帝室十姓”之一的“长孙斤谋反,伏诛。斤之反也,拔刀向御座,太子献明皇帝讳宣之,伤肋。……薨,后追谥焉。”是说在御前会议上,长孙斤拔刀刺向什翼犍,太子急起与之格斗,杀长孙斤,自己也肋部受伤而死。后追谥为献明皇帝。他便是创建北魏王朝的道武帝拓跋跬之父。事件的发生表明,代国最高统治阶层出现了无可弥合的矛盾和裂痕。

建国三十九年,代国终于被前秦苻坚所灭。公元357年,即东晋穆帝升平元年,雄心勃勃的前秦苻坚即位后,同割据北方的前燕展开激烈争夺;至公元370年,即晋穆帝太和五年,前秦灭前燕而割据北方,其国力达于鼎盛。苻坚志在略定四方,一统华夏,灭代自是既定方针。他支持刘卫辰反代即是灭代前奏。建国三十七年,什翼犍继续“征卫辰,卫辰南走”;三十八年,“卫辰求援于苻坚”;三十九年,即“昭成末,卫辰导苻坚来寇南境,王师败绩”。[②]当刘卫辰抵挡不住代军攻势而求救于苻坚时,苻坚遂率众20万并各路大军攻代,代军大败。当此之时,什翼犍抱病不能出战,“乃率国人避于阴山之北”,逃往漠北高原;在漠北又遭原被征服的高车部反叛,“四面寇抄”,不得已“复度漠南”,苻坚军稍退后“乃还”,“至云中”,返回都城盛乐。不料又遇萧墙之祸。其庶长子寔君于隆冬寒夜“率其属尽害诸皇子,昭成亦暴崩”。[③]什翼犍及诸

①《魏书·铁弗刘虎列传》,中华书局,1974年版,第2055页。

②《魏书·铁弗刘虎列传》,中华书局,1974年版,第2055页。

③《魏书·昭成子孙列传》,中华书局,1974年版,第369页。

皇子被害后,拓跋"部众离散",国中大乱。随之,寔君等亦被苻坚军押运前秦都城长安,"轘之于长安西市",[①]将其车裂。"坚遂分国民为二部,自河以西属之卫辰,自河以东属之刘库仁"。[②]从此,代国国土被苻坚分割为河东、河西两部分,代国灭亡了,拓跋鲜卑的漠南阴山时期告结了。

代国灭亡七年后的东晋孝武帝太元八年,公元383年,前秦苻坚因遭淝水之战大惨败而一蹶不振。前秦败亡后,北方黄河流域又一度群雄蜂起,各族势力各据一方,激烈逐鹿,十六国战乱进入了白热化。

代国虽亡于前秦,但是,在长达近两个世纪的漠南阴山时期,经历代皇帝的大力开拓,尤其是什翼犍对代国的大力开拓,已经为拓跋鲜卑平息十六国战乱,统一北方黄河流域,建立强大的北魏王朝奠定了基业。于是,淝水之战苻坚惨败三年后的东晋孝武帝太元十一年,公元386年,什翼犍之孙拓跋珪遂率部众"大会于牛川","即代王位",在今内蒙古乌兰察布市境内凉城县一带即位代王,复建代国,随之改称魏王,"车驾还盛乐"[③],复以盛乐为都,十二年后"迁都平城,始营宫室,建宗庙,立社稷"。[④]强大的北魏王朝建立起来了。[⑤]

第四节　东部鲜卑之迁徙

本章第一节谈到,东部鲜卑与北部鲜卑同源而异流,他们共同来源于大兴安岭北部的大鲜卑山,只是走出大鲜卑山的年代及其迁徙的方向、路线和历程有异。大体上说,东部鲜卑的迁徙方向为东南向,即由大鲜卑山向东沿嫩江流域逐步迁徙;北部鲜卑的迁徙方向为西南向,即由大鲜卑山向西南迁往呼伦贝尔草原进而逐步迁徙。

关于走出大鲜卑山的年代,据考证:"沿嫩江流域南下后来被称为东部鲜

①《魏书·昭成子孙列传》,中华书局,1974年版,第369页。

②《魏书·铁弗刘虎列传》,中华书局,1974年版,第2055页。

③《魏书·太祖纪》,中华书局,1974年版,第21页。

④《魏书·太祖纪》,中华书局,1974年版,第33页。

⑤本小节以上凡引,除注明出处外,均见《魏书·序纪》,中华书局,1974年版。

卑的这支,比拓跋鲜卑南迁的年代至少要早几个世纪。"[①]如前所述,《魏书·序纪》所载宣皇帝推寅走出大鲜卑山,"南迁大泽"的年代约当东汉年初,属于同一时期的今内蒙古额尔古纳市的拉布达林墓群,"可能即推寅率部南迁过程中,初出森林的头一个停留之地。"[②]那么,东部鲜卑走出大鲜卑山的年代便应当在战国至西汉以前了。

历史文献关于东部鲜卑起源的记载,始于《三国志·乌丸鲜卑东夷传》注引王沈《魏书》和《后汉书·乌桓鲜卑列传》年代属于西汉初匈奴冒顿破东胡后:"鲜卑自为冒顿所破,远窜辽东塞外","别依鲜卑山,因以为号焉","其地东接辽水","西当西域","自与乌丸相接"。就是说,"鲜卑"这一族称,源自于西汉初年的辽东塞外鲜卑山,因其地处辽东塞外,自当属于东部鲜卑了。那么,西汉初年之前东部鲜卑源自何方?上述文献仅有"鲜卑者,亦本胡之余也","鲜卑者,本胡之支也"的记载,此外别无文献可征。因此,关于东部鲜卑的起源,只能靠考古发现提供的实物印证了。然而,在嫩江流域发现的具有鲜卑文化基本特征的若干遗存,虽已大体勾勒出东部鲜卑走出大鲜卑山后的活动踪迹,但却还不能同嘎仙洞鲜卑石室为中心的大鲜卑山直接相连,这一缺失,尚有待进一步的考古发现和研究探索。

相形之下,自西汉初匈奴破东胡,直至东晋十六国慕容氏前燕政权建立前东部鲜卑的迁徙历程,已经有较多的考古发现和文献记载可依以为据;尽管也还不像北部鲜卑的起源及其迁徙历程那样的相对完整、系统和清晰,但是,通过对北部鲜卑起源及其迁徙历程的全面考察,也就为"解决鲜卑史上一系列难题提供了一把'钥匙'。今天利用这把钥匙来试解东部鲜卑的起源、迁徙及其文化发展历程,也当同拓跋鲜卑大体类似。"

以下根据已有的考古发现和文献记载,并参照米文平先生《鲜卑史研究》有关东部鲜卑与北部鲜卑"同源而异流"以及"东部鲜卑历史文化的轨迹"等论述,分别考察西汉初年之前和西汉初至东晋十六国前燕政权建立前东部鲜

---

①米文平:《鲜卑史研究》,中州古籍出版社,1994年版,第459页。

②米文平:《鲜卑史研究》,中州古籍出版社,1994年版,第454页。

卑的迁徙历程。

一、西汉初年之前东部鲜卑迁徙历程

有关这方面的考古遗存，现在已经发现的主要是吉林大安市的大安渔场鲜卑墓地。该遗存位于洮儿河与嫩江交汇处的月亮泡南岸。据考古鉴测，其“文化面貌，同札赉诺尔古墓群等遗存有很多的一致性。”[①]札赉诺尔位于大兴安岭北部西南侧呼伦贝尔湖北岸，是北部鲜卑南迁大泽来到此地留下的遗迹，年代约当东汉中晚期，其文化面貌同大安渔场墓地大体相一致，说明大安渔场墓地属于鲜卑文化遗存。

鲜卑文化遗存一脉相承的基本特征，比较突出地表现在陶器类型比例和器表纹饰方面。类型比例，无论手制夹砂陶，或者轮制细泥陶，皆以敞口罐型为主，典型的如年代约当东汉初年的北部鲜卑拉布达林墓群，所出土“陶器的种类与札赉诺尔墓群基本相同，从各类陶器数量的对比来看，敞口罐占绝对多数，应是拉布达林墓群遗存的主要陶器类型，亦应是代表所有同类遗存中的基本陶器类型”。[②]器表纹饰，也无论早期的手制夹砂陶，或者后来的轮制细泥陶，陶器表面皆饰有无规则的或有规则的、横向的或网状的通体压光暗条纹，“这一基本特征，最初见于嘎仙洞探沟早期鲜卑文化层出土的一件完整敞口罐上”，嘎仙洞遗存属战国，此后，西汉的孟根楚鲁，东汉的拉布达林和札赉诺尔等北部鲜卑墓群出土的陶器表面，“均有通体压光暗条纹”。[③]

以上基本特征，“也就成为今日我们识别鲜卑民族特有的所谓‘鲜卑文化传统基本特征’”，而大安渔场出土的敞口罐，“同札赉诺尔、孟根楚鲁出土的敞口罐极为相似”，[④]说明它具有“鲜卑文化一脉相承的基本特征”，说明大安渔场墓地属于鲜卑文化遗存；大安渔场墓地位于大兴安岭北部东南侧洮儿河与嫩江交汇处，自当属于东部鲜卑文化遗存了。

---

①米文平：《鲜卑史研究》，中州古籍出版社，1994年版，第455页。
②米文平：《鲜卑史研究》，中州古籍出版社，1994年版，第449页。
③米文平：《鲜卑史研究》，中州古籍出版社，1994年版，第446页。
④米文平：《鲜卑史研究》，中州古籍出版社，1994年版，第455页。

据考古鉴测,大安渔场墓地的年代,“属于汉书二期文化(大体相当于战国至西汉时期)”。[①]这个年代段表明,大安渔场墓地当是东部鲜卑走出大鲜卑山,沿嫩江流域东南向迁徙历程中,于战国至西汉初年之前,来到洮儿河与嫩江交汇处一带留下的遗迹。这也表明,“沿嫩江流南下后来被称为东部鲜卑的这支,比拓跋鲜卑南迁的年代至少要早几个世纪”。如上所述,北部鲜卑最初走出大鲜卑山的年代约当东汉初年,拉布达林墓群当是他们“初出森林的第一个停留之地”,其年代显然要比大安渔场墓地晚了几个世纪。

那么,大安渔场一带是不是东部鲜卑初出大鲜卑山的头一个停留之地,他们是何时开始走出大鲜卑山的,由于考古工作缺环,在大安渔场以北地区尚未发现同类遗址,还不能同嘎仙洞石室为中心的大鲜卑山直接相连,因此,东部鲜卑开始走出大鲜卑山的确切年代,也还有待进一步的考古发现和研究探索。

二、西汉初至前燕政权建立前东部鲜卑迁徙历程

从西汉初匈奴破东胡直至东晋十六国前燕政权建立前,年代跨度近五个半世纪。

西汉初匈奴破东胡,时值秦汉交替,楚汉相争,“是时汉兵与项羽相距,中国罢于兵革,以故冒顿得自强”,遂“大破灭东胡王,而虏其民人及畜产”,[②]其年代当在西汉始年的公元前206年左右。从这时起,直至十六国前燕政权建立的东晋成帝咸康三年,即公元337年的近五个半世纪,东部鲜卑的迁徙历程大体上分为以下几个时期:

其一,远窜辽东塞外时期。

这是匈奴破东胡后东部鲜卑第一个迁徙地。也就是《三国志》、《后汉书》所载“鲜卑自为冒顿所破,远窜辽东塞外”,“其地东接辽水,西当西城”,“与乌丸相接”之地。这说明,当东胡被匈奴破灭后,作为“东胡之余”、“东胡之支”

---

①米文平:《鲜卑史研究》,中州古籍出版社,1994年版,第455页。

②《史记·匈奴列传》,中华书局,1959年版,第2889页。

的东部鲜卑，可能是由原居住地洮儿河与嫩江汇合处的大安渔场一带逃窜到辽东塞外。这里所说“别保鲜卑山，因号焉”的鲜卑山，显然不是大兴安岭北部以嘎仙洞为中心的大鲜卑山，并且也不会是辽东塞外古有之山名，而不过是他们迁来后称此山为鲜卑山罢了，是他们在迁徙历程中遗留下的山名。

这个鲜卑山，当是东部鲜卑“远窜辽东塞外”后的集聚之地。它位于何方？据北魏崔鸿《十六国春秋·前燕录》有关前燕奠基者慕容廆的记述“慕容廆，先代君辽左，号曰东胡。……秦汉之际为匈奴所败，分保鲜卑山，因复以为号也。”明确指出此鲜卑山位于“棘城之东”；并且指出，此鲜卑山乃东部鲜卑“因复以为号”之山。他们“在此以前即曾称为‘鲜卑’，在加入东胡部落联盟时期，‘鲜卑’族名遂不显，东胡部落联盟瓦解后，又‘复’以鲜卑为号”。[①]

这里说鲜卑山位于“棘城之东”，棘城又位于何方？据学者考证，今辽宁北票三官营子村战国遗址即棘城；[②]又据商务印书馆1931年版《中国古今地名大辞典》“大棘城”条释：“在辽宁西北。”此二者均说明棘城位于今辽宁北票一带，由此向东即鲜卑山之所在。

此外，据《隋图经》：“鲜卑山，在柳城东南。”又，《通典·州郡八》“营州柳城县”条自注：“鲜卑山，在县东南二百里棘城之东。”营州柳城即今辽宁朝阳，由此向东南二百里即棘城，由棘城向东即大鲜卑山所在。

由上可知，匈奴破东胡后，东部鲜卑“别保鲜卑山，因号焉”的鲜卑山，即是位于“棘城之东”的鲜卑山，或称“棘城鲜卑山”，这里是他们“远窜辽东塞外”的集聚之地。关于“棘城”的地理方位，或曰位于今北票一带，或曰位于今朝阳东南二百里处，总之不出今辽宁境内大凌河流域，“这个鲜卑山，无非即指北票境内大凌河两岸之群山”。[③]

据《三国志》、《后汉书》所载，东部鲜卑据以自保的鲜卑山，其地理方位一是“东接辽水”：大体上也就在大凌河一带。二是“与乌丸相接”：据考证，匈奴

---

①米文平：《鲜卑史研究》，中州古籍出版社，1994年版，第179页注。

②田立坤：《棘城新考》，《辽海文物学刊》，1995年第2期。转引自《鲜卑史研究》，第212页。

③米文平：《鲜卑史研究》，中州古籍出版社，1994年版，第212页。

破东胡后,“乌桓分布在以饶乐水(今西拉木伦河)为中心的地区”[①]。即内蒙赤峰境内西拉木伦河岸一带,“乌桓据以自保的乌桓山,据考证在西拉木伦河以北的赤峰市阿鲁科尔附近”。可见,东部鲜卑活动的辽河之西一带同乌桓活动的内蒙古东南部在地理上是相连接的。在这里,东部鲜卑度过了他们迁徙历程的辽东塞外时期。

其二,迁入乌桓故地时期。

乌桓与鲜卑同属东胡族系,匈奴破东胡后,乌桓“余类保乌桓山,因以为号焉”;鲜卑“别保鲜卑山,故因号焉”。从此,乌桓与鲜卑“众遂孤弱。常臣服匈奴”,同受匈奴奴役。至汉武帝时,“遣骠骑将军霍去病击破匈奴左地,因徙乌桓于上谷、渔阳、右北平、辽西、辽东五郡塞外,为汉侦察匈奴动静”。[②]乌桓迁出后,东部鲜卑随之迁入乌桓故地,由此开始了其迁徙历程中一个新的时期。

如上所述,匈奴破东胡后,乌桓据以自保的乌桓山在今内蒙古赤峰市境内阿鲁科尔沁旗一带,即内蒙古东南部拉木伦河以北、霍林河以南地带,因这里一度是乌桓集聚之地,故称乌桓故地。乌桓被迁至五郡塞外后,东部鲜卑随之由辽东塞外大凌河流域来到了这里。

汉武帝破匈奴的战争,从元光二年(前133年)起,持续了15年之久,其中有三次是大规模的决定性的大战役,这就是卫青、霍去病先后于元朔二年(前127年)、元狩二年(前121年)和元狩四年(前119年)连续三次对匈奴的歼灭性打击。元狩四年,武帝派大将军卫青、骠骑将军霍去病分兵深入,袭击匈奴主力。卫青出定襄郡(今内蒙古和林格尔一带)塞外千余里,击败匈奴单于,霍去病出代郡(今河北蔚县一带)塞外二千余里,大破匈奴左贤王(匈奴左地之兵、东部之兵)。“是后匈奴远遁,漠南无王庭”[③],同时,为防御匈奴进犯,武帝遂将乌桓由其故地今阿鲁科尔沁旗一带迁至上谷等五郡塞外,“为汉侦察

①米文平:《鲜卑史研究》,中州古籍出版社,1994年版,第211页。

②《后汉书·乌桓鲜卑列传》,中华书局,1965年版,第2981页。

③《史记·匈奴列传》,中华书局,1959年版,第1911页。

匈奴动静”。

东部鲜卑便是在这时迁入乌桓故地的。《三国志·乌丸鲜卑东夷传》注引王沈《魏书》载：鲜卑“其言语习俗与乌丸同。……常以季春大会，作乐水上，嫁女娶妇，髡头饮宴。”《后汉书·乌桓鲜卑列传》亦载：鲜卑“其言语习俗与乌桓同。唯婚姻先髡头，以季春月在会于饶乐水上，饮讌毕，然后配合。”此“作乐水”、“饶乐水”，即今西拉木伦河。这段记载，可能反映的是东部鲜卑迁入乌桓故地后，在西拉木伦河上的活动情况。

其三，迁至五郡塞外时期。

东汉初光武帝建武年间，乌桓被汉王朝迁居塞内后，东部鲜卑随之迁入乌桓迁出后的五郡塞外，由此开始了五郡塞外时期。

乌桓被迁居塞内时当建武二十五年(49年)。据《三国志·乌丸鲜卑东夷传》注引王沈《魏书》及《后汉书·乌桓鲜卑列传》载，当年，乌桓大人郝旦率众朝贡，朝廷遂封其首领80余人为“侯王君长”，并“使居塞内”。就是将乌桓部众迁出五郡塞外，使其驻守辽东属国，辽西、右北平、渔阳、广阳、上谷，代郡、雁门、太原、朔方等塞内诸郡，“置接尉以护领之，遂为汉侦察，击匈奴、鲜卑。”乌桓部由此成为东汉抗击匈奴、鲜卑的边防力量。

乌桓被迁出的五郡塞外，即是与上谷、渔阳、右北平、辽西、辽东等五郡紧邻的外长城以北地带。乌桓迁居塞内后，东部鲜卑随之迁入五郡塞外。

东汉所以使乌桓驻于塞内诸郡以抗击匈奴、鲜卑，是因为在当时，匈奴与鲜卑曾一度大规模入侵，威胁东汉边塞。“建武二十一年，鲜卑与匈奴入辽东，辽东太守祭肜击破之，斩获殆尽……由是震怖。……二十五年，鲜卑始通驿使”①。辽东太守祭肜对此次入侵的歼灭性反击，使鲜卑与匈奴大为震怖，四年后，鲜卑使开始与汉“通驿使”和平交往了。《后汉书·祭肜列传》记述此次反击战的战况写道：建武二十一年(45年)，“鲜卑万余骑寇辽东，肜率数千人迎击之”，将鲜卑“穷追出塞”，“斩首三千余级，获马数千匹”，“自是鲜卑震怖，畏肜不敢复窥关”，再不敢进犯边塞了。当此之时，祭肜为解除“三虏连和，卒为

---

①《后汉书·乌桓鲜卑列传》，中华书局，1965年版，第2985页。

边害"之患,即匈奴联合鲜卑及乌桓共同进犯汉边,遂采取分化瓦解之策,于建武二十五年(49年),"乃使招呼鲜卑,示以财利",向鲜卑传通好之意。随之,鲜卑大都护偏何"遣使奉献,愿得归化,彤慰纳赏赐,稍复亲附",鲜卑与汉朝关系开始亲近。在朝廷的怀柔感召下,偏何"邑落诸豪"及其所属其他"异种"部族皆纷纷"归义"汉朝,并"愿自效",愿为汉朝廷效力。祭彤向他们示意:"审欲立功,当归击匈奴,斩送头首乃信耳。"要他们以反击匈奴之实功为朝廷效力。于是,"偏何等皆仰天指心曰:'必自效!'"并立即投入助汉击匈奴之战。"其后岁岁相攻,辄送首级受赏赐。自是匈奴衰弱,边无寇警,鲜卑、乌桓并入朝贡。"

以上表明,祭彤这次成功的反击战,不但"震怖"了匈奴,归化了鲜卑,解除了"三虏连和,卒为边害"之患而"边无寇警",更重要的是使鲜卑与乌桓"并入朝贡",与汉通好,共抗匈奴,匈奴连遭打击,势力衰败,分裂为南、北两部,南匈奴附汉,继续与汉为敌的北匈奴终于在40余年后的东汉和帝永元三年(91年)被彻底击败后西迁,匈奴政权瓦解。

所以,东部鲜卑迁至五郡塞外时期,是一个具有转折意义的重要时期,在这个时期,他们开始与汉"通驿使",入汉"朝贡",事实上已开始成为东汉国家的少数民族之一了。如建武三十年(54年),鲜卑大人于仇贲、满头等率众前来"朝贺",了"内属"朝廷之愿,于是"帝封于仇贲为王,满头为侯",[①]鲜卑首领正式受朝廷封赏了。到了汉和帝永元三年,当北匈奴被彻底击败西迁后,"鲜卑因此转徙据其地",并收容了留在当地十余万落"匈奴余种","皆自号鲜卑,鲜卑由此渐盛"。[②]可见,东部鲜卑迁至五郡塞外时期,又是他们开始获得大发展的时期。到了东汉末桓帝年间,终于组成了以檀石槐为"大人"的强大的鲜卑军事大联盟,从而为东晋十六国时期东部鲜卑建立割据政权铺垫了道路。

关于东部鲜卑于东汉初迁至五郡塞外时期的考古遗存,这里主要参照米

---

①《后汉书·乌桓鲜卑列传》,《三国志·乌丸鲜卑东夷传》注引王沈《魏书》。

②《后汉书·乌桓鲜卑列传》,《三国志·乌丸鲜卑东夷传》注引王沈《魏书》。

文平先生论述“东部鲜卑历史文化的轨迹”的考古资料略作说明。这主要就是今内蒙古兴安盟境内霍林河南岸科尔沁右翼中旗西北的“北玛尼吐鲜卑墓群”。该遗存年代上限为东汉初期。所出土陶器“以敞口罐居多”，器形与嘎仙洞鲜卑石室遗址及拉布达林墓群所出敞口罐相同，[①]符合鲜卑文化的基本特征，说明这是东部鲜卑东汉初来到此地的遗存。

此外，还有诸如今内蒙古通辽市境西拉本伦河以北科尔沁左翼后旗“舍根墓地”，西拉木伦河以南科尔沁左翼后旗“新胜屯墓群”和赤峰市境乌尔吉木伦河东岸巴林左旗南杨营子墓群，以及今辽宁朝阳市境大凌河中游以南“十二台营子砖厂墓地”和北票市境大凌河以南“房身村晋墓”；等等，这些遗存的陶器表面皆有压光暗条纹这个鲜卑文化的基本特征，其年代“应该是三燕遗存的源，也就是慕容部建国前的遗存”，[②]说明东部鲜卑自东汉初迁至五郡塞外，直至东晋十六国慕容氏建立割据政权之前，一直活动于西拉木伦河、大凌河流域一带。

与此同时，鲜卑不仅在西汉初匈奴破东胡后的“远窜辽东塞外”时期，曾经留下了号为“鲜卑山”的活动足迹，这就是文献记载的“棘城之东鲜卑山”，或称“棘城鲜卑山”，而且，他们自汉武帝破匈奴后迁入乌桓故地，进而迁至五郡塞外时期，也曾留下了号为“鲜卑山”的活动足迹，这就是文献记载的“塞外鲜卑山”，如北魏崔鸿《十六国春秋·前燕录》，《通典·州郡八》营州柳城县条自注，皆于记述“棘城之东鲜卑山”的同时写道：“塞外又有鲜卑山，在辽西之西北一百里”；“塞外亦有鲜卑山，在辽西之北一百里”。关于塞外鲜卑山的地理方位，《大清一统志》称“鲜卑山在内蒙古科尔沁右翼西三十里”；清张穆《蒙古游牧记》卷一科尔沁右翼中旗条下亦称：“旗西三十里有鲜卑山”。可见，文献记载的“塞外鲜卑山”大体上位于今内蒙古东南部霍林河，西拉木伦河流域一带，当是东部鲜卑自辽东塞外来到这一带留下的足迹。

其四，加入檀石槐联盟时期。

这是继迁入五郡塞外时期之后，东部鲜卑进一步大发展的时期，也是东

---

①米文平：《鲜卑史研究》，中州古籍出版社，1994年版，第455页。

②米文平：《鲜卑史研究》，中州古籍出版社，1994年版，第457页。

晋十六国慕容氏建立割据政权之前,东部鲜卑迁徙历程的最后一个时期,即东汉末桓帝年间加入檀石槐联盟时期。

东部鲜卑迁入五郡塞外后,在东汉辽东太守祭肜的怀柔感召下而与汉通驿使,入汉朝贡,助汉击匈奴,受汉封赏,成为臣服汉王朝的少数民族势力,由此“明章二世,保塞无事”,[1]在光武帝之后的明帝、章帝,鲜卑与东汉基本上保持和平相处。接着自和帝永元三年(91年)北匈奴被击败西迁,“鲜卑因此转徙据其地”,并收容十余万落匈奴余种而“由此渐盛”后,其与东汉便处于“或降或叛”状态[2]。对边塞的进犯日益频繁起来,至顺帝年间,鲜卑不仅屡屡入寇右北平、渔阳、上谷诸郡,且进而入寇今山西省境,“寇雁门,定襄,遂攻太原,掠杀百姓”,由此造成严重的边患。

东汉桓帝、灵帝年间的檀石槐联盟,是鲜卑民族发展的第一个鼎盛时期,当时,东部鲜卑已经入据东汉边郡,北部鲜卑已由呼伦贝尔迁来漠南阴山,北匈奴被击败西迁后,匈奴势力瓦解,从而为东部、北部两支鲜卑大联合、大拓展创造了机遇。于是,桓帝年间,檀石槐被推为“大人”后,即以今山西、河北交界处的“弹汗山啜仇水”为统治中心“王庭”,组成了鲜卑部族军事大联盟,把鲜卑势力推向鼎盛。一方面,檀石槐以其“称兵十万”“兵马甚盛”的强大实力,展开大规模军事扩张,其势力范围,“东西万四千余,南北七千余里”,“尽据匈奴故地”;在此基础上,组建统治权力机构,仿效匈奴遗制,“分其地为中、东、西三部”,各部设“大人”,在檀石槐统制下,“割地统御,各有分界”。三部的统御地界分别为:“从右北平以东至辽东,接扶余、貊为东部,二十余邑”;“从右北平以西至上谷为中部,十余邑”;“从上谷以西至敦煌,西接乌孙为西部,二十余邑”。[3]由此形成强有力的鲜卑部族军事大联盟。

檀石槐联盟主要是由已经入据东汉边郡的东部鲜卑和已经迁来漠南阴山的北部鲜卑构成的。据史家考证:中部大人之一的“慕容”,当是东部鲜卑

---

①《后汉书·乌桓鲜卑列传》,中华书局,1965年版,第2986页。

②《后汉书·乌桓鲜卑列传》,中华书局,1965年版。

③《后汉书·乌桓鲜卑列传》,《三国志·乌丸鲜卑东夷传》注引王沈《魏书》。

慕容部首领;[1]东部大人之一的"槐头",当是东部鲜卑宇文氏首领"莫槐"或称"莫那";[2]西部大人之一的"日律推演",当是北部鲜卑拓跋部首领,号称"第二推寅"的献皇帝邻。[3]

檀石槐联盟的建立,实现了鲜卑各族的大凝合、大集聚,它把自大鲜卑山以来鲜卑民族发展的历史推向了鼎盛,标志着继东汉初年匈奴势力解体后,又一个强大的游牧民族在中华大地的北疆勃然崛起了。

檀石槐联盟历经东汉末年桓帝、灵帝二世。虽然,灵帝光和年间檀石槐死后,"众遂离散",联盟解体了,但是"自檀石槐后,诸大人遂世相传袭"[4]。表明这个权力机构已经开始由原始的部落联盟集团向着世袭王权与世袭贵族国家机器过渡了。因此,联盟的组建与解体,已经为鲜卑各部族的进一步拓展铺垫了道路。

据《后汉书·乌桓鲜卑列传》载,自檀石槐被推为"大人"并组建联盟以来,鲜卑对东汉边郡的进犯更加频繁,对东汉王朝的威胁更加严重了。如桓帝年间:永寿二年(156年)秋,"檀石槐遂将三四千骑寇云中";延熹元年(158年),"鲜卑寇北边",二年(159年),复入雁门,杀数百人,大抄掠而去,六年(163年)夏,"千余骑寇辽东属国,九年(166年)夏,遂分骑数万人入缘边九郡,并杀掠吏人"。面对鲜卑的频繁进犯,"朝廷积患之,而不能制",无奈之下,遂采取"封檀石槐为王,欲与和亲"之策以求缓解,但"檀石槐不肯受,而寇抄滋甚",进犯愈演愈烈了。至灵帝年间,"幽、并、凉三州缘边诸郡无岁不被鲜卑寇抄,杀掠不可胜数";熹平三年(174年)冬,"鲜卑入北地",五年(176年)"鲜卑寇幽州",六年(177年)夏,"鲜卑寇三边",冬,"鲜卑寇辽西";光和元年(178年)冬,"又寇酒泉,缘边莫不被毒"。由此足见鲜卑进犯的频繁性及对东汉威胁的严重性。

---

①见《资治通鉴·晋纪三·武帝太帝元年一二年》,胡三省注,中华书局,1956年版。

②见《吕思勉史札记》,上海古籍出版社,1982年版,第834页。王仲荦:《魏晋南北朝史》上册,上海人民出版社,1979年版,第196页。

③见《资治通鉴·卷第七十七·魏纪九·元皇帝上景元二年》,胡三省注,中华书局,1956年版。

④《后汉书·乌桓鲜卑列传》,《三国志·乌丸鲜卑东夷传》注引王沈《魏书》。

当时,灵帝曾就讨伐鲜卑事“召百官议朝堂”,而朝臣多不主张用兵,议郎蔡邕集中阐述了鲜卑之强,朝廷之弱,故而不可用兵的道理。他指出,当今的鲜卑,“兵利马疾,过于匈奴”,而朝廷对于“郡县盗贼尚不能禁”,又何谈出兵讨伐鲜卑。说明在日趋衰败的东汉朝廷面前,檀石槐统领的鲜卑,比之曾经不可一世的匈奴还要强大。

檀石槐联盟解体后,东汉王朝亦随之走向灭亡了。曹魏年间,檀石槐的后继者步度根、轲比能等,继续进犯中原王朝边郡。当时,“鲜卑大人轲比能复制御群狄,尽收匈奴故地,自云中、五原以东抵辽水,皆为鲜卑庭。数犯塞寇边,幽、并苦之”。[①]

自檀石槐死,诸部大人“世相传袭后,东部鲜卑历经曹魏、西晋年间的进一步拓展,于东晋十六国时建立了第一个割据政权,即慕容氏前燕政权。前燕政权的奠基者慕容廆,其曾祖莫护跋,于曹魏初年“率其诸部入据辽西”占据了大凌河流域,魏明帝年间,因随司马懿讨伐辽东太守公孙渊(文懿)有功,“拜率义王,始建国于棘城之北”,在今辽宁北票三官营子以北建立起政治中心。继之,慕容廆祖木延,因征高句丽有功,“加号左贤王”。慕容廆父涉归,“以勋进拜鲜卑单于”,并“迁邑于辽东北”,将其政治中心由辽西迁往偏远的辽东北。至慕容廆即位后,鉴于辽东北“偏远”,“又迁于徒河之青山”,又将政治中心迁至今辽宁北票市境牤牛河与大凌河交汇处一带,这已是西晋武帝太康十年(289年)了;至西晋惠帝元康四年(294年),廆以大棘城即帝颛顼之墟也,“乃移居之”,再由徒河之青山移居大棘城。慕容廆之子慕容皝即位后,遂于东晋成帝咸康三年(337年)“即王位”,“称燕王”,他就是前燕政权的开国君主;第二年,皝“改柳城为龙城县”,并“筑龙城,构宫庙”,柳城即今辽宁朝阳,慕容皝改称龙城后,在此建筑了宫庙,随之,东晋王朝封慕容皝为“燕王”,承认了前燕政权;咸康七年(341年),皝“迁都龙城”,前燕政权全面确立起来了。从此,东部鲜卑结束了自大鲜卑山以来的漫漫迁徙历程,投入群雄割据的十六国纷争。

---

①《三国志·乌丸鲜卑东夷传》,中华书局,1959年版,第831页。

中编

南下中原：鲜卑民族的辉煌

第一章　鲜卑族尽居匈奴故地

第一节　北部鲜卑和南部鲜卑

鲜卑族因鲜卑山而得名。对此,史书上多有记载。

《后汉书·乌桓鲜卑传》云:“鲜卑者,亦东胡之支也。别依鲜卑山,故因号焉。”

《三国志·魏志·乌丸鲜卑传》云:“鲜卑者亦东胡之余也,别保鲜卑山,因号焉。其言语习俗与乌丸同,其地东接辽水,西当西城。”

《晋书·慕容廆传》云:“慕容廆,昌黎棘城鲜卑人也。号曰东胡。秦汉之际为匈奴所败,分保鲜卑山,因以为号。”

《魏书·序纪》云:“黄帝有子二十五人,或内列诸华,或外分荒服。昌意少子受封北土。国内有大鲜卑山,因以为号。”

这里所说的鲜卑山,就是纵贯内蒙古东部跨越黑龙江省、吉林省、辽宁省的大兴安岭山脉。北起黑龙江流域,南至辽河流域。考古学家们在内蒙古的札赉诺尔发现的石器有的已经超过山顶洞文化,这些器物的年代,在两万年至四五万年以前。

大兴安岭从北至南都有古人类的活动,而鲜卑族都因鲜卑山而得名。

《后汉书》、《三国志》、《晋书》中所说的东胡余支的鲜卑,是指生活在大兴安岭南部、辽河流域的鲜卑。《魏书》中所说的鲜卑,因为他们先帝旧墟嘎仙洞的发现,是生活在大兴安岭北部、黑龙江流域的鲜卑。

大兴安岭南部、辽河流域的鲜卑称之南部鲜卑,生活在大兴安岭北部、黑龙江流域的鲜卑,称之为北部鲜卑。

《魏书·序纪》叙述鲜卑族拓跋部在嘎仙洞时期的生活时说:“昔黄帝有子二十五人,或内列诸华,或外分荒服,昌意少子,受封北土,国有大鲜卑山,因以为号。其后,世为君长,统幽都之北,广漠之野,畜牧迁徙,射猎为业,淳朴为俗,简易为化,不为文字,刻木纪契而已,世事远近,人相传授,如史官之纪录焉。”

在讲到何以为拓跋氏时,《魏书·序纪》说:“黄帝以土德王,北俗谓土为托,谓后为跋,故以为氏。”在叙述拓践氏与中原华夏民族的关系时,《魏书·序纪》说:“其裔始均,入仕尧世,逐女魃于弱水之北,民赖其勒,帝舜嘉之,命为田祖。爰历三代,以及秦汉,獯鬻、猃狁、山戎、匈奴之属,累代残暴,作害中州,而始均之裔,不交南夏,是以载籍无闻焉。”

鲜卑族拓跋部最早活动的地区,应是现在大兴安岭北部的嘎仙洞一带。

公元433年,生活在北魏王朝东北部的乌洛侯国遣使到北魏京师平城(今山西大同市)朝献,使臣告知魏太武帝说:“其国西北有国家先帝旧墟,石室南北九十步,东西四十步,高七十尺,室有神灵,民多祈请。”①为此,魏太武帝亲自撰写祭文,并派中书侍郎李敞前往祭祀。《魏书》中记载了魏太武帝撰写的祭礼祝文,其文曰:“天子焘,谨遣敞等,用骏足,一元大武,敢昭告于皇天之灵。自启辟之初,祐我皇祖。于彼土田,历载亿年,聿来南迁,惟祖惟父,光宅中原。克翦凶丑,拓定四边。冲人纂业,德声弗彰,岂谓幽遐,稽首来王,具知旧庙,弗毁弗亡,悠悠之怀,希仰余光。王业之兴,起自皇祖,绵绵瓜瓞,时惟多祜,敢以丕功,配飨于天,子子孙孙,福禄永延。”②

魏太武帝这里所说的“自启辟之初,佑我皇祖,于泽土田,历载亿年”先祖生活的地方,当是1980年由考古学家们发现,现在大兴安岭北部的嘎仙洞。考古工作者在嘎仙洞的石壁上,发现了当年魏太武帝撰写的祭祀祝文的全

①《魏书·乌洛侯传》,中华书局,1974年版,第2224页。

②《魏书·礼志(一)》,中华书局出版,1974年版,第2738页。

文。其文曰:

> 维太平真君四年,癸未岁,七月廿五日,天子臣焘,使谒者仆射库六官,中书郎李敞,傅虎,用骏足,一元大武,柔毛之牲,敢昭告于皇天之神。启辟之初,佑我皇祖,于彼土田。历载亿年,聿来南迁。应受多福,光宅中原。惟祖惟父,拓定四边,庆流后胤,延及冲人。阐扬玄风,增构崇堂,克剪凶丑,威暨四荒。幽人忘遐,稽首来王。始闻旧墟,爰在彼方,悠悠之怀,希仰余光。王业之兴,起自皇祖,绵绵瓜瓞,时惟多祜。归以谢施,推以配天,子子孙孙,福禄永延。荐于皇皇帝天,皇皇厚土,以皇祖先可寒配,皇妣先可敦配,尚飨!东作帅使念凿。[①]

嘎仙洞时期的鲜卑拓跋部还处在原始社会阶段,他们没有私有,也没有私有观念,无奸盗之事,物藏野积而无强盗。

鲜卑拓跋部在嘎仙洞一带生活时间很长,积六十七世,到了大酋长拓跋毛时,才进入部落联盟时代。《魏书·序纪》说:“大酋长毛聪明武略,远近推崇,统国三十六,大姓九十九,威振北方,莫不率服。”

考古工作者在嘎仙洞实地考察时发现,嘎仙洞可容纳三四千人,洞内堆积物达四米厚,堆积物中有各种兽骨,还有烤烧食物的火烧痕迹。可见这个时期,鲜卑拓跋部已经知道用火。

《后汉书·乌桓鲜卑列传》说:“乌桓者,本东胡也。”又说:“鲜卑者,亦东胡之支地。别依鲜卑山,故因号焉。其语言习俗与乌桓同,唯婚姻先髡头,以季春月,大会于饶乐水上,食谦毕,然后配合。”

南部鲜卑在很长的时期,一直过着弋猎生活。《后汉书·乌桓鲜卑传》在叙述乌桓、鲜卑的习俗中说:“俗善骑射,弋猎禽兽为事。随水草放牧,居无常处。以穹庐为舍,东开向日。食肉饮酪,以毛毳为衣。”

---

①《拓跋鲜卑文化发展述略》,《北朝研究》,1992年第一期。

《后汉书》叙述鲜卑的民族特性时说：鲜卑族“贵少而贱老，其性悍塞。怒则杀父兄而终不害其母。以母有族类，父兄无相仇报故也。”又说：“其俗，妻后母，报寡嫂，死则归其故夫。”还说：“计谋从用妇人，唯斗战之事乃自决之。”

早期的南部鲜卑在很长的时期内，还处在原始社会阶段，靠传统道德和约定俗成的习俗进行社会管理。《后汉书·乌桓鲜卑列传》说：“有勇健能理决斗讼者，推为大人，无世业相继。邑落各有小帅，数百千落自为一落。大人有所召呼，则刻木为信，虽无文字，而部众不敢违犯。姓氏无常，以大人健者名字为姓。大人以下，各自畜牧营产，不相徭役。”又说：“父子男女，相对踞蹲。”

《后汉书·乌桓鲜卑列传》又说：“俗贵兵死，敛屍以棺，有哭泣之哀，至葬则歌舞相送。肥养一犬，以彩绳缨牵，并取死者所乘马衣物，皆烧而送之，言以属累犬，使护死者神灵归赤山。”

南部鲜卑是一个崇奉多神的民族。《后汉书》说，鲜卑族“敬鬼神，祠天地日月星辰山川及先大人有健名者。祠用牛羊，毕皆烧之。”

南部鲜卑只有简单的传统法律，《后汉书》说：“其约法：违大人言者，罪至死；若相贼杀者，令部落自相报，不止，诣大人告之，听出马牛羊以赎死；其自杀父兄则无罪；若亡叛为大人所捕者，邑落不得受之，皆徙逐于雍狂之地，沙漠之中。”①

鲜卑族的这种习俗和生活方式，在其后入主中原，吸收汉民族文化，并对其改造、重建时，起了极其重要的作用。

无论是北部鲜卑还是南部鲜卑，他们长期处在原始社会阶段，没有自己的民族文字，加上其社会生活习俗具有很大的不稳定性，因此，一旦受到大的冲击，他们就有可能放弃自己的民族称谓，加入到较他们强大的民族行列。由此可知鲜卑族进入中原地区后，很快就融合到汉民族中去，也就不足为奇。

鲜卑族和我国古代许多北方游牧民族一样，文化习俗虽然粗野，却有强大的生命力和战斗力，一旦这种文化的能力爆发起来，就有一种攻无不克、战

①以上引文皆见《后汉书·乌桓鲜卑列传》，第10册，卷九十，列传第八十，中华书局，1965年版，第2979—2998页。

无不胜的力量。

鲜卑族质朴的文化给中原地区的汉民族文化以巨大的影响。当鲜卑族入主中原后,把这种质朴文化带到中原,并把这种文化的素质输入到汉民族的文化中去,给中原民族的汉文化以新的活力和创造精神。

第二节　鲜卑族与中原华夏民族的早期交往

据有关史料记载,无论是北部鲜卑还是南部鲜卑,他们很早就与中原华夏民族有着频繁的交往。

《魏书·序纪》说,鲜卑族拓跋部本来就是黄帝的后代,而且在大酋长始均时,曾入仕尧世,帝舜任命他为田祖。只是到了夏、商、周三代以及秦汉,因为猃狁、山戎、匈奴累代残暴,作害中州,才使始均的后代和中原华夏民族断绝了交往。

至于南部鲜卑,《后汉书·乌桓鲜卑列传》说,汉初(前206年),南部鲜卑"为冒顿所破,远窜辽东塞外,与乌桓相接,未尝通中国焉"。

这是说,南部鲜卑只是到了汉代,才与中原华夏民族失去了交往,在此以前,南部鲜卑与中原华夏民族是保持交往的。

《管子·小匡篇》说,齐桓公(前685年—前634年)时,桓公在管仲的辅佐下,于公元前679年称霸诸侯,"救晋公、擒狄王、败胡貉、破屠何,而骑寇始服焉。"

这里的狄、胡貉是指春秋时代,生活在晋国北部,雁门关一带的少数民族部落。

这里的屠何,又为徒何,是指当时生活在燕国北部,辽河流域鲜卑族的一部。屠何部的后代慕容氏,晋朝末年曾参与中原地区的争夺战,上演过一段悲壮的历史。

屠何部慕容氏的另一支吐谷浑曾在我国西部建立了强大的吐谷浑国,对我国古代西部的开发做出过巨大的贡献。

战国时期,南部鲜卑与中原华夏民族的交往更加频繁。鲜卑族妇女的女性美,成了中原华夏民族追求的标准。

《楚辞·大招》中有这样的诗句:“小腰秀颈,若鲜卑只。”古人云,楚王爱细腰,宫中多饿死。“小腰秀颈”,是当时楚国人追求的最高的关于女人形体美的标准。《楚辞》是我国爱国诗人屈原(前340年—前278年)和他的门人们的诗歌总集。屈原曾为楚国三吕大夫,因受小人陷害,得不到楚王信任,屈原的政治抱负得不到施展,只好写诗以抒其愤。

屈原在《大招》诗中说,自己像鲜卑族妇女一样美好,“小腰秀颈”,光艳照人,可是,仍然得不到楚王的宠爱和欢心,一片爱国热忱付诸流水。

有人认为,《楚辞·大招》一诗,为汉代淮南王刘安(前122年)和他的门人托屈原及其门人之名的伪作。即便如此,也不妨碍说明鲜卑族与中原华夏民族早有交往。

先秦的史料和文学作品中,有鲜卑族和中原华夏民族交往的记载和描述。可是,在秦、汉的正史《史记》、《汉书》中,却只字未提鲜卑族,这或许是当时生活在鲜卑山中的鲜卑族还不像当时生活在北中国大草原的匈奴族那样,对中原华夏民族造成巨大的军事威胁之故吧。

第三节 匈奴族的衰弱和南部鲜卑的强盛

自古以来,我国北方就生活着许许多多以游牧为生的民族部落,中原华夏民族统称他们为“胡人”。春秋战国时期,秦、赵、燕三国都和北方的游牧民族接触,或战、或和,交替有之,迫使秦、赵、燕三国在北部边疆修筑长城,以备游牧民族的南下和入侵。

秦朝末年,草原游牧民族的匈奴族出现了一个英明的酋长冒顿,公元前209年杀父及诸兄弟夺得王位,使北中国的各个游牧部族成为一个统一的政治、军事集团。这时正值中原大乱,无暇北顾,冒顿率领匈奴各部迅速强大起来,东破乌桓、鲜卑,迫使鲜卑族远窜辽东塞外,别保鲜卑山以自固;南下燕、代、云中;西击月氏,一跃而成为北方大国。其后百余年间,多次率领匈奴、乌桓、鲜卑兵,向汉王朝进攻,杀掠西汉王朝边疆吏民,西汉王朝的统治者无可奈何,多次用和亲的办法来缓和与匈奴的关系。

汉武帝时(前140年—前88年),汉王朝国力强盛,雄才大略的汉武帝决心北击匈奴,扫除北方边境的祸患。从公元前127年到公元前119年,三次对匈奴大举用兵,迫使匈奴族远遁漠北,大漠以南的土地,都成了西汉王朝的领土。西汉王朝在这里置官属,派兵屯田驻守,并且从中原移民70余万开发边疆、保卫边疆。

同时,西汉王朝又东击秽貉、朝鲜,建立玄菟、东浪二郡。

鲜卑、乌桓自退保鲜卑山、乌桓山以来,直到匈奴族远遁漠北,他们一直不敢出山活动。公元前82年,乌桓族见匈奴破败远遁,图报复,发匈奴单于冢,引起匈奴遗种的愤怒,于是,发生了匈奴和乌桓之间的战斗。这时,汉将霍光乘机出兵乌桓,斩首六千余级,俘获乌桓的大酋长,使乌桓族成为西汉王朝的臣民。

汉宣帝时(前73年—前49年),匈奴族内乱,五单于争权,呼斩邪单于降汉,愿为汉王朝守卫阴山,因此,在较长一个时期内,汉王朝北方边境安定无战事。

西汉末年,中原大乱,边塞松弛,北方的少数游牧民族又开始了对中原华夏民族的入侵和骚扰。

公元前209年被匈奴王冒顿赶入鲜卑山的鲜卑族,经过二百年的生息繁衍,到东汉王朝初年,已经成为东汉王朝东北边境上的一个强大民族。

公元25年,鲜卑族大酋长联合乌桓、匈奴寇抄东汉王朝的东北边境,杀掠吏民,东汉王朝苦之而不能制。此后数年间,鲜卑族年年联合乌桓、匈奴侵扰东汉王朝的边境,使东汉王朝无有宁岁。

公元46年,鲜卑族酋长又联合匈奴入侵辽东,汉辽东太守祭肜奋起抗击,大胜鲜卑兵。

公元47年,南匈奴内部发生分裂,势力更加衰弱,并向东汉王朝投降。

公元49年,乌桓族大人见匈奴降汉,亦率大小头目922人向东汉王朝投降。

公元50年,鲜卑族酋长见一个盟友投降了东汉王朝,才开始和东汉王朝通驿使。其后,鲜卑族大酋长偏何来到汉辽东太守祭肜门下要求建功于汉王朝,祭肜令其出击北匈奴左伊育訾部,偏何连岁出击北匈奴,持首级到祭肜帐下受赏。

公元55年，鲜卑族大人于仇贲、满头入京都洛阳朝贺，并求内属。光武帝刘秀封于仇贲为王，满头为侯。

公元58年，祭彤指令鲜卑大酋长偏何率领鲜卑各部击乌桓，并取得胜利，赏赐无数。于是，鲜卑族各部大人皆求归附汉王朝。

鲜卑族成为东汉王朝东北边境上的一个强大民族。东汉王朝为了安抚鲜卑族各部，每年从青、徐二州向鲜卑族输钱二亿七千万，这个代价是巨大的，但也获得了鲜卑族为东汉王朝护卫东北边境的保证，致使汉王朝的东北边境从公元58年至公元88年几十年间安定无战事。

公元92年，东汉大将军窦宪遣右校尉击破北匈奴，北匈奴远走荒漠之外，于是，鲜卑族转移入匈奴故地。匈奴余种留者，尚有十余万落皆加入鲜卑族，鲜卑族由此转盛，成为东汉王朝北边的强大军事、政治集团。

第四节　南部鲜卑的强盛和进入雁门地区

游牧经济是一种最不稳定、最受自然条件限制和制约的经济。畜牧业丰收，会出现对草原过度的开发，使来年的畜牧生产受到影响；畜牧如果歉收，牧民们就会失去生存的物质基础。这样，就要求相对稳定的农业经济作为后盾。

草原游牧经济的特点，训练了游牧民族特有的民族性。草原游牧民族以一帐为家，以穹庐为舍，随水草放牧，居无常处，食肉饮酪，贵少壮，贱老弱，氏姓无常，以大人健者名字为姓，大人以下，各畜牧营产，不相徭役。邑落各有小帅，数千百落，自为一部。大人有所召唤，刻木为信。士力能弯弓，尽为甲骑，急则人习战攻以侵伐，利则进，不利则退，苟利所在，不知礼义，战则如鸟之集，败则如云之散。在古代，游牧经济决定了游牧民族内部不断的征战杀伐，以获得其内部的平衡和发展，同时，他们还不断向外掠夺和入侵，以克服游牧经济无法解除的危机。

这就是我国古代北方游牧民族每每向中原农业经济地区不断入侵的原因所在。

鲜卑族进入匈奴故地后,在草原游牧经济的制约下,加之十余万落匈奴族牧民的加入,变得强大和好战起来。

公元97年,辽东鲜卑攻汉肥如县,大败汉军。这是鲜卑族第一次对汉王朝用兵。

公元101年,辽东鲜卑寇汉右北平,攻占渔阳,汉王朝的守边将士奋力抗击,才迫使鲜卑兵退走。

公元106年,辽东鲜卑再次攻打渔阳,并打败汉军,东汉王朝的渔阳太守张显惨遭杀害。

公元110年,辽东鲜卑族大酋长燕荔阳到洛阳朝贺,邓太后赐燕荔阳王印绶及车驾,并设边市,与鲜卑族开展贸易。这时,鲜卑族邑落一百二十余部请求与汉王朝和好,并派邑落大人的儿子到洛阳当人质。

公元115年,辽东鲜卑反叛汉王朝,攻辽东郡无虑县,又攻扶黎县(今辽宁营口市东南),残杀汉王朝边疆吏民。

公元117年,辽西鲜卑酋长连休率从犯边,屠杀汉王朝官吏和百姓。汉王朝利用乌桓大人于秩居和连休的宿怨,联合乌桓,击破连休兵,斩首一千三百级,悉获其牛马财物。

公元118年,代郡(今河北省蔚县)鲜卑万余骑犯边,分攻城邑,烧官寺、杀官吏而去。是年冬,又入侵上谷(今北京市延庆县)攻打居庸关。第二年秋,鲜卑族又攻马邑城武川塞(山西朔县),杀汉王朝守边将士和边民,这是鲜卑第一次将其势力深入到雁门地区。汉王朝调度辽将军邓遵、中郎将马绩率南匈奴出塞进行反击,并大破鲜卑兵,获鲜卑牛羊财物甚多。

公元120年,辽西鲜卑大人乌伦、其至鞬率众来到邓遵帐前请求投降,汉王朝封乌伦为“率众王”,其至鞬为率众侯。并赏赐他们大批的财物。

公元121年,其至鞬叛汉,并率鲜卑兵攻居庸关,云中太守与之交战,被鲜卑兵所杀。于是,其至鞬又率兵围攻马邑城,汉王朝调幽州、广阳、渔阳、涿郡(河北涿县)兵赴救,其至鞬方率兵遁去,马邑城围方解。

鲜卑兵屡杀汉王朝边疆吏民,东汉王朝无力制止,使鲜卑族南侵意向更加强烈。

公元122年，其至鞬率鲜卑兵攻雁门，下定襄，遂攻太原，抢劫虏掠，使东汉王朝备受其害。

公元123年冬，其至鞬率鲜卑兵万余骑，分兵数道，攻南匈奴于曼柏，南匈奴薁鞬日逐王战死，千余人被杀。第二年（124年，延光三年）秋又发兵攻高柳，再次击南匈奴兵，并斩杀南匈奴渐将王。

公元126年，其至鞬又率兵攻代郡（今河北省蔚县），汉太守李超战死。

公元127年春，汉王朝中郎将张国率南匈奴及汉兵万余骑出塞击鲜卑，大破之。与此同时，辽东鲜卑寇汉玄菟郡，汉乌桓校尉耿晔率守兵和乌桓兵奋起反击，大胜鲜卑兵，斩首数千级，大获其牛马财物。辽东鲜卑大人率众三万余人降汉。

公元128年至公元132年，其至鞬频率鲜卑兵攻汉朝渔阳、朔方和汉辽东各属国。汉王朝多次遣将耿晔率汉兵抗击鲜卑兵，胜负各有之。

其后，其至鞬死，鲜卑族入寇汉朝边境的活动才稍有减少。

第五节　檀石槐统一下的鲜卑族

东汉桓帝时（147年—167年），鲜卑族出现了一个英明的大酋长檀石槐，使鲜卑族第一次实现了大统一。

檀石槐本是一个私生子。其父投鹿侯从匈奴兵征战三年，其母在家与人私通，遂生檀石槐。其父归，欲杀之。其母骗其父说："我闻雷声而怀孕，就生下了这个孩子。"其父不听，遂弃之。其母令家人收养，取名檀石槐。

檀石槐长大，勇健有智略，部落畏服。檀石槐为其部落施法禁、平曲直，部落中人，无敢犯者。于是，檀石槐被推为部落大人。檀石槐于弹汗山立单于庭，东西部鲜卑族各部落大人皆来归附。檀石槐成了鲜卑族大单于，势力强大起来。于是，他南掠汉王朝的边境，北拒丁零，东却扶余，西击乌孙，尽有匈奴故地。东西一万四千里，南北七千余里，鲜卑族第一次成为统一、强大的军事集团。

檀石槐统一鲜卑族后，自分其地和其众为三部，各设大人领摄之。从右北平（今河北丰润县）以东至辽东，接扶余、岁貊二十余邑为东部，选大人弥加、阙机、素利、槐头领摄之;从右北平以西,至上谷(今北京延庆县)十余邑为中部,选柯最、阙居、慕容为大人领摄之;从上谷以西至敦煌,西接乌孙为西部二十余邑,选取大人置健落罗、日律推寅、宴荔游(一说即燕荔阳)统摄之。檀石槐自封为鲜卑大单于,统摄各部。

自古以来,生活在北中国的游牧民族,由于他们的生活环境和游牧经济的特殊性,一直要求中原农业给予必要的支持和补充。可是,在几千年的封建社会里,由于历史的原因,北中国的草原游牧民族和中原华夏农业民族经常处于战与和的交替状态。

当中原华夏民族(汉代以后,称为汉民族)建立起强大、统一的政权时,常对北方草原游牧民族处于攻势,迫使其或远遁或臣服。当中原华夏民族政权衰弱或处于战乱,草原游牧民族便处于攻势,经常骚扰和掠夺中原华夏民族。雁门地区历来是中原华夏民族和北方游牧民族必争之地。

檀石槐统一鲜卑各部落后,势力日益强大,自然而然地把东汉王朝视为主攻对象。

公元156年(永寿二年)秋,檀石槐亲率鲜卑三四千骑进攻云中的蒙古托克托。

公元159年,檀石槐又率兵攻打雁门,大肆抄掠,杀数百汉朝边民而还。

公元163年,檀石槐率兵攻打汉王朝辽东诸郡,汉王朝损失惨重。

公元166年,檀石槐分兵数道,进攻汉王朝北方九郡,杀掠边疆官吏、百姓。汉王朝无奈,派使者前去讲和,封檀石槐为鲜卑王,檀石槐拒不接受。

汉灵帝时(168—188年),汉朝北方边境幽(今河北)、并(今山西)、凉(今陕西、甘肃)无岁不受到鲜卑族的进攻和掠夺,边防民众被杀者不可胜计。仅公元177年这一年,檀石槐向汉王朝入侵三十余次,东汉王朝完全处于被动挨打的局面。议郎蔡邕在论述当时的情形时说:“自匈奴遁逃,鲜卑强盛,据其故地,称兵十万,才力劲健,意智益盛。加以关塞不严,禁纲多漏,精金良铁,皆为贼有;汉人逋逃,为之谋主,兵利马疾,过于匈奴。”①

---

①《后汉书·乌桓鲜卑列传》,中华书局,1965年版,(第10册,卷九十,列传第八十)第2991页。

当时，东汉王朝正在走下坡路，统治者内部纷争不已，自然灾害连年，百姓怨声载道，郡县盗贼滋盛，很多人受不了汉王朝的争权夺利和残酷压迫，或逃亡深山，或投奔鲜卑，为其谋主。蔡邕认为，这时的汉王朝已不是鲜卑族的对手。汉灵帝不听，于公元173年，遣护乌桓校尉夏育出兵高柳，护国校尉田晏出兵云中，匈奴中郎将臧旻率南匈奴单于出兵雁门，各将万骑出塞击鲜卑，檀石槐令三部大人率众迎战汉兵，汉军大败，生还者，十无一焉。夏、田、臧三将只身逃回，被汉灵帝投入大牢，后赎为庶民。汉王朝再也没有力量和勇气与鲜卑族交战了。

《后汉书·乌桓鲜卑传》在分析鲜卑族何以连年寇边不止时说，鲜卑（不仅仅是鲜卑族）种众日甚，田畜射猎，不足以给养，故屡屡南侵，弄得中原汉王朝没有安宁之日。

公元181年，檀石槐死，鲜卑又一次陷入了四分五裂状态。

生活在我国北部大草原上的游牧民族，在相当长的一个时期内，并没有形成国家组织。原先的匈奴、当时的鲜卑族，即使在檀石槐大统一的时期，也是各部大人割地统御，各有分地，彼此的结合并不稳固。同时，又没有世业相继，因此，总是不断地处在分裂和战乱之中。鲜卑族的分裂，只是暂时解除了北方游牧民族对中原汉王朝的威胁，而雁门地区却仍在鲜卑族的势力控制之下。

第一篇　南部鲜卑徒何部慕容氏的强盛与发展　慕容氏与燕国

第二章　慕容氏之前燕国

第一节　慕容廆与前燕国

鲜卑徒何(屠何)部是一个古老的部族,早在春秋时代,就有关于他们在中华大地上活动的记载。鲜卑徒何部,中原华夏民族称之为东胡之别支。他们自己认为是有熊氏的后代。其后,他们与匈奴族并为强族,秦汉年间,鲜卑徒何部为冒顿所破。逃入鲜卑山中,因以为号。檀石槐统一南鲜卑各部时,鲜卑徒何部活动在右北平(内蒙古宁城县西南)和上谷(北京市延庆县)之间。

三国时,曹操用兵乌桓,鲜卑徒何部在其大酋长莫护跋的领导下,迁入辽西。

公元238年,司马懿讨公孙渊,莫护跋出兵相助,被曹魏王朝封为率义王。这一年,莫护跋在棘城北(辽宁省义县)建立了自己的国家。

莫护跋死,其子木延即大酋长位。曹操大将毌丘俭征讨高句丽时,木延从征有功,被封为左贤王。木延死,其子涉归即位。西晋时涉归因保全柳城(今辽宁朝阳地区)之功,晋封涉归为鲜卑单于。

涉归死,其弟慕容耐夺取鲜卑单于之位,而且欲谋杀涉归子慕容廆。慕容廆惧,逃亡他部。后来,慕容耐为族人所杀,迎慕容廆回来即鲜卑单于之位。

《晋书·慕容廆载记》说,慕容廆幼而魁岸,美姿貌,身高八尺,雄杰有大度。人称他有命世之器,匡难济时之才。

其先,慕容涉归和宇文鲜卑有仇,慕容廆做了徒何部大酋长后,上表晋武帝,请发兵讨伐宇文鲜卑,晋武帝不许,慕容廆怒,发兵攻打晋辽西诸郡,杀掠甚众。晋武帝发幽州诸军讨伐慕容廆,战于肥如(河北省卢龙县),大败慕容廆。自此,晋王朝与慕容廆关系恶化。慕容廆每年掠夺昌黎,晋朝东北边境深受其害。

慕容廆又东伐扶余,扶余王依虑自杀,慕容廆遂灭其国,俘虏扶余万余人而还。晋武帝遣东夷校尉何龛派督护贾沈迎依虑之子,欲恢复扶余国,慕容廆派将孙丁前去阻击,贾沈力战,斩孙丁,遂复扶余国。

晋王朝的有力反击和恢复扶余国,使慕容廆感到不能与晋王朝为敌。于是,他对部众说:"我国从先祖开始,世世代代侍奉中原华夏王朝,鲜卑本来就和中原华夏族有区别,现在是晋王朝强胜,我们力量弱小,怎么能和晋王朝争高下呢?依我之见,只有和晋王朝和好,我国民才能免于战争的灾害。"于是,慕容廆遣使请降。晋武帝拜慕容廆为鲜卑都督。

慕容廆并不恃强凌弱。鲜卑宇文部、段部害怕慕容廆将其部吞并,于是往来抄掠不绝。慕容廆为了在鲜卑族中树立自己的威仪,对宇文部、段部的抄掠不但不予惩罚,还卑词厚礼前去抚慰。

太康十年(289年),慕容廆迁徙徒何部于青山。

元康四年(294年),慕容廆因大棘城是颛顼帝的故国,于是,建国都于此,且教民农桑,又让人学习晋朝,制定法律。

太安初(302—303年),慕容部与宇文部又发生摩擦。鲜卑宇文部酋长宇文莫圭遣其弟屈云寇犯边城,屈云的副帅大素延攻掠徒何诸部,率众十万围攻大棘城。徒何部上下恐惧,不敢与素延交战。慕容廆对众文武大臣们说:"素延的人虽多,但是,都是些犬羊蚁类,军无法制,没有什么战斗力。我现在已经有了胜敌之策,只要大家努力杀敌,胜利一定是我们的。"慕容廆说完,披甲持枪,冲锋在前,与素延兵大战于大棘城外。素延兵大败,慕容廆俘虏、斩杀素延兵万余人。

永嘉元年(307年),慕容廆自称大单于,在大棘城(辽宁义县)建立燕国

(史称前燕)。

晋朝辽东太守庞本和东夷校尉李臻有私人成见,杀李臻。这时,早欲谋乱的鲜卑素连、木津二部,打着为李臻报仇的旗号,遂攻陷诸县,晋朝太守袁谦连战失利,校尉封释因为害怕向素连、木津请和。因为连年战乱,辽东百姓纷纷投奔慕容廆。

慕容廆之子慕容翰看到发展的机遇来了,就对他的父亲慕容廆说:"求助于诸侯莫如勤王。自古有为之君无不依此成就功业。现在素连、木津二人专横跋扈,危害国家,国王的军队一败再败,老百姓惨遭杀害,不可胜讨。素连、木津名为李臻报仇,实则要打败庞本,借此为乱。封释以诛庞本为条件向素连、木津二人请和,实在是助长了素连、木津的反叛行为。辽东被素连、木津占据已经二年,中原刘渊、石勒纷纷起来造反,各州的军队屡屡打败仗,如果我们现在打出勤王的义旗,实在是个好机会。父王应当公开申明讨伐叛逆,救百姓于水火。公布素连、木津的罪行,联合义兵去诛杀这两个逆党。这样做,既可兴复辽东之地,又可以把素连、木津二部吞并。对外,表明我们对晋王朝的忠心,对内,使我们的国家获得利益。这是我国发展壮大的开始,最后,我们一定可以称霸于诸侯。"慕容廆十分欣赏这种分析,当即发兵讨伐素连、木津二部,大败素连、木津,且将素连、木津二人俘而斩之。遂吞并二部,设辽东郡。

公元312年,汉国刘渊攻下洛阳,晋怀帝被杀,王浚承制,拜慕容廆为散骑常侍、冠军将军、前锋大都督、大单于。慕容廆认为这不是晋朝皇帝晋封,拒不接受。

公元313年,晋愍帝即位于长安,遣使拜慕容廆为镇军将军,昌黎、辽东二国公。慕容廆欣然受命。

公元316年,汉国刘渊攻下长安,西晋王朝灭亡。

公元317年,东晋元帝遣使拜慕容廆为假节、散骑常侍、都督辽左杂夷流人诸军事、龙骧将军、大单于、昌黎公。慕容廆皆不受。征虏将军鲁昌对慕容廆说:"今两京倾没,天子蒙尘,琅琊承制江东,实人命所系。明公雄据海朔,跨总一方,而诸部仍聚众称兵,不遵道化者,盖以官非王命,又自以为强。今宜通使琅琊,劝承大统,然后敷宣帝命,以伐有罪,谁敢不从?”慕容廆认为言之有理,于是派使臣王济从海路到南方劝琅琊王司马睿登帝位。

西晋灭亡,幽、冀二州沦陷,大批汉人士庶流亡草野,慕容廆虚怀引纳,或委以庶政,或用为谋主,或任以枢要,或引为宾友。对那些学问精通的人,让他们讲学论道,授业鲜卑族世胄子弟。慕容廆在览政之余,还亲自临场听讲,于是,鲜卑慕容部礼仪大兴,俨然有华夏之风。

公元318年,鲜卑宇文部联合高句丽、段国攻打慕容廆,廆亲自率兵拒宇文部。第二年,大败宇文部和高句丽军,灭宇文部,收其资用,迁徙宇文部数万人于大棘城,使鲜卑慕容部成为当时北中国东北部一个强大的政治军事集团。

慕容廆对鲜卑徒何部的发展和壮大贡献巨大。在对外政策上,他始终打着勤王的旗号,向外扩展。这样做,一则出师有名,去扫平那些反对自己的势力集团;二则能得到晋王朝的支持,使他处于维护正统的地位;三则可以得到汉族士大夫的支持。

慕容廆常对手下人说:“刑狱,关系到人的生命。因此,我们审判案子,不可以不慎重。贤人君子,是治理国家的根本,我们不能不尊重有才能的人。民以食为天,农业是立国之本,我们不能不时刻关心农业的发展。贪酒色,用小人,是关系到一个人品德的大事,我们不能不时刻告诫自己。”为此,他著《家令》数千言,以表明他的品格,并作为治国的方针和策略。

为了表示对晋王朝的忠诚,他两次向东晋王朝上表,以申其志,东晋王朝多次给慕容廆加官晋爵。东晋太尉陶侃在给元帝的上表中褒扬慕容廆说:“车骑将军忧虑国家之事把自己的一切都忘掉了。他对国家的贡献,是道路也无法载得了的,石勒想勾结他反对朝廷,他把石勒的使者送给了朝廷。他西讨段国,北伐塞外,他和鲜卑拓跋部和好,使鲜卑拓跋部也忠于朝廷,愿意为国家做贡献。现在,只有北部的一些国家和部族还没有听从调遣,因此,他不断地率兵征战。慕容廆深知朝廷的官号,论高下等级。现在,慕容廆进无统摄之权,退无等差之降。因此,我建议,晋慕容廆为燕王。这也是古代传下来的制度。有功者就应该加官晋爵。”但是,晋慕容廆为燕王朝议未定,直到公元333年，慕容廆死后（终年65岁），东晋皇帝才策赠慕容廆为燕王大将军、开府仪同三司。

第二节　走向强盛的前燕国

公元333年，慕容廆第三子慕容皝即燕王位。

史书记载，慕容皝雄毅多权略，尚经学，善天文。慕容廆时，拜为冠军将军、左贤王，封望平侯。常率兵出征，累立战功。被拜为平北将军、朝鲜公。慕容廆死，即王位。第二年，东晋王朝遣使者徐孟、闾丘幸等持节拜慕容皝为镇军大将军、平州刺史、鲜卑大单于、辽东公，持节、都督、承制封拜，一如廆故事。

慕容皝同样是一位有作为的君主。他不但继承慕容廆的王位，还继承了慕容廆的政治、军事路线。因此，在他统治时的前燕国一步步走向繁荣、强盛。

慕容皝即燕王位，皝庶兄慕容翰害怕慕容皝容不下自己，就出奔段辽。慕容翰，骁勇有雄才，也有一定的政治才干。慕容廆在世时，兄弟之间一直不和，与此同时，慕容皝的两个舅舅，也阴谋起兵废黜慕容皝，迎慕容翰为王。慕容皝杀其舅慕容昭，又派人去接其舅舅慕容仁，其舅慕容仁杀掉慕容皝派去的人员，东归平郭。慕容皝派他的弟弟慕容幼率兵前去征讨，兵败，慕容幼也成了俘虏。

这时，襄平令王冰、将军孙机以辽东反叛，同归于其舅仁，于是，辽左之地，尽为慕容仁所有。仁自称车骑将军、平州刺史、辽东公。这时，段辽、宇文归以及鲜卑诸部都站到仁一边，前燕国面临着内乱外患。

慕容皝临危不惧，担起了平定内乱，扫除外患的重任。

公元334年，慕容皝遣其将封弈攻鲜卑木提部，将军淑虞攻乌桓悉罗侯部，皆取得胜利。

同年，段辽命慕容兰率兵攻柳城，几经激战，前燕军在守将石琮的激励和率领下，斩杀段辽兵一千五百余级，段辽兵方退。

为了前燕国的统一，慕容皝亲率燕军，于公元335年，向叛乱势力发动猛攻，很快平息了由他的舅舅仁发动的叛乱并夺回占有的土地，还开辟了和阳、武次、西乐三县的国土。

公元335年冬，慕容皝又率大军讨伐其舅仁，燕军在平郭与慕容仁的叛军展开大战，慕容皝身先士卒，冲锋在前，大胜慕容仁所率领的叛军，慕容皝擒其舅仁而斩之，内乱到此平息。

公元337年，慕容皝忧段辽每为边患，于是想借用石季龙兵平息段辽之患，谁知却引狼入室，石季龙与段辽之间勾结，共同为乱。燕国郡县投降石季龙者三十六城。于是，有人劝慕容皝降石季龙，为其藩属。慕容皝对劝降者说："我方取天下，怎么能投降石季龙，做他的臣民呢？"慕容皝遣其子慕容恪巧用伏兵，大败季龙兵，斩首三万余级。慕容皝前军帅慕容评败季龙将石成等于辽西，斩其将呼延晃、张支，掠千余户以归。段辽谋叛，皝诛之。

段辽被擒斩，慕容翰投降了宇文归，却明怀归国之志，他佯装疯狂，周游宇文归各地，观察山川形势，战略要地。慕容皝得知翰有归国之意，遣商人王车给慕容翰送去弓箭，慕容翰见慕容皝捐弃前嫌，于是，盗取宇文归骏马，带着两个儿子，回到燕国。

公元338年，慕容皝挥军南下，攻后赵石季龙幽、冀，掠三万户而去。

同年，慕容皝伐高句丽，高句丽王求和，并遣世子质于慕容皝。

慕容皝前燕国的强大，引起东晋王朝的恐惧。于是，东晋成帝派大鸿胪郭希持节拜慕容皝为侍中、大都督河北诸军事、大将军、燕王，并封燕国诸功臣百余人。

公元341年，慕容皝迁都龙城（辽宁省朝阳市），同年，又率兵四万伐宇文部及高句丽，并攻下高句丽国都城，高句丽王钊，单骑而逃。燕国兵焚其宫室，毁丸都（高句丽国都城），掠其男妇五万余口而还，迫使高句丽国王称臣燕国。

同年，慕容皝又派慕容翰和慕容垂（慕容皝的儿子）率大军讨伐宇文归，经过激战，灭宇文归，开地千里，徙宇文部五万余落于昌黎。

公元347年，慕容皝遣其世子慕容恪与慕容俊率万余骑攻打扶余，虏其王,灭其国,掠部众五万余口而还。

慕容皝在位十五年,东灭高句丽,南摧强赵,开境三千余里,人口也增加了十多万。

慕容皝时期,前燕国获得了很大的发展,究其原因,有如下方面。

第一,慕容皝始终坚持承认东晋王朝的正统地位,他多次上表东晋王朝,陈述忠诚之心。他说:“臣被发殊俗,位为上将,夙夜惟忧,罔知所报,惟当外殄寇仇,内尽忠规,陈力输诚,以答国恩。”①

这条政治路线,不但巩固了慕容部在辽西的大国地位,还获得了中原士庶对他的拥护和支持。

第二,立纳谏之木,开谠言之路。慕容皝知道,要把大燕国治理好,使它有力量进入中原争雄,必须集中鲜卑人和中原汉人的智慧,因此,他下令说:“有欲陈孤过者,不拘贵贱,勿有所讳。”②

第三,兴汉学,立庠序之教,以教胄子。《晋书·慕容皝载记》说:“皝雅好文籍,勤于讲授,学徒甚盛,至千余人。亲造《太上章》以代《急就》,又著《典戒》十五篇,以教胄子。”本传还说,慕容皝“赐其大臣子弟为官学生者号高门生,立东庠于旧宫,以行乡射之礼,每月临观,考试优劣。”本传又说“皝亲临东庠考试学,其经通秀异者,擢充近侍。”③

第四,发展农业,奖励耕织。鲜卑族本是一个游牧民族,随着鲜卑族势力向中原地区的深入和发展,其生产手段也随之而变。慕容皝很注意这种变化。他在一份诏令中说:“君以黎元为国,黎元以谷为命。然则农者,国之本也。”为了发展农业生产,他下令说:“苑囿悉可罢之,以给百姓无田业者。”又说:“贫者全无资产,不能自存,各赐牧牛一头。若私有余力,乐取官牛垦官田者,其依魏、晋旧法。沟洫溉灌,有益官私,主者量造,务尽水陆之势。”慕容皝躬巡郡县,劝课农桑。不仅如此,他还“立藉田于朝阳门东,置官司以主之。”

①《晋书·慕容皝载记》,中华书局,1974年版,第2820页。

②《晋书·慕容皝载记》,中华书局,1974年版,第2825页。

③《晋书·慕容皝载记》,中华书局,1974年版,第2826页。

前燕国在慕容皝的统治时期,进入一个大发展时代。

第三节　迁都邺城

公元348年,慕容皝死,其子慕容俊即燕王位。

公元349年,赵王石季龙死,赵国大乱,慕容俊不失时机地挥戈南下。

公元350年,慕容俊亲率大军南伐,一举攻下幽州、蓟城,并把都城从龙城迁到蓟城。接着,慕容俊又令辅国将军慕容恪、辅弼将军慕容评率军南讨,攻下中山(河北定县)、邺城(河南安阳)。灭掉冉闵建立的冉魏,尽有其地。

公元352年,慕容俊即皇帝位,大赦境内,建元为元玺元年。立其妻可足浑氏为皇后,世子慕容暐为皇太子。

就在这一年,慕容恪又攻下广固(山东益都)。

是年,东晋宁朔将军荣胡以彭城(江苏徐州市)、鲁郡(山东曲阜)叛晋降于燕,姚襄以梁国(河南、商丘市)降于燕,苻生河内(河南武陟县)太守王会、黎阳(河南浚县)太宁韩高以郡降燕,晋朝兰陵(山东枣庄)太守孙黑、济北(山东泰安市)太守高柱、建兴太守高瓮各以郡降燕。

慕容俊的这次南征,获得了意想不到的胜利。于是,慕容俊遣慕容评为都督秦、雍、益、梁、江、杨、荆、徐、兖、豫十州河南诸军事,权镇于洛水(河南洛阳市),慕容疆为前锋都督,都督荆、徐二州缘淮诸军,进据河南(河南开封市)。

公元357年,慕容俊又遣抚军慕容垂、中军慕容虔率兵八万北讨丁零、敕勒于塞外,大破之,俘斩10万余级,获马13万匹,牛羊亿余万。匈奴单于贺赖头率部落三万五千来降,慕容俊拜贺赖头为宁西将军、云中郡公,治代郡平舒城(山西省浑源县)。

是时,东晋太山太宁诸葛攸率军北伐,慕容俊遣慕容恪拒战,大败东晋军,燕军遂有汝、颖、谯、沛四郡。

是年,慕容俊把都城从蓟城迁到邺城。

公元359年,燕国不但获得上党、并州、太原、雁门、西河、上郡等地,塞北七国贺兰、涉勒等皆降于燕。

慕容俊在位11年，燕国发展成了能与东晋、前秦抗衡的三大势力之一。史书评价慕容俊时说，他雅好文籍，自初即位到末年，讲论不倦；览政之暇，唯与侍臣错综义理，凡所著述四十余篇。史书又说，他性严重，慎威仪，未曾以慢服临朝。虽闲居宴处，亦无懈怠之色。

第四节 前燕国的内乱和灭亡

公元360年，慕容俊死，慕容暐即燕王位。

慕容暐昏庸懦弱。早期由于有慕容恪、慕容评、慕容垂等大臣的忠心辅佐，国势仍十分旺盛。

慕容暐即位之初，慕舆根将为乱，暐收而斩之。于是，君臣一致、团结奋发，国威甚盛。

公元363年，慕容暐遣慕容评南伐东晋，一举攻下许昌、悬瓠、陈城，又略汝南诸郡，徙万余户汉人于幽、冀二州。

公元366年，慕容暐又遣抚军慕容厉攻东晋太山，太山太守诸葛攸奔淮南。慕容厉悉陷兖州诸郡。

是年，慕容恪死，在其临终时说，他死后，兵权应由慕容垂执掌，慕容暐不听，导致了燕国内乱，最终走向了灭亡。

慕容暐不但不让慕容垂执掌兵权，还听皇太后可足浑氏的话和慕容评的谗言，对慕容垂进行排挤，甚至还要杀害。迫使慕容垂离国远走，投奔前秦苻坚。

慕容评及诸将领在战争中，把大批的俘虏化为自己的荫私户、私人奴隶。仆射悦绾搜出慕容评及诸将领荫私户二十余万，慕容评怒，寻悦绾杀之。慕容暐不但不惩治慕容评，还对评言听计从，引起满朝上下的不满和愤恨。

慕容德上表求伐关陇，众将莫不欢欣。可是，惧怕慕容德声望日高的慕容评却坚决反对，他对慕容暐说："不宜轻自扰动，以动寇心也。"

本来，慕容暐也有向关陇进军的打算，可是，听慕容评一说，就打消了发兵讨伐关陇的念头。

东晋王朝和前秦都看到了燕国内部的危机，也都萌发了消灭燕国的欲望。

公元369年，东晋大将桓温率兵北伐，战斗的初期，虽然也取得了一些胜利，但是，偏安一方的东晋王朝，根本没有统一北中国的决心，加之大将桓温，他的率军北伐，其本意也不是想统一北中国，而是想从北伐中捞取个人的声誉和资本。结果最后仍以失败告终。

公元370年，前秦王苻坚派大将王猛、杨安率兵伐燕。慕容暐遣慕容评率燕兵四十万以拒秦。

燕、秦两军会师潞州（山西潞城县）。慕容评认为，前秦军远道而来，意在速决，他计划以持久战以制之，不与秦军交战。秦将王猛看出了燕军的战略，于是，乃遣轻骑间道火烧慕容评的辎重，使燕军不战自乱。这时，王猛指挥秦兵猛攻燕军，一战而斩杀燕军五万余人，燕军大败，慕容评单骑逃走。

秦将王猛指挥秦军直捣邺城，秦王苻坚也率兵十万会王猛于邺城下。这时，燕军将士也纷纷倒戈，助秦军攻慕容暐。

慕容评与慕容暐见邺城难保，弃邺奔昌黎，秦军猛追至高阳，擒慕容暐，燕国亡。

秦军攻下邺城后，徙慕容暐及王公以下并鲜卑族四万余人于长安。

燕国的覆灭不是偶然的。

慕容恪死后，燕国的大权落到慕容评手中，慕容评是一个嫉贤妒能又贪得无厌的人。他嫉妒慕容垂的才能，就想尽一切办法打击、排斥乃至陷害慕容垂。

公元366年，慕容垂南征东晋，大破东晋大将桓温军，回朝后，不但没有得到奖赏，反而被慕容评说是有野心，想篡王位以自立，迫使慕容垂逃奔前秦。

慕容评贪得无厌到了极点，他利用手中的权力为所欲为。他授人以官不是以人的才智，而以有钱多少为准，谁给的钱多，谁就可以当大官，钱少，就授小官，没有钱，即使你有举世之才，也永无出头之日。

另外，慕容评还想尽一切办法向老百姓敛财。老百姓进山打柴，他要收进山钱。老百姓饮河水、井水，他也要收饮水钱。老百姓要出门走路，他也要收过路钱。其他各种苛捐杂税达百余种。慕容评专以聚敛为心，老百姓莫不切齿。因此，士兵到了战场，没有一点斗志。

大凡一个朝代的兴衰和一个时期国家最高统治者关系极大。前燕国的慕容部统治者，在短短的十数年间腐败到如此程度，民心丧尽，直至亡国，实在是一个历史的悲剧。

第三章　慕容氏之后燕国

第一节　后燕王慕容垂

后燕国的缔造者慕容垂，字道明，慕容皝第五子。

《晋书·慕容垂载记》说，慕容垂少岐嶷有器度，身长七尺七寸，手垂过膝，慕容皝甚爱之。常谓人说："此儿阔达好奇，终能破人家，或能成人家。"[①]慕容皝对他的喜欢超过了世子慕容俊。因此，他也受到慕容俊的忌恨。慕容皝时，慕容垂以灭宇文归有功，被封为都乡侯。公元349年石季龙死，赵魏国乱，慕容垂对慕容俊说："我们灭掉魏国的时机来了，时机是很容易消失的，捕捉机会在于行动迅速。兼并力量弱小的，攻打昏庸愚昧的，现在可真是好时机啊。"慕容俊不听。慕舆根又劝说道："慕容垂说的话太对了，这是发展大燕国千载难逢的好机会，千万不能失掉啊！"慕容俊乃从之。于是，以慕容垂为前锋都督，慕容俊亲自率兵南征，燕军很快攻打下幽州。

慕容俊封慕容垂为吴王，徙镇信都，以侍中、右禁将军录留台事。不久，又封慕容垂为镇南、荆、兖二州牧。

公元360年，慕容暐即燕王位，慕容垂为河南大都督、征南将军、兖州牧、荆州刺史，领护南蛮校尉，镇梁国。

---

①《晋书·慕容垂载记》，中华书局，1974年版，第3077页。

慕容恪对慕容垂十分赏识，他多次对慕容暐说："吴王的才干，比我的才能超过十倍，銑帝以长和幼的次序，把我的官职排在吴王的前面。我死了以后愿陛下委政吴王，也可谓亲贤兼举了。"

公元368年，燕军与东晋军在枋头展开大战，慕容垂所率领的燕军大败东晋军，斩杀、俘获东晋军三万余人。于是，慕容垂威名大振。

慕容暐是一个器量狭小的君主，加之慕容评十分忌恶慕容垂的才干，于是，就谋杀慕容垂，慕容垂惧，带着世子慕容全投奔前秦苻坚。

自慕容恪死后，前秦王苻坚就有吞并前燕的想法，因为害怕慕容垂的威名，未敢轻举妄动。听说慕容垂投奔前秦，苻坚大喜，率领朝臣在长安城外迎接慕容垂，拜其为冠军将军，封官都侯，食华阴五百户。

前秦宰相十分忌恨慕容垂的威名，于是，劝苻坚杀死慕容垂。苻坚爱其才，不许。

公元369年，前秦伐前燕，引慕容全为参军，王猛设法要干掉慕容垂，于是，假传慕容垂的话对慕容全说："我已经回燕国去了，你可设计逃回燕国。"慕容全信以为真，乃东奔逃回燕国。于是，王猛上表苻坚，申诉慕容全和慕容垂反状。慕容垂惧，只好东奔。苻坚派人追至蓝田，将慕容垂抓回长安。苻坚在东堂接见了慕容垂，对他说："你的国家内部不团结，才使你投奔到我这里，说明你信任我。慕容全忘不了他的本土，也是可以理解的，《尚书》中不是说，父亲的过错，或儿子的过错，不能互相牵连吗？你不应该为了慕容全回到燕国，你就狼狈到这个样子。"仍待之如初。

公元370年，苻坚伐燕，秦很快攻下了燕国的都城。是时，慕容垂随苻坚入城，收慕容暐及慕容评诸子杀之。前燕国郎中令高弼对慕容垂说："现在，上天给了你一个好机会。虽然祖宗的亡灵要暂时换一个地方，对你来说却是成就大业的开始啊！要得天下，应以仁慈为怀，抚慰百姓。以你的宽宏大量，收纳燕国旧臣的子女，这对你将来得天下是有好处的，你怎么能因一时之怒而杀掉他们呢？我想，你不会这样做吧。"慕容垂佩服高弼的远见，立即改变了对前燕遗臣遗民的态度。

第二节　创建后燕国

公元383年,苻坚征讨东晋,慕容垂率兵相从。淝水兵败,苻坚及诸将莫不丢盔弃甲,损失惨重,唯慕容垂所率之兵,未损一卒。苻坚仅以千骑投奔慕容垂军营。慕容宝劝慕容垂杀苻坚以窃大位,慕容垂不听。

慕容垂的弟弟慕容德也对他说:"你应该趁苻坚土崩瓦解之时,恭行开罚,斩逆氏,恢复宗祀,中兴燕国,继承先辈洪烈,这是上天赐给的大好时机,千万不能错过啊!"

慕容垂说:"我过去为慕容评所不容,投奔秦王,又为王猛排挤,说我的坏话,还要杀我,是秦王保护了我,而且一直对我很好。现在正是我报答秦王恩德的时候,怎么能杀了他,让天下的人笑话我呢?"于是,慕容垂把自己率领的军队交给苻坚。

苻坚回长安,慕容垂以祭邺城先人陵墓之名东归。苻坚大臣权翼对苻坚说:"慕容垂就像一只鹰,饥饿了就依附于人,吃饱了就会高飞。遇到机会,就会有凌云之志。不能让他想干什么就干什么。"苻坚说:"慕容垂如果有野心,就不会把手下的数万兵马交给我了,你们放心好了。"

苻坚送三千人给慕容垂,护送东归。

是时,苻坚子苻丕镇邺,慕容垂到达邺城,苻丕安排在邺城西馆驿中住下。

正在这时,苻坚部将翟斌谋反,欲攻洛阳。苻丕对慕容垂说:"翟斌兄弟,因为我王师在淝水战斗中一点小的失误,竟然造起反了。我带的兵是一些妇女儿童、老弱病残,抗击这伙匪徒靠他们是不行的。只有将军的英勇谋略,才能战胜翟斌兄弟。我想麻烦你走一趟,不知道将军可否愿意?"

慕容垂说:"我是殿下的一只鹰犬,敢不唯命是听么!"

于是,苻丕又为慕容垂配两千兵,并派苻飞龙率一千氐兵相随,以观察慕容垂的动静。

慕容垂率兵到了河内,杀苻飞龙及全体氐兵,翟斌遂推慕容垂为盟主。

公元384年，慕容垂引兵至洛阳，自称大将军、大都督、燕王，建立后燕国，都中山（河北省定县），立慕容宝为皇太子。

苻丕见慕容垂叛，派使者前去大骂慕容垂忘恩负义。慕容垂上书苻坚说："国家的命运有推移，兴亡来去也是经常之事。现在，称当大王，也是上天的恩赐，你不必生气啊！"

苻坚无奈，回信说："我是畜水覆舟，养兽为害。你是飞出笼子的鸟，不是扑鸟的罗再能约束你的，你是挣脱网的鲸鱼，鱼的网对你已经不起什么作用了。"

慕容垂发兵攻邺，苻丕弃城而走。

公元386年，慕容垂称帝中山，改元建兴，史称后燕。置百官，缮宗庙社稷，尽有幽、冀、平州之地。

慕容垂称帝中山后，决心恢复鲜卑慕容部昔日的辉煌。于是，他调兵遣将四边征讨。他南攻克徐，西攻洛阳，北征高句丽，收回旧部和龙。

公元396年，他决定收回云朔之地，派皇太子慕容宝率兵八万讨伐鲜卑族拓跋部建立的北魏（历史上又称后魏），魏道武帝为了避其锋芒，率兵北走，慕容宝找不到和魏兵主力决战的机会，只好把到达黄河边上的燕军撤回。当燕军返至参合陂（山西省阳高县）时，突然受到魏军的攻击，燕军大败，被俘五万余人，全部被魏军坑杀，慕容宝只好惨败而归。

慕容垂发誓报参合之仇。

公元397年，慕容垂亲率大军伐魏，过参合时，只见尸骨如山，燕军个个愤恨交加，慕容垂也呕血大哭。燕军一鼓作气，攻下魏都平城（山西省大同市），追魏军过平城三十里而还。

燕军回到上谷（北京市延庆县），慕容垂突然发病而死。后燕国的历史，又掀开了新的一页。

第三节 动乱中的后燕国

慕容垂死，皇太子慕容宝即皇帝位。

还在慕容垂谋建后燕国时，鲜卑族的另一支拓跋部已在塞北发展起来了。

公元386年,道武帝拓跋珪在盛乐建立了魏国,十年后,又把都城迁到平城(山西省大同市),并且开始向中原进军。这时,慕容垂遇到的劲敌已不是中原汉民族,而是他们同族的竞争者。

慕容宝未登大位之前,已经埋下了后燕国动乱的种子。

最初,慕容垂以慕容宝没有选定自己的接班人,十分忧虑。慕容垂以为,慕容宝的庶长子慕容会多才多艺,有雄才大略,深奇之,因此,在临终前,叮嘱慕容宝将来一定要选慕容会为接班人。可是,慕容宝却宠爱自己的小儿子慕容策。而慕容宝的另一长子慕容盛,认为自己和慕容会同年生,还大他几个月,庶子可以为接班人,应是自己,而不应该是慕容会。为了反对慕容会为接班人,他就积极推举慕容策为储贰,于是,慕容宝即皇位后,就册封慕容策为皇太子。如此,慕容宝与自己的庶长子慕容会,慕容会与慕容策,慕容会与慕容盛几个皇子之间,为了将来的皇权,展开了激烈的争斗。

最高统治者内部的激烈争斗,导致慕容部王公大臣各怀去向,这就使慕容宝一上台,就陷入四面楚歌。

魏道武帝伐并州,燕军败退。魏军又攻中山,燕国诸将望风逃奔,所有郡县,悉归于魏。燕国尚书慕容皓见燕兵败,欲杀慕容宝立慕容麟为王,事泄,慕容宝欲杀慕容皓,皓及同谋数十人斩关杀将,投奔北魏。慕容麟杀了慕容宝的禁卫将军慕容精后出奔丁零。

魏军攻中山,慕容宝和太子慕容策奔蓟城,慕容会欲杀慕容宝自立,事泄,宝欲杀会,会出逃,聚众攻宝,宝不能制,乃奔龙城,慕容会率兵围龙城。慕容宝侍御郎高云夜袭击慕容会,会败,为慕容详所杀。

公元397年,慕容详杀慕容会后,自立为王,置百官,改年号。这时,北奔丁零的慕容麟,率丁零之众入中山,杀慕容详及亲党三百余人,登上皇帝的宝座。魏军复攻中山,慕容麟奔邺。

这时,慕容德在广固称王,慕容宝势穷,为其舅兰汗所杀,兰汗又杀慕容策及王公卿士百余人,自称大都督、大将军、大单于、昌黎王。

慕容宝死,慕容盛被立为王。

初,慕容垂称帝中山,苻坚诛慕容氏,慕容盛从长安逃出,投奔慕容冲。

后慕容冲称帝,有自得之意,赏罚不均,政令不明,慕容盛深责之。及慕容冲为段木延所杀,慕容盛随慕容永东入长子。不久,慕容盛与其弟慕容会东归慕容垂,垂封慕容盛为长乐公。

慕容宝自龙城南伐,慕容盛百统后事。慕容宝为兰汗所杀,盛驰进赴哀,兰汗欲杀之,事后,慕容盛引壮士夜攻兰汗杀之。遂即皇帝位改年号为长乐。

燕辽西太守李郎,在郡十年,威制境内,慕容盛怀疑他有异志,累征不赴。李郎阴结魏以袭龙城,事后,慕容盛诛其九族。李郎闻其家族被诛,拥三千户以自固,躬迎北魏军于北平(河北省宣化市),慕容盛派辅国将军李旱击李郎,追郎至无终(河北省玉县)斩之。

慕容盛疑文武大臣有异志,稍不如己意者,皆杀之。于是,内外恐惧,不能自安。

公元401年,左将军慕容国率禁卫军袭击慕容盛,慕容盛死,其叔父慕容熙立为王。

第四节　后燕国的灭亡

慕容熙,慕容宝之少子,初封河间王。慕容盛即位,降爵为公。拜都督中外诸军事,骠骑大将军,尚书左仆射,领中领军。

公元400年,慕容熙随慕容盛征高句丽、契丹,勇冠诸将,于是,名声大振。

慕容盛死,皇太后丁氏废太子慕容定,迎熙入宫登大位。

初,慕容熙与丁氏私通,及登大位,又爱上了兰贵人,丁氏怨恨,谋废慕容熙。事败,慕容熙赐丁氏死。

慕容熙以游猎为事,以享受为乐,当了皇帝后,在龙城大建龙腾苑、景云山、逍遥宫、甘露殿。连房数百,观阁相交。凿天河渠,引水入宫,以供游赏。又为其昭仪兰氏凿曲光海、清凉池,季夏盛暑,工匠不得休息,死者过半。

兰氏好游猎,慕容熙每从之,北登白鹿山,东过青岭,南至沧海,百姓苦之,士卒为豺狼。所害及冻死者五千余人。

慕容熙惧怕兄弟及侄子篡权夺位,下令杀慕容宝诸子。

皇后死,慕容熙下令文武百官于宫内哭灵,还派人检验,有泪者为忠,无泪者或少泪者,皆以不孝论罪。

公元407年,众文武大臣熬不过慕容熙的无道,中卫将军冯跋谋杀熙,推慕容宝养子慕容云为王。

慕容云本高句丽人,慕容宝收为养子后赐姓慕容氏,及登大位,复姓高氏。鲜卑慕容立的后燕国亡。

第四章　慕容氏西燕国的创建与消亡

第一节　复兴燕国的慕容泓

公元383年，苻坚淝水之败，统一的前秦帝国瓦解了。原来被苻坚征服的鲜卑慕容部纷纷拥兵自立。公元384年前燕王慕容暐的弟弟济北王慕容泓闻慕容垂起兵攻邺，于是，亡走关东，收诸鲜卑，众至数千，还屯华阴。慕容暐潜使诸弟及宗族人起兵于外。慕容泓得到这个信息，欲攻长安，苻坚遣将率步骑五千攻泓，为泓所败。于是，泓势遂威。慕容泓自称使持节，大都督陕西诸军事、大将军、雍州牧、济北王，推慕容垂为丞相、大司马、冀州牧、吴王。

苻坚又遣世子苻睿攻慕容泓，泓弟中山王慕容冲亦起兵河东，有众二万。慕容泓大破苻睿军，斩睿。慕容冲却被苻坚军所败，弃其步众，率八千骑奔慕容泓，慕容泓遂军至十万余。

慕容泓致信苻坚说："秦为无道，灭我社稷，现在，秦师倾败，我将要复兴大燕，吴王慕容垂已定关东，你要速备大驾，奉还我慕容氏宗室之家，泓当率关中燕人，翼卫皇帝，还返邺都，我大燕与秦，将以虎牢为界，分王天下，永为邻好，不复为秦之患也。"

苻坚见信大怒，责备慕容暐说："你的国家破灭了，到了我这里，就像到了家里一样，为什么看到我淝水小败，你就猖狂悖逆如此呢？慕容泓要我给你准备车驾，你要离开长安，我给你发路费！"慕容暐叩头流血，涕泣谢罪。

苻坚命令慕容暐致书招谕垂、泓、冲等,使息兵还长安,恕其无罪。暐密遣使者对慕容泓说:“现在,前秦的气数已尽,恢复大燕社稷的任务不轻,望你早建大业。以慕容垂为相国,中山王为太宰,领大司马,你可为大将军、领司徒,承制封拜。如果听到我被杀的消息,你就登大燕王位。”

慕容泓闻讯,积极向长安进军,并恢复燕国的国号,年号燕兴。

慕容泓谋臣高盖等,以为慕容泓的德望没有慕容冲高,而且,慕容泓持法苛峻,为人所怨,乃杀泓,立慕容冲为皇太弟,承制行事,置百官。

慕容冲率燕军向长安进发,苻坚遣子拒燕军,慕容冲大破苻军,进据阿房,即称帝号,改元更始。慕容泓和慕容冲的相继称帝,是为西燕。

当时,留在长安城中的鲜卑慕容部还有千余人,慕容暐告知燕军做内应。事泄,苻坚乃诛慕容暐父子及宗族,城内鲜卑人,无论少长男女,悉坑之。

第二节　自相残杀　西燕灭亡

慕容暐为苻坚所杀,慕容冲乃自称西燕皇帝。

慕容冲手下有一小将,名慕容永,前燕灭,被苻坚俘获。住长安,家贫,常与其妻卖靴于市。慕容泓起兵,慕容永投奔泓的帐下。

慕容永与秦将苟池大战于骊山,慕容永力战有功,斩苟池等数千人。苻坚大怒,遣领军将军杨定击冲,大败慕容冲军,俘掠鲜卑万余人而还,悉坑之。

慕容冲大怒,入据长安后,纵兵大掠,死者不可胜计。

既居长安后,乐而忘归,士卒皆怨之。冲左将军韩延因民之怨杀慕容冲,立冲将段随为燕王。

慕容冲被杀,左仆射慕容恒与慕容永密谋杀段随,立慕容颛为燕王,遂率鲜卑男女三十余万口去长安而东,以慕容永为武卫将军。

燕军行至河东,慕容恒弟慕容韬杀慕容颛于临晋。慕容永与将军刁云攻韬,执而杀之,立冲子慕容望为帝。众悉归永,永执望而杀之,立慕容泓子慕容忠为帝。忠以永为太尉,守尚书令,封河东公。

行军到闻喜,慕容永得知慕容垂已经称帝,心怀恐惧。刁云又杀慕容忠,推慕容永为大都督、大将军、大单于、河东王，称臣于慕容垂。

慕容永进据长子（山西长子县境），遂称帝。

中兴八年（393年）十一月，慕容垂遣将攻打西燕，慕容永亲率精锐部队交战，慕容永兵败被俘，慕容垂斩慕容永及公卿以下三十余人。西燕国灭亡。

第五章　慕容氏南燕国的创建与消亡

第一节　南燕国的创建人慕容德

公元389年,慕容皝少子慕容德在滑台(河南省滑县)建立了南燕国。

《晋书·慕容德载记》说:"慕容德字玄明,皝之少子也。"又说,他"博观群书,性清慎,多才艺"。[①]慕容儁执政时,封为梁公,历幽州刺史、左卫将军。慕容暐即位时,改封范阳王,不久迁任魏尹,加散骑常侍。

公元368年,燕军与东晋军大战枋头之时,慕容德以镇南将军身份与慕容垂大败晋军。慕容垂被迫逃奔苻坚后,慕容德被牵连免去一切职务。前燕国灭,随慕容君臣百姓被迁往长安,苻坚拜他为张掖太守。

公元383年,苻坚欲伐东晋,拜慕容德为奋威将军。淝水之战,苻坚兵败,与其张夫人相失散,慕容暐爱慕张夫人,卫护致之。慕容德正色相劝说:"过去,楚庄王灭陈国,采纳巫臣的劝告,舍弃了心爱的夏姬。张夫人是一个不祥的惑乱人主的坏女人。本来,打仗的时候,是不带女人的,她却跟着苻坚来了,因此,使秦军打了这次败仗。你见了这种女人,应当掩面而过,你却这般的爱她,保护她。"慕容暐拒绝了慕容德的劝告。慕容德驰马而去。待败军到了荥阳。慕容德又对慕容暐说:"过去,勾践居会稽,卧薪尝胆终于复兴了越

①《晋书·慕容德载记》,中华书局,1974年版,第3161页。

国。圣人相时而动，现在，上天已在后悔他使燕国灭亡的过错，因此，使秦国打了大败仗，你应乘秦国衰弊之时复兴燕国。”慕容暐拒不采纳他的意见。慕容德无奈，只好和慕容垂一起，到达邺城。

公元384年，慕容垂建立前燕国，拜慕容德为车骑大将军，复封范阳王、参断军政大事。久之，迁司徒。

公元392年，君臣讨论伐西燕。

当时西燕主慕容永据长子，有众十万。众大臣有为难之色。慕容垂欲讨之，慕容德劝说道：“现在陛下复兴燕国，正与先祖的教诲相合。陛下能够复兴燕国，是由于你的圣德。现在，慕容永建立了燕国的伪号，煽动斗争，致使许多小人拥兵自立，征战不息，给百姓带来灾乱，的确应该先除掉他，使燕国的军令、政令获得统一。”

慕容垂对众大臣说：“司徒的意见和我一样。俗话说，二人同心，其利断金。我消灭慕容永的计划决定了。”随即出兵攻伐西燕。灭了西燕，后燕势力达到鼎盛，慕容德功不可没。

慕容宝即后燕国王位后，以慕容德为持使节，都督冀、兖、青、徐、荆、豫六州诸军事，特进车骑大将军、冀州牧，领南蛮校尉，镇邺城，罢留台，以都督专总南夏。

北魏军攻邺城，慕容德亲飨将士，厚加抚慰，人感其恩，皆乐以致死，燕军在慕容德的领导下，终于击退北魏军。

北魏军攻下中山。慕容宝逃跑，去向生死不明，于是，群臣劝慕容德上尊号，居王位。慕容德不从。正在这时，外边传来消息说，慕容宝在龙城，群臣的劝进乃止。

这时，慕容麟对慕容德说：“中山已被北魏占领了，魏军必乘胜攻打邺城。虽然城中粮草储备丰足，而城大难以固守。况且，现在人心浮动，我们应趁魏军还没有到来之时，率兵南渡，占据滑台，招兵积粮，伺隙而动，这是上策。”

公元398年，慕容德率户四万，车两万七千乘，自邺城出发，徙于滑台，即称帝，建立南燕国。大赦境内，置百官。以慕容麟为司空，领尚书令。慕容法为中军将军,慕舆拔为尚书左仆射,丁通为尚书右仆射,其余封授各有差。

这时,慕容宝自龙城南奔至黎阳,遣人让慕容钟来迎驾。慕容钟是首先提议让慕容德称帝的,所以说慕容宝派人来让他迎驾,十分厌恶,于是,把来人抓起来,投入监狱里,并把此事告诉了慕容德。慕容德对其手下的众大臣说:“你们先前以社稷为重,劝我总揽朝政,我也以燕王奔亡,国家没有人主事,权且顺从了大家的意见,总揽朝政,以系众望。现在,上天后悔自己的过错,让燕王回来了,我将具驾奉迎,谢罪行宫。然后弃官归第,你们以为如何呢?”

黄门侍郎张华说:“争夺天下的时代,非雄才大略的人不能振兴,天下纵横的时刻,难道是懦夫能振济的吗?陛下如果怀匹夫之仁,舍弃上天授给的大业,那么,威权一去,则身首难保,为什么要退让呢?”慕容德说:“我以古代逆取顺守的传统,认为慕容宝的气数未尽,所以徘徊、犹豫未决。”

这时,慕容宝听说慕容德已经登上皇帝的大位,害怕派人来打他,于是,又向北逃奔而去。自此,慕容德心安理得地当起了皇帝。遂斩慕容宝派来的使者。

第二节　迁都广固

南燕建国于东晋和北魏之间,于是就成东晋和北魏征讨的对象。

东晋南阳太守闾丘羡,宁朔将军邓启方率众两万讨伐南燕,慕容德派中军慕容法,抚军慕容和率兵拒战,大败东晋军。

苻登为姚兴所灭,其弟苻广投奔慕容德,被拜为冠军将军。就在这年,苻广欲恢复前秦,自称秦王,并打败南燕将军慕容钟,许多人纷纷叛慕容德投向苻广。慕容德大怒,亲率大军击苻广,其国乃定。

在此之前,慕容宝至黎阳,慕容和的长史李辩劝纳之,慕容和不同意。慕容德出兵击苻广,慕容和守滑台,李辩又劝慕容和叛慕容德投奔慕容宝,慕容和又不从,李辩杀慕容和,以滑台投降北魏。慕容德右卫将军慕容云杀李辩,率将士及家人二万余投奔慕容德。

滑台既为北魏所有，慕容德接受潘聪的建议，迁都广固（山东省益都县）。

慕容德进据琅琊，徐、兖之士来附者有十万余人，自琅琊而北，迎慕容德者，又有四万余人，慕容德由此转盛。

公元400年，慕容德登基为帝，以其妻段氏为皇后。

慕容德很注意人才的培养，建国之始，他就在京城兴办学校，选拔公卿以下官僚子弟和二品以下士族子弟二百人为太学生。

慕容德也很注意纳谏，因此，朝廷多直言之士。

公元401年，慕容德于商山（今山东淄博）建冶炼场，采铜冶炼，并设立了铜官令；又在乌常泽（今山东寿光）设立了盐官，管理盐业生产，以备军国之用。

同年，慕容德有疾，司隶校尉慕容达谋反，遣牙门将率众攻打端门，殿中师侯赤眉开门响应。中黄门逊进扶慕容德逾墙逃走，隐于逊进家。段宏等闻宫中有变，勤兵屯四门，慕容德回宫，斩侯赤眉，慕容达投奔北魏。

慕容德养兵厉甲、广农积粮，简括户籍，奖励生产，得隐漏户五万八千，民乐于业，国势也大大增强。

慕容德很注重文教，曾大集诸生，亲临策试，选拔人才。他对战乱频繁，文教废弛，大伤其怀。

东晋桓玄为乱，慕容德颇有饮马长江之志，集步兵、战车、铁骑准备挥师南下，克期将近，因病未能发兵。

公元405年，慕容德死，卒年七十岁。

第三节　南燕国的发展和灭亡

公元405年，慕容德死，兄子慕容超即皇帝位。

慕容超乃慕容德之兄慕容纳之子。苻坚破前燕，德与纳皆迁往长安。慕容垂起兵山东，建立后燕国，苻昌收慕容纳及慕容德诸子斩之。当时，慕容纳之妻方娠，未决，囚于狱中。狱吏呼延平曾犯罪当斩，慕容德救之，有活命之恩，乃救纳妻段氏逃往羌人地区而生超。后，慕容超至广固，慕容德立为太子。慕容德死,乃即皇帝位。

慕容超即位后,以过去慕容法无礼于他而欲杀慕容法,慕容法惧而投奔北魏。慕容法出逃,其党徒多被诛戮。

慕容超以猜忌杀旧臣,人各怀惧,异议丛生。

慕容超不恤政事,唯游猎是好,百姓苦之,大臣切谏,皆不听,慕容超为了树立个人权威,召集大臣商议恢复肉刑、九等(晋代的九品官司制)之选。说什么,纲理天下,不能导之以德,必须齐之以刑,因群臣坚决反对,乃止。

慕容超即王位后,其母及妻为姚兴所拘,强迫慕容超称臣纳贡,并要求慕容超献太乐诸伎。姚兴说,如果不献太乐诸伎,那么就献送吴城人一千口以换其母和妻子。慕容超召集文武大臣讨论此事,左仆射段晖说,应当掠吴越人千口去换人。尚书张华以为不可,他说:"如果掠夺吴越人,必然引起东晋王朝的怨恨,兵连祸结,非国之福也。"张华主张降号修和。慕容超从之,乃降号称蕃于姚兴,送乐伎一百二十人以换回其母和妻子。

慕容超视乐伎如命,乐伎既送姚兴,悔恨无极,于是,用兵东晋,掠夺吴人二千五百口付太乐教之,以供其娱乐。

慕容超重用公孙五楼专总朝政。五楼亲戚,无论贤愚皆身居要职,王公内外,无不惮之。慕容镇切谏,慕容超怒而不答。自是,百僚杜口,凡事莫敢开言。

慕容超屡为东晋之患,晋将刘裕率兵讨伐南燕。慕容超派大将段晖率步骑五万抵拒晋军,晋军大败燕军。东晋兵接连取胜,并获燕将段晖而斩之。右仆射张华等,也成了东晋的俘虏。慕容超惧,退保广固,遣使张纲乞师姚兴,不久,晋军直捣燕都广固。

张纲善为攻城之具,有人对刘裕说:"如果能得到张纲制造的攻城工具,广固城就可以拿下了。"

张纲从长安还,投奔刘裕。刘裕又令张华、封恺给慕容超写信劝降。慕容超遣书刘裕,请为东晋蕃臣,且以大岘为界,献马千匹,以通和好。刘裕不许。

这时,东晋援军又到,军事正盛。

慕容超又遣张俊出使姚兴乞求援助，张俊还，亦降刘裕，并且献计说：“现在慕容超所以固守广固，是因为他仰仗仆射韩范，现在韩范正在向姚兴借兵，如果诱使韩范来降，燕人求援的希望断绝，自然就来投降了。

这时，姚兴遣姚强率步骑万人随韩范东行，姚兴兵至洛阳，会赫连勃勃大败秦兵，姚兴追姚强还。从而断绝了慕容超求生的希望。

正值此时，刘裕派去的游说之士也到了洛阳，韩范见刘裕书信，遂降东晋。

慕容超自小生活在羌族人中，深具少数民族强悍之风。公元410年，慕容超登上广固南门城楼，朝会群臣。杀战马以飨将士，迁授文武百官，并且宣布：“有敢言降者，囚于狱！”刘裕引水灌城，城中患脚病者大半。慕容超登上城楼对众将士说：“废兴，命也。吾宁奋剑而死，不能衔璧求生！”

张纲为刘裕制造了攻城工具，并设诸机巧，四边攻城，燕将悦寿开门迎晋军，慕容超率十余骑出逃，为晋军所执，送建康斩之，其神情自若。

南燕国从建国到灭亡，历二世，凡十一年。

第二篇　拓跋鲜卑的辉煌历史

拓跋氏与北魏王朝

第六章　拓跋氏之代国

第一节　纷乱中的鲜卑拓跋部

公元277年，力微死，其子悉鹿即酋长位。是时，诸部叛离，国内纷扰，悉鹿难以统国，在位九年而死。

公元285年，悉鹿的小弟弟拓跋绰代立为王，虽然拓跋绰威德兼施，但仍不能使鲜卑拓跋部中兴和获得统一。在位七年而崩。

公元292年，拓跋绰死，沙漠汗的少子拓跋弗立为王，一年而崩。

公元295年，力微的另一个儿子禄官自立为王，分国为三部。禄官自率一部居东，在上谷(今北京延庆县)北，濡源之西(今河北省沽原东南)，东接宇文部；以沙漠汗的长子猗㐌(史称桓帝)统一部，居代郡参合陂(今山西省阳高县)北；以猗㐌之弟猗卢(史称穆帝)统一部，居定襄盛乐城(今内蒙古和林格尔北)。

自力微时，鲜卑族拓跋部一直和中原王朝和好。力微死后，一时国民叛离，后经几代人的努力，到了拓跋禄官时，鲜卑拓跋部已成了控弦四十万骑的强大政治军事集团。

公元294年，拓跋猗卢开始向中原王朝用兵，这是历史上鲜卑拓跋部第一次和中原华夏民族发生武装冲突。

拓跋猗卢于294年将其部落迁于云中(内蒙古托克托)、五原(内蒙古包头市)、朔方(内蒙古东胜),并西渡河击匈奴、乌桓诸部。自杏城(陕西省黄陵县)以北八十里到长城原,夹道立碣,与晋王朝分界。

公元296年,拓跋猗㐌度漠北,西略西部的各游牧部落。

公元299年,猗㐌再次向西部游牧部落用兵,历时五年,降服二十余国。

正当鲜卑拓跋部在北中国开疆拓土之时,中原的西晋王朝开始了八王之乱,这为鲜卑拓跋部的向南发展创造了机遇。

公元304年,匈奴后裔刘渊首先起来反晋,建立了汉国。晋王朝为了打击刘渊的反叛,晋朝并州刺史司马腾乞师于猗㐌,猗㐌率兵十万骑大破刘渊兵于西河、上党,并与晋王朝盟于汾东而还。第二年,刘渊攻并州(山西太原市),司马腾再次求兵于猗㐌,猗㐌率兵攻刘渊,斩刘渊将綦毋豚,返使刘渊走蒲子。于是,晋王朝封猗㐌为鲜卑大单于。是岁,猗㐌死,统国十一年。其子,普根代立王。

公元306年,禄官亦死,拓跋猗卢遂统领三部,鲜卑拓跋部再次获得了统一。

公元307年,氐人举起反晋大旗,建立赵国。

由于鲜卑拓跋部的向东发展,而且日渐强大,反倒引起西晋王朝的注意,也使得南部鲜卑徒何部和宇文部亲善友好。

公元298年,和南部鲜卑宇文部建立友好关系,禄官将其女嫁给宇文部大酋长莫廆之子为妻。

公元307年,禄官死,南部鲜卑徒何部大首长慕容廆遣使吊丧。至此,南北部鲜卑开始走在一起了。

第二节　鲜卑拓跋部建立代国

公元308年,匈奴族后裔刘虎叛晋攻雁门,晋将刘琨乞师猗卢,猗卢率鲜卑兵攻刘虎,屠其营落,刘虎西走渡河,窜居朔方(内蒙古东胜市)。晋怀帝进猗卢为鲜卑大单于,封代公。猗卢向晋王朝求句注(山西雁门)、陉北之地。晋割马邑(山西朔县)、阴馆(山西代县)、娄烦、繁峙(山西繁峙县)、崞县给猗卢。迁五县之民于陉南,为其立城邑。于是,猗卢尽有东接代郡(河北涞源县），西连西河、朔方之地，方数百里。猗卢迁鲜卑十万家以充之。雁门地区完全进入鲜卑族的控制之下。

公元310年，晋王朝再次乞师猗卢，讨刘聪（刘渊之子）、石勒，猗卢亲率大军二十万骑，大破刘聪石勒兵，伏尸数百里。

公元311年，猗卢以盛乐为北都，修故平城（山西大同市）为南都，又于桑干河南黄瓜堆筑新平城（史称小平城），使其长子六脩镇守，统领南部。

公元313年，晋愍帝进猗卢为代王，置官署，食代和常山二郡。

公元314年，猗卢子六脩与其父争权，猗卢兵败，逃往民间，为六脩擒获，处死。是时，猗卢侄子普根守边在外，闻其叔父为其兄所杀，率兵攻六脩，斩杀六脩，普根即代王位，月余而死，普根子代为王，当年又死。

公元316年，西晋王朝灭亡，拓跋郁律（拓跋弗之子）立。拓跋郁律资质雄壮，甚有武略，在他领导下的鲜卑拓跋部西兼乌孙故地，东吞并勿吉以西，控弦之士百有余万。他听说晋愍帝为刘曜（刘渊侄儿）所杀，西晋灭亡。对诸部大人说："现在中原没有了国君，大概上天要帮助我当中原的皇帝。"表现了郁律欲称王中原，平定华夏之意。

是年，司马睿称帝江南，建立东晋王朝，公元317年，石勒自称赵王，遣使欲与代国和好，拓跋郁律斩其来使，表示忠心于晋王朝，不与叛逆合流亡晋。

公元320年，东晋王朝遣使者封拓跋郁律官爵，郁律拒不受，以示鲜卑拓跋部已不是晋朝的下属，且大肆治兵进武，表现出欲进中原之意。

桓帝猗㐌妻担心郁律大得众心，恐不利自己子孙，遂将其杀害，又诛杀其郁律亲信大臣数十人。

郁律死，猗㐌子拓跋贺傉立为王，猗㐌妻以太后身份临朝。

公元322年，拓跋贺傉始亲政，以诸部大人人心未定，乃筑城于东木根山，并迁都于此。

公元323年，贺傉死，其弟拓跋纥那立为代王。

公元325年，赵国石勒率五千骑攻代国，纥那率兵于雁门拒赵兵，战不利，退保大宁，并遣使者求救于贺兰部，贺兰部帅拥众不救，纥那怒，指挥宇文部击贺兰部，又战不利，仍退保大宁。

公元327年,贺兰部来犯,纥那兵败,逃往宇文部。贺兰部酋长及诸部大人共立拓跋翳槐为王。翳槐,乃拓跋郁律之长子。

公元334年,纥那从宇文部回来,复本王位,翳槐逃奔赵国,赵王石虎在邺城(河南省安阳市)为其造宅,使居之。公元336年,赵王石虎遣大将李穆送翳槐回大宁,纥那战败,出居屠何慕容部。

是年,翳槐于盛乐故城东南十一里,筑新盛乐城,都之。

西晋末年,早已衰落的南部鲜卑屠何慕容部在辽河流域逐步强大起来,并开始向中原地区进军,继刘渊、石勒之后,在北中国演出了一出出悲壮的历史。

第三节　代国的灭亡

公元338年,拓跋翳槐死,临终为其部下说:“必迎立什翼犍,社稷可保”。①

什翼犍,翳槐的弟弟,公元334年,随翳槐投奔赵国。翳槐死,其弟拓跋孤前往邺城迎什翼犍归国。公元338年,什翼犍于繁峙北即代王位,时年十九岁。国号为建国元年。

公元339年春,什翼犍学习中原华夏民族治国办法,“始置百官,分掌众职。”同年“五月,朝诸大人于参合陂(山西省阳高县)议欲定都灅源川,连日不决。”②皇后王氏对什翼犍说:“国自上世,迁徙为业。今事难之后,基业未固。若城郭而居,一旦寇来,难卒迁动。”③于是,定国都之事乃止。

公元340年,什翼犍进驻盛乐城,次年,又于故盛乐城南八里筑新盛乐城都之。

什翼犍为代王时,正是鲜卑屠何慕容部日益强大之时。公元338年,慕容

---

①《魏书·帝纪》,中华书局,1974年版,第11页。

②《魏书·序纪》,中华书局,1974年版,第12页。

③《魏书·皇后列传》,中华书局,1974年版,第323页。

廆之子慕容皝自立为燕王，都和龙（辽宁省朝阳市）。什翼犍一心与慕容燕国和好，于339年，娶慕容皝之妹为妻。

公元340年，刘虎来寇，什翼犍派大兵拒之，并大破刘虎兵。其后，刘虎死，其子务桓立，始来归顺，什翼犍纳之并以女妻之。

公元341年五月，什翼犍会诸部大人于参合陂，设坛埒盟，讲武习射，以示武威。

历史的经验告诉人们，在中华这块大地上，北中国的游牧民族和中原华夏民族的纷争有一个规律，即，当中原华夏民族处于战乱之时，北中国的游牧民族就会迅速发展和强大起来，反之，当中原华夏民族政局稳定，国力强盛之时，北中国游牧民族的发展就要受到制约和限制。那么，这个时候，北中国的游牧民族和中原的华夏民族关系也较和睦。

鲜卑族拓跋部进入中原时，正值中原华夏民族大乱之时。

公元303年，流民首领李特在成都建立了反对晋王朝的汉国。

公元304年，匈奴裔刘渊在离石建立汉国，标志着五胡十六国大乱的开始。

公元314年，张寔在凉州建立前凉国。

公元318年，羯族人石勒在襄国（河北省邢台市）建立赵国（史称后赵）。

公元352年，慕容皝在和龙（辽宁省朝阳市）建立燕国（史称前燕）。

公元351年，苻健在长安建立前秦国。

公元350年，冉闵灭后赵，建立魏国。

公元316年，西晋王朝以八王之乱挑起统治者内部的战乱，终于在上下一片反叛之中灭亡了。

什翼犍在位三十九年，他目睹了中国的战乱，一心想参加中原地区的权力争夺战，成为一代霸主。

公元351年，他召集各部大人说："石胡衰灭，冉闵肆祸，中州纷梗，莫有匡救，吾将亲率六军，廓定四海。"①他下令各部大人，各率部众，等待他的命令。然而，几经统一和分裂的鲜卑拓跋部各部大人们，对参加中原的斗争还没有充分的把握。于是，说道："今中州大乱，诚宜进取，如闻豪强并起，不可一举

①《魏书·序纪》，中华书局，1974年版，第13页。

而定,若或留连,经历岁稔,恐无永逸之利,或有亏损之忧。”[1]因为诸部大人反对进军中原,迫使什翼犍不得不放弃向中原进军的打算。

这是一个乱世出英雄时代,豪强并起,或生或灭,一夜之间,国灭号改,令人难以预测,鲜卑拓跋部诸大人不敢贸然向中原进军,是可以理解的。

同年,氐族人苻健在长安建立秦国,史称前秦。

什翼犍向中原进军的思想受到阻扰,于是,他就向西、向北寻求发展。

公元353年,什翼犍率众讨高车,获民万口,获牛马羊百余万头。

公元354年,又率部讨没歌部,获马牛羊数百万头。

公元367年,又率部征卫辰,卫辰南走。

公元370年,又征高车,大破之。

正当什翼犍在蒙古大草原上扩张自己的势力时,公元351年在长安建国的前秦日益强大起来,并且逐步统一了黄河中下游地区。

公元370年,什翼犍继续征讨高车。同年,前秦灭前燕,成了中原地区最强大的政治、军事集团。

公元376年前秦王苻坚发兵20万攻打代国,什翼犍发国中兵前去伐敌,遭到高车人的攻击,不能放牧,又回到漠南,向前秦投降。是年底,什翼犍死,代国灭亡。

---

①《魏书·序纪》,中华书局,1974年版,第13页。

第七章　鲜卑拓跋氏建立北魏王朝

第一节　历史的机遇和代国的复兴

公元386年,什翼犍的孙子拓跋珪即代王位,鲜卑族拓跋部逐渐走向强盛。

从公元376年鲜卑族拓跋部代国的灭亡,到公元386年鲜卑族拓跋部代国的复兴,十年间北中国发生了几件重大政治事件,为鲜卑族拓跋部的复兴、发展、壮大提供了前所未有的历史机遇。

公元383年,前秦王苻坚在淝水战败,前秦失去了对黄河中下游地区的控制力。

同年,受苻坚委任,控制鲜卑族拓跋部的刘库仁为其部将所杀,鲜卑族拓跋部挣脱刘库仁的控制。

公元384年,早年被苻坚消灭的鲜卑族慕容部的势力重新抬头。前燕王慕容暐的弟弟慕容泓首先打出复兴燕国的旗号,在华阴建立了西燕国,并且一度攻入长安。

同年,前燕王慕容暐的叔父慕容垂在邺城(河南安阳市)建立后燕国。河北、山东及河东之地,重归鲜卑族的慕容部所有。

公元385年,前秦王苻坚为其都将羌族人姚苌所杀,前秦国亡。黄河流域再次陷入大分裂、大纷争的局面。这就为退居到朔漠地区的鲜卑族拓跋部的复兴创造了有利条件。

历史总是不断向一个国家或者民族乃至个人,提供各式各样发展壮大自己的机会。然而,并不是所有的国家、民族乃至个人,对历史的机遇都能认识到并且把握住。机遇只属于那些有准备并时刻寻找机会,抓住机会发展壮大自己的国家和民族。

鲜卑族拓跋部在其发展过程中,经历过多次的振兴和衰败,他们千方百计地发展壮大自己,适时抓住了这个历史赐予的机遇,迅速成长壮大起来。

第二节　北魏王朝的缔造者拓跋珪

北魏王朝的缔造者拓跋珪,建国三十四年(371年)七月七日生。在他六岁时,代国为前秦所灭。当时,前秦王苻坚欲迁代国皇族人员于长安。代国的左长史燕凤劝说秦王:“代国的国王什翼犍刚刚死去,众大臣和部落大人都反叛了。他的孙子拓跋珪幼小无知,不能辅佐,南部大人刘库仁凶狠而有智谋,刘卫辰狡猾多变,都不可以为伍,我的意见是分代国为二,黄河以西之地,由刘卫辰统辖,黄河以东之地则为刘库仁所有。这两个人素有深仇,且势力相当,谁也不敢先发难攻击对方。都想靠你的力量抑制对方,你可利用他们的矛盾控制他们,这是你治理北部边疆的上策。待拓跋珪长大之后,你立他为王,这是你施给拓跋珪大恩惠呀。”苻坚接受了燕凤的建议,把代国一分为二,从此代国灭亡。

拓跋珪和母亲贺氏随拓跋氏余部越阴山北走,遇高车部抄掠,只好向南逃奔躲进阴山。经辗转奔波,最后随其母来到鲜卑独孤部,依附刘库仁。刘库仁见拓跋珪高大伟岸,对其诸子说:“此有高天下的志向,兴复代国的宏业,光宗耀祖,使鲜卑拓跋部发展壮大者,必是这个孩子啊!”

公元385年,刘库仁之子刘显欲谋杀拓跋珪,是时,故大人梁盖盆之子六眷是刘显的谋主,尽知其计,密使部人穆崇驰告贺氏,拓跋珪乃阴结旧臣长孙犍、拓跋他等,逃奔贺兰部。

公元386年,拓跋珪已经十五岁了,这年春正月即代王位,史称魏道武帝,大会鲜卑族拓跋各部于牛川(今内蒙古锡拉木林河)。复以长孙嵩为南部大人,以叔孙普洛为北部大人。二月,拓跋珪率部众回到代国故都盛乐城。四月,拓跋珪改代国为魏国。这在鲜卑族拓跋部历史上,具有十分重要的意义。因为代国、代王是司马氏晋王朝给鲜卑族拓跋部的封号,改代国为魏国,表明鲜卑族拓跋部和晋王朝的决裂,他们不再隶属于晋王朝,不再受晋王朝的约束和指挥,而是与晋王朝平等的独立的政治力量。拓跋珪认为,他们是黄帝的后代,黄帝以土德王天下,鲜卑拓跋部也是土德。曹氏魏国,在金木水火土五行中是土德,拓跋珪把自己建立的国家归为土德,称国号为魏,是说明他们直接继承了魏国。曹氏魏是正统的,而司马氏晋朝是非正统的,他把自己的国家称为魏国,也就是说,他代表着中国的正统。

公元396年,拓跋珪把国都由盛乐迁到平城(山西省大同市),公元409年,拓跋珪死,年三十九岁。

拓跋珪在位二十四年,他的最大历史功绩是领导鲜卑拓跋部建立了北魏王朝。

鲜卑族是一个以游牧射猎为生的民族,无世业相继,邑落各有小帅,数百千落自为一部。大人以下,各自畜牧营产,不相徭役。这样的民族文化传统和生活方式,要使之形成一个统一的民族,建立一个强大的国家,任务相当艰巨。拓跋珪不愧为一位杰出的民族英雄,不但使拓跋各部族得到统一,而且使整个鲜卑族(除吐谷浑部)都得到统一。这个过程充满了矛盾、斗争、征战、厮杀。

公元386年四月,拓跋珪改代为魏,护佛侯部帅侯辰、乙弗部帅代题率其部叛走。诸将欲追讨,拓跋珪制止说:“侯辰等世修职役,虽有小的过错,也应当忍住。现在国家草创,人情未一,一些愚昧而又缺乏远大眼光的人,裹足不前,左右摇摆,甚至逃跑、叛变,不值得大惊小怪,何必去追他们呢?”

五月,代题率部落逃叛,七月,代题又率部落来降,过了十几天,又率其部亡奔刘显,真是叛归无常,令人捉摸不定。

八月,拓跋珪的叔父窟咄率兵来侵,于是,诸部骚乱,人心浮动。连拓跋珪手下的于桓和诸部大人也谋叛拓跋珪以应窟咄。事泄,拓跋珪杀首谋者,其余一律不问。然而,拓跋珪对如此不稳的内部实在担心,于是率本部北踰阴山,逃往贺兰部。拓跋珪向后燕王慕容垂求救。后燕援兵未到,窟咄兵已经逼近,于是,北部大人孙叔普洛等十三人及诸乌桓部亡奔刘卫辰。其后,后燕兵到,大破窟咄兵,窟咄兵败,逃奔刘卫辰,卫辰杀之,拓跋珪悉收其众。

为了鼓励将士团结部族,拓跋珪制定了“颁赐文武将士各有差”的政策。并于公元387年,对长孙嵩等七十三人进行了颁赐和奖励。

公元387年六月,拓跋珪在后燕国的支持下,亲征刘显,大破之,刘显逃奔慕容永,拓跋部尽收刘显部众。

公元388年五月,拓跋珪北征库莫奚部,六月,大破之,获其四部杂畜十余万,班赏将士各有差。十二月,拓跋珪率部征鲜卑解如部,大破之,获男女杂畜十数万,拓跋部力量稍振。

自古以来,生活在北中国的游牧民族,由于游牧经济的极不稳定,导致了其民族兴衰千变万化,难以捉摸。

游牧经济不稳定,无论是丰收还是歉收,都会对游牧民族的发展产生影响。丰收了会使草原过度开发,严重影响到来年牲畜的生存和发展。气候的原因、不可抗拒的瘟疫、战争的原因,都会造成牲畜的减产,影响到牧民的生存和发展。为此,游牧民族除了向中原农业经济地区进行掠夺式抢劫外,更为常见的是游牧民族内部永无休止的掠夺、杀戮和兼并。在不断的兼并和解体中,又导致一些部落的衰落和灭亡,一些部落部族的兴旺发达。

因为解体、兼并无常,因此,游牧民族都没有固定的姓氏,在一个部族的内部,他们以大人健者的名字为姓氏,一旦一个部族强大起来,被他兼并或依附他的部族,都称自己是某一部族了,而放弃了原来的部族名号。

拓跋珪即代王位,改国号为魏时,严格说,此时的代国和随后的魏国,还只是鲜卑族中的一个部族,拓跋珪也还只是一个部落的酋长而已,还不能说这时的鲜卑拓跋部,已经是一个国家了。

鲜卑族拓跋部早期活动的地域是阴山地区,其后向东到雁北一带。其衰落时又退保阴山,强盛时,则向东、向南推进。

鲜卑拓跋珪即王位时,正是鲜卑慕容部再次崛起之时,拓跋珪只好将其势力向西面扩展。

公元389年正月，拓跋珪又率部西征高车部，大破之。二月，讨叱突隣部，亦破之。

公元390年，拓跋珪又率部西征高车袁纥部，获人口及马牛羊二十余万，又讨贺兰、纥突隣、纥奚诸部落，均破之。四月，刘卫辰遣子寇贺兰部，拓跋珪往救之，使贺兰部免受刘卫辰的征服。

九月，拓跋珪率兵讨叱奴部，大破之。十月，又袭高车豆陈部，大破之，虏获甚众。十一月，纥奚部大人库寒率部投降。十二月，纥突隣大人屈地鞬率部投降。

公元391年，拓跋珪率众西征高车黜弗部，大破之，拓跋珪的势力一天天强大起来。

就在这一年，拓跋珪一举消灭了卫辰，自五原金津南渡黄河，杀卫辰，俘获卫辰子直力鞮及宗室五千余人，悉杀之，使河以南的广大地区尽为拓跋珪所有。这次出征，获牛羊四百余万头，名马三十余万匹。

公元392年，西部泣黎大人茂鲜叛走，南部大人长孙嵩大破之。393年，拓跋珪西征侯吕隣部。

公元395年，正当拓跋珪向西发展取得节节胜利时，再次强大起来的鲜卑慕容垂派兵进攻拓跋珪，进军五原。拓跋珪惧，求援于后秦姚兴，在秦兵的支援下，拓跋珪动员了全部的兵力，分三路迎战慕容垂后燕兵。就在这一年的十一月，于参合陂大破燕兵，从而巩固了鲜卑拓跋部在雁代地区的统治地位。

公元396年三月，慕容垂亲率大军攻拓跋珪，可惜，慕容垂未捷身死，燕兵退去。

这年七月，拓跋珪定都平城（山西省大同市），鲜卑拓跋部有了自己稳定的根据地，开始营建自己的国都。接受汉族知识分子右司马许谦的建议，开始建立天子旌旗，出入警跸。

同年八月，拓跋珪开始了向东、向南的发展。他亲率大军四十万向中山进发。出马邑，踰句注（山西雁门），平并州，直逼中山。后燕各地守将，望风披靡，或献城投降，或弃城而走，经过近一年的战斗，攻下邺城、中山、河北中山之地，尽为拓跋珪所有。

拓跋珪迁都平城后,建台省、置百官、拜公侯。立将军,设刺史、太守,并且规定,尚书郎以下,悉用文人。这时,鲜卑拓跋部才算真正有了自己的国家行政体制。

人才是立国之本,没有治国安邦的人才,当然不会把国家治理好。拓跋珪认识到人才的重要性。就在他向东、向南进军的时候,留心收纳各种人才,诸士大夫,凡是愿为拓跋珪效力的人,无论年长年少,他都要亲自召见,了解情况,根据个人的能力,授以官职。

早在大酋长力微时代,鲜卑拓跋部就开始了和汉文化接触,由于当时遭到了各部族大人的反对,皇太子沙漠汗被杀,致使他们长期处在原始野蛮时代。

经过一百余年的分裂、纷争、战乱,到了拓跋珪时,终于认识到,要建立一个国家,必须学习当时处于先进地位的汉文化,必须重视和任用汉族知识分子。他们拥有治国安邦的经验,对建立北魏王朝起着举足轻重的作用。

“揖让与干戈并陈,文德与武功俱运”,这个汉族统治者惯用的手法,使专治武功,以掠夺为唯一手段的鲜卑拓跋部获得了统治和治理国家的新手段。

拓跋珪迁都平城后,“始营宫室,建宗庙,立社稷。”并“徙山东六州民吏及屠何、高句丽杂夷三十六万,百工伎巧十万余口,以充京师。”又下令在京师“正封畿,制郊甸,端经术,标道里,平五权,较五量,定五度。”又命令汉人“尚书吏部郎中邓渊典官制,立爵品,定律吕,协音乐。”又命令“仪曹郎中董谧撰郊庙、社稷、朝觐、飨宴之仪。又命令“三公郎中王德定律令”。[①]

公元399年二月,拓跋珪率众大破高车杂种三十余部,获人口七万余,马三十余万匹,牛羊一百四十余万。在追歼中,又破高车七部,获人二万余口,马五万余匹,牛羊二十余万头。高车余种二十余部,皆向拓跋珪纳贡称臣。

在拓跋珪向西讨伐高车的同时,又派人向南挺进,破南燕都城滑台,尽收慕容德宫人及府藏,运回平城以供享用。

---

①《魏书·太祖纪》,中华书局,1974年版,第33页。

起用汉族知识分子，吸收其治国经验，把鲜卑族的强悍善战和汉民族的智慧很好地结合起来，这是游牧民族得以迅速强大起来的重要原因。

公元398年，拓跋珪攻下中山，又攻下后燕国首都邺城，获其所传皇帝玺绶、图书、府库、珍宝、簿列数万。吸收各民族文化营养以补鲜卑族固有文化之不足，从而加速鲜卑拓跋部的发展。

同年二月，拓跋珪下令，“给内徙新民耕牛，计口受田。”表示鲜卑族拓跋部统治者，已经认识到农业生产的重要性。

同年十二月，拓跋珪又宣布，行夏历，敬授民时。

公元399年，拓跋珪又下令“五经群书各置博士，增国子太学生员三千人”。并“招礼官备撰众仪，著于新令”。同年“十月，太庙成，迁神元、平文、昭成，献明皇帝神主于太庙”。

公元400年，“始耕藉田”[①]。进一步表明拓跋珪对农业的重视。

公元401年，拓跋珪“集博士儒生，比众经文字，义类相从，凡四万余字，号曰‘众文经’”[②]。

开疆拓土是拓跋珪创建北魏的首要任务。天兴五年(402年)，拓跋珪派将军和突破黜弗、素古延等诸部，获马三千余匹，牛羊七万余头。

拓跋珪规定，每胜一仗，都要对将士们进行班赐，从而极大地鼓励了将士们的作战积极性。

同年二月，北魏征西大将军、常山王拓跋遵等率众五万讨伐木易于部，获其辎重库藏，马四万余匹，骆驼、牦牛三千余头，牛、羊九万余口。班赐将士各有差。

拓跋珪的一生都是在创建北魏王朝的战斗中度过的。据《魏书·太祖纪》说，拓跋珪晚年得了神经分裂症，喜怒无常，动辄杀人，胡言乱语，竟夜不止。朝野人情，各怀危惧，北魏朝面临一个短暂的朝廷危机。

公元409年，拓跋珪死，拓跋嗣即皇位，北魏王朝进入一个新的历史时代。

---

①《魏书·太祖纪》，中华书局，1974年版，第36页。

②《魏书·太祖纪》，中华书局，1974年版，第39页。

第三节　北魏政权的巩固者拓跋嗣

公元409年,拓跋珪死,其子拓跋嗣即位,史称明元帝。

作为鲜卑拓跋部的大酋长,北魏王朝的最高统治者,拓跋嗣和拓跋珪相同的地方,都注重征伐。然而,历史却向拓跋嗣提出另一个问题,即拓跋氏把自己的势力深入中原,如何能站住脚,如何能巩固其对中原农业民族的统治,这需要明元帝去思考,去解决。

明元帝即位时,正是北魏王朝刚刚建立,百废待兴的时期。拓跋嗣如何面对现实,解决国家面临的重重困难呢?

一、出宫女以配鳏民

永兴三年(411年),明元帝下诏书说:"其简宫人非所当御及执作伎巧,自余悉出以配鳏民。"[①]这是当时征战相应减少,丁壮急需成家的一种应急措施。男女成家以后,生儿育女,从而解决战乱之后,人口大量减少的问题。同时,男女成家之后,国家赐给一定的土地和牲畜,这对发展社会生产有着重要的作用。

二、察举守宰不法者

鲜卑拓跋部和当时北中国的其他少数民族一样,是以游牧、射猎,乃至掠夺为业,无世业相继。其酋长及宗族大人,均无常俸。当战争减少,掠夺无源,他们就难以生存了。

北魏初年,国家的各地行政长官大都由各部族的酋长和大人充当。当时,北魏王朝实行颁赐制,官吏、守宰没有俸禄,随着战争的减少,颁赐也就减少,因此,当时北魏朝的官吏、守宰,强取豪夺、贪污受贿无处不在。而贪污受贿公行,巧取豪夺遍野,又是造成社会动乱、国家政局不稳的关键。

为了巩固新兴的北魏王朝,明元帝一即王位,就派使臣巡行州郡,问民疾

①《魏书·太宗纪》,中华书局,1974年版,第51页。

苦，察举守宰不法。

神瑞元年(414年)，拓跋嗣又派使臣巡行诸郡，校阅守宰资财，不是国家颁赐的财物，都登记为赃物，予以追究。

拓跋嗣还下令说，守宰如果贪赃枉法，鱼肉百性，老百姓可以到官府告状。

三、求治国安邦之策

北魏王朝，是我国历史上第一个由北中国的少数游牧民族在中原地区建立的封建王朝。如何才能巩固自己的统治，是没有过去的历史经验可取的。唯一的办法，就是设法集全朝上下的智慧，克服前进道路上碰到的种种矛盾和斗争。

公元412年，拓跋嗣多次召集群臣开会，要求群臣针对国家政治生活出现和存在的问题献计献策，收到了很好的效果。

四、招纳贤才

公元413年，拓跋嗣派使者巡行全国，寻求贤才，招纳俊逸。他要求豪门强族为州县推荐人才，予以任用；对那些虽非豪门强族，但有文武才干，临疑能决的人才，也应任用；还有先贤世胄，虽然家道衰微，但其人德行清美，学优义博，能为人师者，也应任用。他把这些人都召集到京师，根据各个人的才能，授以官职，以赞庶政。

根据史料所载，当时拓跋嗣招纳的人才，大体有如下几种：

当时的汉族大地主，愿意和鲜卑拓跋部合作的人。当然，也有除了汉民族以外的，其他民族的豪门强族，愿同鲜卑拓跋部统治者合作的人才。

虽非强族，但有文武才干，愿为拓跋部统治者效力的人。

破了产的强族世家的后代子孙。

地位低下，处世贫贱，但有文武才干的知识分子。

五、减轻人民的负担

1.减轻人民的徭役

明元帝拓跋嗣根据当时各地官吏滥用民力，增加人民负担的情况，下诏书说："刺史守宰，率多逋慢，前后怠惰，数加督罚，犹不悛改。今年(415年)赀调悬违者，谪出家财充之，不听征发于民。"[1]

2.免除贫困地区人民的租赋

拓跋嗣多次出巡全国各地，问民疾苦。"复租一年"，"复所过田租之半"、"复所过一年租赋"、"所过复一年田租"，此类记载，在明元帝传中多次出现。他这样做，对缓和阶级矛盾、民族矛盾，巩固其政权是有一定作用的。

无论是农业，还是牧业，自然灾害对广大人民都是一种威胁。一旦出现了自然灾害，如果政府不去救济，终会引发社会的动荡不安，乃至威胁到国家政权的稳定。

神瑞二年(415年)冬，拓跋嗣在一则诏书中说："顷者以来，频遇霜旱，年谷不登，百姓饥寒不能自存者甚众，其出布帛仓谷以赈贫穷。"[2]

北魏早期，灾情很多，引起社会的骚动和不安，因为统治者及时采取了补救措施，没有引起大的社会波动。

六、镇压叛乱

一般地说，在封建社会里，社会上的叛乱有两种情形：其一是阶级矛盾引起的人民反对当局统治者的叛乱，即被压迫被剥削阶级反抗统治者的起义；其二是统治阶级内部，要求权力和财物的再分配而引起的内乱。

北魏早期出现的叛乱，大都出现在统治阶级内部。

拓跋嗣一即位，就出现了拓跋绍阴谋夺取皇权的叛乱，接着又出现了平阳人黄苗等巴结姚兴的叛乱。随后，又出现了昌黎王慕容伯儿谋反，后来，又出现了司马顺宰的叛乱。拓跋嗣平息了一个个叛乱，保卫了新生的北魏王朝。

---

①《魏书·太宗纪》，中华书局，1974年版，第55页。

②《魏书·太宗纪》，中华书局，1974年版，第56页。

第八章　统一强大的北魏大帝国

第一节　魏太武帝拓跋焘的开疆拓土

泰常八年(423年)十一月,明元帝拓跋嗣死,魏太武帝拓跋焘即皇帝位。

拓跋焘是建立北魏王朝为统一大帝国的一代雄主,在位二十八年。他东灭北燕,西灭北凉,南平江淮,北抗柔然,使北魏王朝成为当时南北七千余里,东西一万二千余里的统一大帝国。使分裂了一百三十余年的北中国再次获得了统一。魏太武帝拓跋焘的历史功绩,为历代史学家们称赞不已。

以干戈平廓四方,因军威开疆拓土,这是拓跋焘和拓跋珪的相同之处。

始光元年(424年)八月,位居北魏王朝北边的蠕蠕国发兵六万骑入侵云中,攻陷盛乐宫,拓跋焘诏平阳王长孙翰等击蠕蠕,斩首数千级,获马万余匹。

蠕蠕国,在整个北魏期间,一直是北方一个强大的政治、军事集团,他们不断侵扰北魏的北部边疆。因此,抗击北方蠕蠕国的南侵,时刻注视着蠕蠕国的一举一动,北魏王朝历代皇帝干戈屡动。

九月,拓跋焘大简舆徒,治兵五万骑,北讨蠕蠕。冬十二月,车驾次祚山,蠕蠕北遁,乃班师。

十月,拓跋焘治兵西郊,车驾北伐,平阳王长孙翰等追蠕蠕于漠北。

始光二年(425年)正月,拓跋焘又北伐蠕蠕,并以所获班赐文武将士各有差。

十月,拓跋焘治兵于西郊,车驾北伐,东西五道并进,几路军到达漠南以后,舍弃辎重,改作轻骑,深入大漠攻击,蠕蠕全部撤退,向北逃窜。

始光三年(426年),西讨赫连昌,迁自国民万余家至平城。以战斗中的所获,班赐文武将士各有差。

始光四年(427年)四月,拓跋焘治兵讲武,发兵十万讨赫连昌。六月,拓跋焘用计引赫连昌出城,赫连昌中计出战,魏军大破夏兵。赫连昌逃走,魏兵斩杀夏兵万余,临阵杀昌弟赫连满,及其兄子蒙逊。城破,魏军入统万城,俘获赫连昌群弟及其诸母、姊妹、妻妾、宫人万数,府库珍宝车旗器物不可胜计。擒赫连昌尚书王买、薛超等秦雍人士数千人,获马三十余万匹,牛羊数千万。于是,拓跋焘以所获赫连昌宫人、金银、珍玩、布帛班赐文武将士各有差。

神䴥元年(428年),魏将安颉擒赫连昌,拓跋焘善待之。又以妹始平公主妻之,假常忠将军,赐爵会稽公。后又封秦王。

神䴥二年(429年)四月,拓跋焘率轻骑讨伐蠕蠕,从东道与长孙翰期会于蠕蠕王廷,蠕蠕王震怖,焚烧庐舍,绝迹西走。

神䴥三年(430年),赫连定联合南朝宋,欲夹击北魏。赫连定与南朝宋文帝刘义隆约,打垮北魏后,自恒山以东归南朝,以西归夏国。

为了免除前后夹击,拓跋焘先派将军安颉过黄河攻打刘义隆,拔洛阳,擒宋将二十余人,斩杀五千余级,随后,又攻下南朝宋重镇虎牢,宋军再也不敢轻举妄动。

十一月,拓跋焘亲率大军西征,大军至平凉,赫连定率军三万救平凉,拓跋焘指挥魏军攻连走,赫连定败走,魏军遂取安定城。拓跋焘指挥魏军围平凉月余,赫连定弟社于、度洛孤弃城投降,平凉城平,魏军获其珍宝而还。

在讨伐赫连定的同时,在南方战场上,同样取得了巨大胜利。先后攻下南朝宋的重镇兖州、须昌、湖陆、滑台、长社等,俘获宋军万余人,兵器三万余件。

公元431年五月,赫连定兵败入上邽,吐谷浑王慕璝攻而擒之,送至平城,伏诛。

从公元424年,拓跋焘即魏王位到公元431年,魏太武帝拓跋焘,“戎车屡驾，不遑休息。”“群帅文武，荷戈被甲，栉风沐雨，蹈履锋刃，与朕均劳”。[①]

连年征战，北中国的诸侯国只剩下两个：东北的冯氏北燕国和西北的北凉国。

对于东北的北燕国，北魏本想招抚使之称臣，故派于简前去游说，被冯跋扣留，迫使拓跋焘不得不用武力解决问题。

冯氏所建北燕国，的确是一个强国。从公元430年起，拓跋焘年年对北燕用兵，每次都遭到北燕顽强抵抗，迫使北魏一次次进攻，一次次撤兵。魏太武帝不得不采用持久战的办法，年年用兵，给北燕国造成损失，损耗北燕国的人力和财力。请看事实：

延和元年(432年)六月，车驾伐和龙。至濡水，至和龙，临其城。八月甲戌，冯文通使数万人出城挑战。九月乙卯，车驾西迎。徙营丘、成周、辽东、乐浪、带方、玄菟六郡民三万家于幽州。十二月，冯文通长乐公冯崇及其母弟冯朗、朗弟冯邈，以辽西内属。

后来冯朗之女成为文成帝皇后，史称文明皇后、皇太后、太皇太后，对北魏朝的社会改革做出过巨大贡献，后面作专章叙述。

延和二年(433年)，拓跋焘遣抚军大将军永昌王健、尚书左仆射安原督诸军讨和龙。

延和三年(434年)，冯文通请和，拓跋焘不许。六月，魏军芟北燕禾稼，徙其民而还。

公元435年，拓跋焘求冯文通以子质平城，冯文通不从。六月，魏太武帝遣拓跋丕等五将率军四万讨伐冯文通。拓跋丕军至和龙，掠男女六千口而还。

公元436年，冯文通求送侍子，拓跋焘不许。三月，拓跋焘倾国中兵讨北燕，五月，冯文通逃奔高句丽，北燕国灭。

北燕国平定之后，在黄河流域还剩下了最后一个封建割据国北凉。

公元439年六月，拓跋焘率大军西讨北凉，分兵两路同时进发。八月，车驾至姑臧，九月丙戌，沮渠牧犍率文武大臣五千人出降。收其城内户口二十

---

①《魏书·世祖纪》，中华书局，1974年版，第79—80页。

余万家,仓库珍宝不可胜计,牛羊畜产二十余万,徙凉州民三万余家于平城。

第二节　镇压盖吴起义与南伐刘宋

公元445年,刚刚建立的统一的北魏王朝第一次出现了内乱。这年二月,酒泉公郝温反于杏城,杀守将王幡。县吏盖鲜率宗族讨温,温兵败弃城走,郝温自杀,其家属伏诛。

九月,盖吴又取聚众反于杏城。十月,长安镇副将元纥率众讨盖吴军,兵败,元纥为义军所杀。盖吴的兵马遂盛。

十一月,盖吴遣部帅白广平向西发展攻下新平,安定地区的人民纷纷响应,汧城守将战死。盖吴兵遂进军李闰堡,分兵向临晋进发。

在此之前,河东薛永宗率众盗官马数千匹,占据汾曲,盖吴起于河西,薛永宗遂到盖吴麾下,受盖吴节制,受其位号。

盖吴起兵,是北魏朝一次规模较大的事件,汉族和关西各族人民联合起来,用武力抗击鲜卑族拓跋氏统治者。同时,还是一次南朝宋与北魏鲜卑拓跋部统治者的斗争。因为,在盖吴起兵后,曾给南朝宋王刘义隆上表,声称要恢复旧京,并求南朝宋予以封号,以名正言顺的率义军向北魏朝展开进攻。当刘义隆接到盖吴的上表后,立即加盖吴封号,并指示雍州边将,出兵予以声援。于是,盖吴自号天台王,署置百官。

南朝宋王刘义隆的支持,使盖吴的义军发展很快,金城、天水等地也都起来响应,曾一度逼近长安,各地官军屡屡受挫,迫使魏太武帝拓跋焘不得不亲率大军前去征讨。

公元446年正月,拓跋焘率大军十万前去讨叛,先在河东围攻薛永宗义军,并击溃义军。二月,攻下城,并在高平与南朝宋军发生军事冲突,擒刘义隆边将王章。

盖吴起义,给北魏朝统治者以沉重的打击,许多北魏地方将领因镇压义军不力,受到拓跋焘的严厉惩罚和杀害,如冯朗等辈,都因此惨遭杀害。当时参加义军的人十分广泛,连寺院僧徒也都积极参加这场反抗鲜卑拓跋部统治者的斗争。因此,引起了魏太武帝的大规模的灭佛运动。

同年五月,盖吴复聚义军于杏城,自号秦王,迫使拓跋焘又从各地调兵于长安,四边防军筑堡垒,堵击义军。秋八月,盖吴为其部下所杀,这次轰轰烈烈的起义以失败告终。

南朝宋王刘义隆,在整个南北朝时代,也是一位有作为的君主。公元449年,刘义隆在朝野一片恢复中原的欢呼声中,决心北进中原,复其故土。宋军北伐中原,受到各地中原人民的欢迎,进军十分顺利,很快攻下了济州、滑台、兖州。到了九月,拓跋焘见前方战败的消息频频传来,不得不亲自率兵南征。

同年十月,拓跋焘来到了枋头,亲自指挥魏军对宋军作战。宋军总指挥王玄谟见拓跋焘亲临前线指挥,十分惧怕,不战而退,宋军损失万余人,兵甲弃之如山。

十一月,拓跋焘指挥魏军分道攻宋军,宋军不能敌,纷纷放弃收复之地南撤。

十二月,拓跋焘又指挥魏军向淮河以南进军,宋朝各地守将,不是弃城走,就是向魏军投降,魏军很快到达长江边上,魏军与宋军隔江相望。拓跋焘于瓜步山筑行宫,大有横渡长江,一统天下之志。

然而,拓跋焘还是望江兴叹。三国时,曹操的赤壁之战,东晋时,苻坚的淝水之败,都使拓跋焘在大江面前不得不退避三舍。

刘义隆及文武大臣都吓破了胆,甚至有不少人主张迁都临安。经过一阵争论,刘义隆决定遣使者过江求和、贡方物,并求以其女进贡魏王之孙为妻。拓跋焘认为,两国用兵,可讲和,不可讲婚姻。

公元450年正月,拓跋焘顺利在长江船上大摆宴席,宴请文武将士,以所获军资赐文武大臣。

拓跋焘讨伐南宋,取得了巨大胜利,不仅南朝宋失去淮河流域的大片土地,而且,数万家长江以北的汉人被掳掠到平城。

自此以后,南朝小朝廷宋、齐、梁、陈只能偏安江南一隅,再也没有北伐中原的信心和胆量了。

《魏书·世祖纪》在评价拓跋焘时说:"世祖聪明雄断,威灵杰立,藉二世之资,奋征伐之气,遂戎轩四出,周旋险夷。扫统万,平秦陇,翦辽海,荡河源,南夷荷担,北蠕削迹,廓定四表,混一戎华,其为功也大矣!”这个评价是比较中肯的。

第三节　魏太武帝的文治功绩

魏太武帝拓跋焘是建立北魏王朝为统一大帝国的一代雄主,为历代史学家们所称赞。

魏太武帝在位二十八年,对北魏朝颇多建树,归纳起来,有如下种种:

一、统一文字体例

鲜卑族是一个只有语言而无文字的民族。他们说鲜卑语,刻木纪事。到了中原后,采用汉字作为记录语言的符号。

中国的文字,自从秦始皇下令统一以后,到北魏,又经历了数百年的发展和变化,许多旧的文字被淘汰了,又创造出许多新的文字。在体例上,由秦篆到汉隶,再到楷书,这个变化也是极大的。特别是经过长期的战乱、分裂,到了北魏朝,需要对文字作一次规范、统一的工作。

始光二年(425年),拓跋焘下令:“在昔帝轩,创制造物,乃命仓颉因鸟兽之迹以立文字。自兹以降,随时改作,故篆隶草楷,并行于世。然经历久远,传习多失其真,故令文体错谬,会义不惬,非所以示轨则于来世也。……今制定文字,世所用者,颁下远近,永为楷式。”[①]

在统一旧字体例的同时,当时还新造字千余,一律用楷书书写,供人们使用。

魏太武帝统一文字,在中国文字学发展史上意义重大,使魏体成为文字体例上的一大流派。

二、兴儒学,办太学

儒学,经汉武帝独尊儒术之后,曾经有过一段时间的辉煌。到了东汉末

①《魏书·世祖纪》,中华书局,1974年版,第70页。

年，战乱纷纭，儒家学派受到极大排斥。魏晋时人们以旷达为荣、以无为为高，孔子的那一套，不再令人向往。

可是，对于刚刚进入中原地区，急需建立统治权威的鲜卑拓跋部统治者来说，君君臣臣，父父子子这一套儒家思想，正中下怀。他们需要儒家思想，树立等级观念，以改变草原游牧民族随逐水草，不相徭役，各自为政的观念和局面。因此，魏太武帝登上王位的第三年，就下令为孔子建庙，祀孔子以颜渊为配。还在城东立太学，用孔子的学说教育世胄子弟。

三、尊黄帝为始祖

神䴥元年（428年），拓跋焘“以太牢祭黄帝、尧、舜庙。”[①]《魏书》载，鲜卑拓跋部是黄帝的后代，恐怕起源于此。在魏太武帝以前，鲜卑拓跋部从来没有祭祀黄帝的事。

拓跋焘这样做，用心良苦，他把拓跋氏说成是黄帝的后代，尊黄帝为始祖，目的是抹杀鲜卑族和汉民族之间的界限，消除民族隔阂，是有其政治意义的。

四、抚恤尽忠将士，封爵有功者，严惩临阵脱逃者

生活在北中国的游牧民族，历来强悍好战。习战攻以侵伐，是他们的本性。利则进，不利则退，不羞遁走，勾利所在，不知礼义。其战，人人自为趣利，其见敌，则逐利如鸟之集，其困败，则瓦解云散矣。

这样的乌合之众，要想把他们改造成军令统一、上下一体的国家军队很困难。而统一的大帝国，必须组建一支军令严明，号令一致，便于驾驭的国家军队。

如何使原来的乌合之众的军队改造成新型的军队呢？魏太武帝的办法是，诱之以官爵，惩之以杀戮，教之以忠孝。

神䴥三年（430年），拓跋焘下诏说：“夫士之为行，在家必孝，处朝必忠，然后身荣于时，名扬后世矣。”又说，“其所部将士有尽忠竭节以殒躯命者，今皆

---

①《魏书·世祖纪》，中华书局，1974年版，第74页。

追赠爵号;或有蹈锋履难以自效者,以功次进位;或有故违军法,私离幢校者,以军法行戮。"①

五、大力选拔,征召和重用汉族知识分子,为国效力

延和元年(432年),魏太武帝经过调查了解,发现了一批有才干的汉族知识分子。他点名征召了高允等四十二名有名望的知识分子入朝,并随才述用,赐以官爵。当时闻风而至者,达数百人之多,都得到安排和使用。

崔浩是一个声望很高的汉族知识分子。太武帝多次对鲜卑族文武大臣说:"凡军国大事,必先咨浩,然后奏闻。"②

北魏王朝在用人上的最大特点是,打破了西晋以来专依名望的弊端。不管你出身如何,只要有一技之长,都予以述用。

六、革除鲜卑拓跋部原始的陈规陋习

鲜卑族拓跋部在其进入中原后,仍保持着许多陈规陋习。氏族相报就是其中的一种。

公元435年,太武帝下诏说:"民相杀害,牧守依法平决,不听私辄报复,敢有报者,诛及宗族;邻伍相助,与同罪。"③

世族相报,是草原民族为了求生存,互相残杀的一种陋习。如果说在游牧经济条件下,是一种优胜劣汰,对保护一部分人的生存有过进步作用,那么,这种陋习到了今天,就是一种社会公害、一种破坏社会生产力,制造社会动乱的因素,因此,魏太武帝下令制止,如有犯者,予以严惩。

七、兴道灭佛

宗教是劝人为善的。但是,不同的宗教又有所差别。佛教讲修心、向善、

---

①《魏书·世祖纪》,中华书局,1974年版,第76页。

②《魏书·崔浩传》,中华书局,1974年版,第819页。

③《魏书·世祖纪》,中华书局,1974年版,第86页。

不杀生;道教讲养性、无为、以柔克刚。

北魏王朝在宗教问题上,有一个很大的特点,信佛,也信道,而且,把道教也提升到国教的高度加以尊荣。因此,道教在北魏王朝也得到前所未有的发展。

司徒崔浩信道反佛,因此,影响了魏太武帝对道教和佛教的不同态度。

太延四年(438年),太武帝曾下令:"罢沙门年五十以下。"这就是说,年五十以下的人,不能出家当和尚。

太平真君七年(446年)春,因为发现佛寺有人参加了盖吴谋反活动,于是,拓跋焘下令灭佛。下令"诸州坑沙门,毁诸佛像。"[①]

八、惩治贪官污吏

北魏前期,贪官污吏十分猖獗。明元帝时,曾下大力气整顿吏治,对贪官污吏严加惩办,但是,没有从根本上解决问题。到了太武帝时,愈加激烈。因此,魏太武帝不得不三番五次下令,要对贪官污吏严加惩罚。

公元437年,魏太武帝又一次下令说:"比年以来,屡诏有司,班宣惠政,与民宁息。而内外群官及牧守令长,不能忧勤所司,纠察非法,废公带私,更相隐置,浊货为官,政存苟且。夫法之不用,自上犯之,其今天下吏民,得举告守令不如法者。"[②]这次,魏太武帝斩贪污军资的将领八人,起了一定的威慑作用。

但是,因为北魏王朝的官吏一直没有俸禄,所以,官吏的贪污行为无法禁绝。

九、改定律制

改定律制是魏太武帝治理国家的一件大事。崔浩、胡方回都曾受诏改定律制。改定律制有两个方面的意义:

---

①《魏书·世祖纪》,中华书局,1974年版,第100页。

②《魏书·世祖纪》,中华书局,1974年版,第88页。

其一,改变了鲜卑族拓跋部原始的简易为化,没有法律,仅靠传统习俗为法的做法。

其二,鲜卑拓跋部本来没有法律,所谓改定律制,实际上是修改中原汉民族王朝所制定的法律,使之适合于鲜卑族建立的北魏王朝。

任何法律,都是统治者意志的表现。魏太武帝采用汉民族的法律,可见,他的思维方式,已经和汉民族的统治者接近了。

十、杀崔浩,向守旧势力投降

在北魏王朝的早期,崔浩在拓跋部统治者中,享有很高的威信,在汉族知识分子中,他也处在领袖地位。

然而,因《国书》案,他却被魏太武帝杀害了,受株连被杀害的汉族知识分子达三百余人。崔浩被杀,直接原因是因为他在为拓跋部写国史时,备而不典,不知道为拓跋统治者隐讳那些不该写进历史的东西,因此引起了拓跋部统治者的不满,招来杀身之祸。

崔浩被杀,是魏太武帝末年,各种社会矛盾的总爆发,魏太武帝杀崔浩,是转嫁社会矛盾,尤其是统治阶级内部的矛盾,而崔浩是做了一个替罪羊而已。

这些矛盾主要是:儒、佛、道斗争的结果。佛教在太武帝灭佛时,虽然受到沉重的打击,但是,并没有真的灭绝,佛教徒从和统治者共处,变成与统治者合作,乃至利用统治者之手,来打击自己的对手。

据史书载,魏太武帝晚年,得了一种全身疼痛的病,因为过度的疼痛使他得了神经分裂症。那些崇佛信佛的人,乃至魏太武帝的儿子、孙子,都为佛教徒鸣冤叫屈,甚至说,魏太武帝的全身疼痛,是被杀害的佛教徒在向他讨债,不停撕拉他的皮肉的结果。

据说,魏太武帝最后是向佛教投降了,令人做了一件千佛袈裟披到身上,疼痛才有所减轻。因此,今天的云冈石窟里能看到一尊身披千佛袈裟的佛像。云冈昙曜五窟象征着北魏朝的五位皇帝,而身披袈裟的佛像,就是魏太武帝的尊容。

北魏王朝内部,一直充满了矛盾和斗争,随着统治阶层中汉族知识分子的增加,统治阶级内部的矛盾斗争愈加激烈。拓跋部中那些守旧势力,把自己的仇恨集中到崔浩身上,并寻求一切借口,把崔浩打倒,《国书》案,只不过是一个借口罢了。

崔浩曾提拔了十五个汉族知识分子充当州刺史,这不但引起了拓跋部中层官吏的强烈反对,更引起北魏王朝最高统治者的恐惧和不安。虽然北魏统治者根据自己的需要,吸收了大批的汉族知识分子,但是,他们所需要的是汉族知识分子的智慧,并不愿意让他们掌握朝廷的实权。崔浩却处处为自己,为汉族知识分子争实权,怎么会有好的结果呢?

崔浩和几百名汉族知识分子的被杀,不但使鲜卑拓跋部倒退了许多年,更重要的是,这个悲剧的产生,使北魏王朝后来的统治者、社会改革家,在进行和推动社会改革时,更坚定地采取强硬的措施,不再重蹈崔浩等人的覆辙。

第九章　北魏王朝的创业夫妇

第一节　文成帝拓跋浚在历史上的地位和作用

北魏王朝曾出现了一对创业夫妻,他们就是文成帝拓跋浚和文成帝的妻子,文明皇后冯氏。

公元452年,魏太武帝在疾病和神经错乱中被宦官杀害。魏太武帝的长子早死,于是就出现了诸子争权的内乱。魏太武帝的长孙拓跋浚在众大臣的拥戴下,获取了皇权,他就是史书上所说的文成帝。

拓跋浚在位十三年,是一位具有改革精神和创业精神的君主。在位期间,其治国方针和方略方面,都有许多新的发展,对北魏王朝的繁荣和强大做出过巨大贡献。

人类的历史展示了一个规律性的东西,创业难,守业更难。创业难,是刀与火的拼搏,生与死的战斗。强者为王,败者为寇,一个朝代一个国家就这样产生了。守业比创业更艰难。虽然没有刀与火的战斗,却一样存在着生与死的抗争。

治理国家要善于驾驭权力,使用人才。拓跋浚即皇位于魏太武帝大征战之后,建立起庞大的封建帝国之时。国库空虚,民力疲惫,阶级矛盾和民族矛盾都十分尖锐,如何解决这些矛盾,使国家沿着健康的道路前进,拓跋浚担负的历史使命十分艰巨。他没辜负历史的期望,做了许多有利于社会发展的工作。

第一,兴佛崇佛

文成帝兴佛、崇佛,无疑是对魏太武帝灭佛运动的一个否定。太武灭佛是当时阶级斗争、政治斗争、思想文化斗争的需要。

杏城地区的盖吴起义,有阶级斗争的意义,即地方官吏无情的压迫和剥夺人民引起了人们的反朝廷斗争。同时,盖吴起义又具有民族斗争的性质。因为,盖吴起兵,获得了南朝皇帝刘义隆的支持。盖吴反叛朝廷的活动,得到佛教徒的支持,所以,这次斗争又具有政治与宗教斗争的意义。

鲜卑拓跋部进入中原以后,随着王权的建立,他们要求建立一个稳固的封建王朝,那么,为封建王朝政治服务的思想及学说,就对他们十分有用。可是,佛教徒及佛教思想却起不到这个作用,加之,佛教徒不纳赋税和不服徭役,这对当时战斗频繁,需要大批兵员的魏太武帝,无疑是严峻的问题。因此,太武帝当时推行的灭佛活动,是历史的必然。

文成帝即位后,兴佛崇佛,也是出于统治的需要。这是因为:

佛教徒改变了他们对统治者的态度。把自己的地位从独立改变成依附,把当今皇帝当成佛祖倍加赞颂,并千方百计地为当今皇帝树碑立传,为他们塑像,称颂他们为当今如来。云冈石窟从十六窟到二十窟的五尊佛像,就是从魏道武帝到文成帝的真实描写。

这里说的改变,仍然表现在形式上,佛教徒从根本的改变,是在宋朝以后。

佛教徒改变其对统治者的态度,也说明儒家思想已经地位牢固,已经成为鲜卑拓跋部的正统思想,乃至一些佛教徒也用儒家思想的仁、义、礼、智、信来叙述佛教的五戒思想。

大帝国建立以后,战争日益减少。许多从前线退下来的士兵,特别是原来那些来源于鲜卑游牧民族的士兵,他们失去了生产手段,一部分人会遁入佛门,成为佛教徒,生活得到安置和保证。这对稳定当时社会秩序,无疑是有好处的。

这就是说,北魏王朝需要佛教,佛教也需要政府的认可、扶持和帮助。

佛教和道教,虽有矛盾,但区别之处更多,道教的清静无为,崇尚自然,佛教的苦行修炼,忍受眼前的一切苦难,以求来生的幸福。这对巩固刚刚建立的封建帝国,当然是很有意义的。

在这种形势下,公元452年,文成帝下令恢复佛教。公元454年,又接受和尚昙曜的建议,在云冈开山凿石,建立石窟寺。

佛教的兴起和佛教文化的广泛传布,乃至成为中华文化的一个重要组成部分,对中华文明产生了深远的影响。

第二,废除株连法

鲜卑拓跋部在很长时间里,保存着原始野蛮的族杀、氏族仇杀和凶残的株连制度。这种制度给许多民族、部落,以及对政府有过错的人带来空前的悲剧和不幸。

文成帝决定废除这种制度。

太安元年(455年),文成帝下令,对犯罪的人,只要杀掉罪人本身就行了,如果按株连,不是皇帝子育群生,怜爱众生做法,从今以后,予以废除。

第三,解除奴婢,反对人口买卖

掠夺人口充当奴隶,贩卖人口当奴婢,这是人类社会的一个悲剧。

北魏时代,因为战乱,抢掠人口、贩卖人口的现象十分严重。魏太武帝以后,国家政局逐步走向稳定,而抢掠人口、贩卖人口,必然给社会生活带来不安定的因素。

公元463年,文成帝下令,禁止贩卖人口,禁止卖人做奴婢。命令中说,原来被卖做奴隶和奴婢的人,“尽仰其还家”,命令中说,抢掠人口是犯罪的行为,如果有人在解放奴婢、解放奴隶的过程中,不依令检查,听其上诉,对抗命令的人,要以掠夺人口治罪。

第四,改变兵役制度

生活在北中国的游牧民族,士能弯弓,尽为甲骑,终身服兵役。根据史料载，鲜卑兵制，男子年十二岁以上，皆为兵，且终身服役。

随着鲜卑进入中原地区，随着大帝国的建立，战斗逐渐减少，全民皆兵，终身服役，就变得没有那么必要了。

于是，文成帝下令："民年八十以上，一子不从役"以后，又下令"民年七十以上，一子不从役"[①]。

北魏朝鲜卑拓跋统治者，其兵役制度经过多次改变，最后发展成为府兵制度，这是对中国封建社会兵役制度的一个创造。

第五，复置史官

鲜卑拓跋部早期没有文字，当然也就没有史官，进入中原后，用汉民族的文字作为纪录语言的符号，同时，也学习汉民族，复置史官。

公元450年，魏太武帝为了解除来自统治阶级内部的压力，出于对汉族知识分子的恐惧，借"国书案"杀崔浩和史官数百人，由崔浩撰写，并刻在石碑上的数百座石碑也被推倒、毁掉。

魏太武帝杀崔浩、废史官，无疑是对鲜卑族社会文明的反动。文成帝复置史官，是值得大书一笔的。

第六，改变贵少贱老的习俗

尊老爱幼，是汉民族文化的传统。可是，在北方少数民族那里，却不是这样，由于特殊的生产方式，贵少壮、贱老弱，少壮食肥美、老弱食其其余，却成了我国北方少数民族的文化传统。

鲜卑拓跋部到了中原地区后，受到中原汉民族文化的影响，那种贵少壮、贱老弱的习俗，到了太武帝时有所改变，但没有用命令或者行政手段进行改造，直到文成帝时，才用命令的形式改变这种传统的文化习俗。

公元463年，文成帝下令说："赐京师民年七十以上太官厨食，以终其年"。文成帝要求别人做，而且自己还身体力行，访问疾苦，尊重高年。

---

①《魏书·高宗纪》，中华书局，1974年版，第119页。

第七,除去烦苛,去诸不急

北魏王朝长期处在征战之中,农民、牧民的经济和兵役负担都很重。当北魏大帝国建立以后,努力减轻人民的负担,已是关系到国家政权能不能巩固的大事了。

文成帝适时下令减轻人民的负担。

公元458年,文成帝下令道:“国家之制,赋役乃轻,比年已来,杂调减省”,对“牧守莅民,侵食百姓,以营家业”的行为,进行了严厉的批评。他还指出,在职之官及迁代之官,要进行考查。“仰列在职殿最,案制治罪。”为了减轻人民的负担,必须严禁官吏的贪污行为。太安元年(455年),文成帝下令说:对“善为政者,褒而赏之”,对贪财枉法,擅自加重人民负担的官吏,“黜而戮之”。

和平二年(461年),文成帝又下令说:对那些加重人民负担,从中贪污布匹的官吏,进行严厉制裁,“犯者十疋以上皆死。”[①]“布告天下,咸令知禁。”[②]

和平四年(463年),文成帝又下令说:“州镇守宰,侵使兵民,劳役非一。自今擅有召役,逼雇不程,皆论同枉法。”[③]

北魏王朝官吏没有俸禄,全靠朝廷颁赐,因此,官吏贪污,中饱私囊,在所难免。明元帝曾号召人们起来告官,文成帝用考绩的办法,制止官吏加重人民负担,也算用心良苦。

第八,提倡节俭

节俭是北魏前期诸位皇帝共同的特点,他们仍保留着草原游牧民族固有的生活特征。据史书载,北魏王朝的都城平城,城门上没有门楼,城外也没有护城河,只有皇帝才住瓦屋,太子、皇后都住在茅草屋里。

---

①《魏书·高宗纪》,中华书局,1974年版,第119页。

②《魏书·高宗纪》,中华书局,1974年版,第117—118页。

③《魏书·高宗纪》,中华书局,1974年版,第121页。

文成帝时，有人建议盖宫殿，在文成帝巡行的地方盖宫室，于是，文成帝下命令说："我每岁以秋日闲月，命群官讲武，所到之处，一定安立行宫坛，浪费太严重了，还要占用许多劳力，应当启用旧的场地和房屋，何必要建新的，或者对旧的场所重建呢？"

《魏书》说，文成帝在太武帝经略四方之后，内颇虚耗，他与时休息，静以镇之，养威布德，怀缉中外，有人君之度。

第二节 文明皇太后冯氏

文成帝的皇后冯氏，献文帝时尊为皇太后。

文明太后冯氏，本是北燕王冯文通之孙。她的姑姑是魏太武帝的左昭仪。

公元442年，北魏征服北燕时，其父冯朗投奔北魏，拜为秦、雍二州刺史，封西城郡公。

公元442年（太平真君三年），文明太后生于长安。后来，冯朗因坐事有关，因为盖吴领导的反政府军一度攻入长安，其时，冯朗正镇守长安。也许就是镇压反政府军不力而被杀吧。冯朗死后，太武帝将冯氏带回平城，由其姑姑左昭仪抚养。

公元452年（兴安元年），文成帝即皇帝位，公元456年（太安二年），十四岁的冯氏被文成帝选为贵人，不久立为皇后。

公元466年，文成帝死，根据鲜卑族的传统习俗，国王死，其生前所用实物均焚毁陪葬。冯氏亦跳入火中，以死殉葬文成帝。被人救起方免一死。

公元466年，献文帝即位，冯氏被尊为皇太后。

公元471年，魏孝文帝即皇帝位，尊冯氏为太皇太后。

公元490年，文明太后冯氏卒于平城，葬于平城北方山永固陵。

《魏书·皇后列传》说："太后性聪达，自入宫掖，粗学书计。及登尊极，省决万机。"又说，"太后多智略，猜忍，能行大事，生杀赏罚，决之俄顷。""是以威福兼作，震动内外"。又说，"后性严明，假有宠待，亦无所纵，左右纤介之愆，动加捶楚，多至百余，少亦数十。然性不宿憾，寻亦待之如初，或因此更加富贵。是以,人人怀于利欲,至死而不思退。”又说,太后“性俭素,不好华饰,躬御缦缯而已。宰人上膳,案裁径尺,羞膳滋味减于故事十分之八。”还说,“宰人昏而进粥,有蝘蜓在焉,后举匕得之。高祖侍侧,大怒,将加极罚,太后笑而释之。”又说,“又自以过失,惧人议己,小有疑忌,便见诛戮。”她处处表现出政治家的风度。

公元466年,魏献文帝即位,年十二岁。冯氏临朝听政。

公元467年,魏孝文帝拓跋宏生,“太后躬自抚养。是后罚令,不听政事。”

公元471年,拓跋宏即皇帝位,年五岁,冯氏“复临朝听政。”《魏书》本传说:“自太后临朝专政,高祖雅性孝谨,不欲参决,事无巨细,一禀于太后。”冯氏是一个有管理国家才干的女政治家,史书说,在冯氏临朝专政的时期,处理朝政及军国大事,“多有不关高祖者”①。

文明太后冯氏,自公元466年第一次临朝听政,到公元490年去世,一直发挥着左右北魏王朝的作用。使北魏的政风、外交都发生了巨大变化,使鲜卑族拓跋部成为一个较为成熟的统治集团,使北魏成为承汉开唐的王朝。特别是文明太后冯氏所推行的社会改革,功在当代,而且对后世产生过深远的影响。

文明太后冯氏之所以能获得北魏王朝的最高权力,有两方面的原因不容忽视。其一,鲜卑拓跋部的统治者,自魏道武帝拓跋珪立国后,就把汉武帝时代立太子,杀其母的残酷做法接受了过去。文明太后冯氏虽然被文成帝立为皇后,她却没有为文成帝生过孩子,当然逃过了杀身之祸。

其二,鲜卑族“谋用妇人,唯战斗之事乃自决之”的传统习俗帮了大忙。在鲜卑族的社会生活中,妇女有较高的社会地位,这是深受儒家思想影响的汉民族无法比拟的。

南北朝时期的教育家、文学家颜之推在他的名著《颜氏家训》中说:“江东妇女,略无交游,其婚姻之家,或十数年间,未相识者,唯以信使赠遗,致殷勤焉。邺下风俗,专以妇持门户,争讼曲直,造请逢迎,车乘填街衢,绮罗盈府寺,代子求官,为夫讼屈,此乃恒代之遗风乎。”这段话充分说明,鲜卑族妇女,

---

①此引文皆出自《魏书·皇后传》,中华书局,1974年版,第323页。

享有很高的社会地位。

在鲜卑族历史上，在文明太后冯氏执政前，母后干国政的事，多有记载。现录几条如下：

平文皇后王氏，广宁人也。生昭成帝。昭成初欲定都于灅源川，筑城郭，起宫室，议不决。后闻之，曰："国自上世，迁徙为业。今事难之后，基业未固。若城郭而居，一旦寇来，难卒迁动。"乃止。[①]

昭成皇后慕容氏，生献明帝。后性聪敏多知，沉厚善决断，专理内事，每事多从。

世祖保母窦氏，后尊为皇太后。世祖征凉州，蠕蠕吴提入寇，太后命诸将击走之。

以上诸条，是说明谋用妇女的情形，文明太后北魏摄政，执政也是顺理成章的事。然而，文明太后冯氏为了长期控制国家最高权力，是经过一番努力和斗争的。

公元466年，魏献文帝拓跋弘即皇帝位，承乙浑谋逆，十二岁的魏献文帝的皇位难保，皇太后冯氏临危不惧，与汉族高允等一起，密定大计，果断地诛杀乙浑及其同伙，从而消除了北魏王朝历史上关系到国家生死存亡的宫廷政变。此后，冯氏就获得了权力，遂临朝听政。

公元467年，皇太子拓跋宏生，按规定，太子之母李氏赐死，冯氏躬自抚养皇太子。遂罢政。

公元470年，年仅十七岁的魏献文帝欲禅位于叔父京兆王拓跋子推。原因何在，史载不详。尽管史书说，是因为魏献文帝崇佛教，淡泊于政治，但是，这并不是真正的原因。事实是，魏献文帝和皇太后冯氏之间，正在进行着一场争权夺利的斗争。

《魏书·高允传》说："显祖时有不豫，以高祖幼冲，欲立京兆王子推，集诸

①《魏书·皇后传》，中华书局，1974年版，第323页。

大臣以次召问。允进跪上前,涕泣曰:'臣不敢多言,以劳圣听,愿陛下上思宗庙托付之重,追念周公抱成王之事。'显祖于是传位于高祖。"

高允,这个汉族知识分子,四十岁时,被魏太武帝征召入朝,任著作郎,他为人坦诚,又能写诗作文,还颇有心计,长于谋划。但长期社会地位低下,家境贫寒,居住茅屋,靠子女们打柴卖草为生。他的才智为文明太后看中。《魏书·高允传》说:"高宗崩,显祖居谅,乙浑专擅朝命,谋危社稷。文明太后诛之,引允禁中,参决大政。"

魏献文帝要把皇位禅给叔父拓跋子推,实际上是想让威信高、权势重的京兆王拓跋子推去抑制文明太后冯氏日益增长的权力。众大臣对献文帝的这种做法,有的同意,有的不同意。但是,多数大臣认为,皇帝正年富力强,不应该有把皇位让出来的想法。可是,高允却说,献文帝应该把皇位让出来,传给皇太子。把皇位传给皇太子,实际上,就是把皇权拱手交给了冯氏。

文明太后冯氏本来是积极捍卫魏献文帝皇权的,又何以产生了势不两立的权力之争呢?事情是这样的。

公元466年,文成帝死,年仅二十四岁的冯氏,风华正茂,她要为国家大事操心,也要充实精神生活,于是,就和朝臣李奕相好了。

男女相爱之事,在鲜卑族的社会习俗中,并不像当时的汉民族那样,有什么严格的清规戒律,妻后母,报寡嫂,夫死之后,妻子改嫁本是常事。可是,深受汉文化和佛教文化影响的魏献文帝却对此耿耿于怀。

公元469年十月,魏献文帝无故诛杀济南王慕容白曜、高平王李敷,而李奕是献文帝杀掉的。这一来,惹怒了文明太后冯氏,废立之争由此而起。魏献文帝欲把皇权禅让给拓跋子推,是想借助拓跋子推的威力去抑制冯氏的行为,而冯氏当然不会让魏献文帝的打算得逞。

献文帝不得已把皇权传给了年仅五岁的皇太子拓跋宏,然而,他并不甘心于自己的失败,仍然以太上皇的身份总揽朝政。这当然也是冯氏不愿接受的。

魏献文帝控制着全国的军事大权,且不断向外征战不已。已经建立了庞大帝国的北魏王朝,虽然马背上创立了天下,却不能以文治治天下,这是一个历史的悲剧。然而,魏献文帝对此没有认识。

公元476年，魏孝文帝已经十岁，魏献文帝凭借兵权向冯氏施加压力，迫使冯氏罢政。正当魏献文帝大阅兵于北郊，文明太后冯氏采取果断措施，杀献文帝，把朝中大权握到自己的手中。史书曰："显祖暴崩，时言太后为之也。"[①]

魏献文帝死，魏孝文帝心存疑议，但又不敢对冯氏有不满的表示，于是，是年冬于京城南"起七宝永安行殿"，将其父作为佛祖供奉起来。由是，引起了冯氏的震怒，于是，囚魏孝文帝于宫中，将废之。《魏书·帝纪》说："文明太后以帝聪圣，后或不利于冯氏，将谋废帝。乃于寒月，单衣闭室，绝食三朝，召咸阳王禧，将立之，元丕、穆泰、李冲固谏，乃止。"又说，"宦官先有谮帝于太后，太后大怒，杖帝数十，帝黯然而受，不自申明。"这场斗争，冯氏大获全胜，自此一切军政大权，由文明太后冯氏掌握，魏孝文帝拓跋宏"不欲参决，事无巨细，一禀太后。"[②]

---

①《魏书·皇后传》，中华书局，1974年版，第328页。

②《魏书·高祖纪》，中华书局，1974年版，第186页。

第十章　魏孝文帝的社会改革与迁都洛阳

第一节　魏孝文帝的社会改革措施

据《魏书》载,文明太后冯氏于太和十年后,就把朝廷的主要权力交还给了魏孝文帝。这时,魏孝文帝拓跋宏已是二十一岁的青年。经过十多年的苦心经营和锐意改革,文明太后冯氏为孝文帝的社会改革积累了丰富的经验,奠定了坚实的基础。

魏孝文帝不愧为一代杰出的政治家。《魏书·帝纪》中说:"有魏始基代朔,廓平南夏,辟壤经世,咸以威武为业,文教之事,所未遑也。高祖幼承洪绪,早著叡圣之风。时以文明摄事,优游恭已,玄览独得,著自不言,神契所标,固以符于冥化。及躬总大政,一日万机,十许年间,曾不暇给,殊途同归,百虑一致,至夫生民所难行,人伦之高迹,虽尊居黄屋,尽蹈之矣。"又说,魏孝文帝,"雄才大略,爱奇好士,视下如伤,役已利物,亦无得而称之。"

文明太后的社会改革,总的来说是侧重于国家政体机构和经济制度,对鲜卑拓跋部的民族群体并未产生根本性的影响。孝文帝的社会改革则是深层的、意识形态方面的,关系着鲜卑族的生死存亡及其发展轨迹。

孝文帝的社会改革,加速了鲜卑族作为一个民族群体的消亡,同时,也促进了鲜卑族群体在新的形势下更有生命力的发展和成长。

孝文帝的社会改革,主要表现在如下几个方面:

一、推行乡令之礼

鲜卑族的习俗是"贵壮健,贱老弱","其性悍塞,怒则杀父兄","其自杀父兄则无罪。""父子男女相对居蹲无礼。"这种习俗,对已经建立起的封建王朝很不适应。封建王朝要求等级森严,长幼有序,尊卑有差,男女有别,君权至上。

公元487年(太和十一年),也就是孝文帝亲政的第一年,就下令在全国推行乡食之礼。他在诏书中说:"乡饮礼废,则长幼之叙乱。孟冬十月,民闲岁隙,宜于此时导以德义。可下诸州,党里之内,推贤而长者,教其里人父慈、子孝、兄友、弟顺、夫和、妇柔。不率长教者,具以名闻。"

二、知设乐府,禁不典之曲

音乐有"协三才,宁万国"的巨大作用。乐有正、邪、顺、逆。正声顺气,人们听了正乐,能使天下和顺,国家安宁;邪声逆气,是国家衰亡的象征。因此,中国古代有"治国之音安以乐,亡国之音哀以思"的说法。

早在太和初年,文明太后冯氏就"求集秘书群官定典章,以谐八音"。太和五年,文明太后亲自作歌,戒劝上下,"皆宣之管弦"。太和七年秋,中书监高允应文明太后之邀,"奏乐府歌词,陈国家王业符瑞及祖宗德美,又随时歌谣,不准古旧,辨雅、郑也"。

太和十一年,在孝文帝亲政的第一年,文明太后就下令说:"先王作乐,所以和风改俗,非雅曲正声不宜庭奏。可集新旧乐章,参探音律,除去新声不典之曲,裨增钟悬铿锵之韵。"①

太和十五年冬,孝文帝下诏:"乐者,所以动天地,感神祇,调阴阳,通人鬼。故能关山川之风,以播德于无外。由此言之,治国大矣。逮乎末俗陵迟,正声顿废,多好郑卫之音以悦耳目,故使乐章散缺,伶官失守。今方厘革时弊,稽古复礼,庶令乐正雅颂,各得其宜。今置乐官,实须任职,不得仍令滥吹

---

①《魏书·乐志》,中华书局,1974年版,第2829页。

也。"[1]由此可知，北魏的乐府制是建立在太和十五年，即公元492年。

北魏的第一任乐府是中书监高闾。

《魏书·张彝传》说，孝文帝在成立乐府制之后，就命令四使到全国各地观察风谣，询采诗颂，片言不遗。又据《魏书·乐志》载，当时搜集的民歌民谣，经过整理后，有五百首之多，可惜，这些乐府民歌，大都散佚，今存者，仅六十六首而已。

"礼乐事大，乃为化之本。"历代统治者，都十分注意行礼作乐，教化人民。孝文帝亲政后，就从礼乐抓起，从意识形态上，建立新的思维观念。

简化诸祭。鲜卑族拓跋氏起先的祭祀颇滥，天地诸神，合计有一千多种，一千二百余处。孝文帝亲政后，大力进行改革，他在诏书中说："国家自先朝以来，飨祀诸神，凡有一千二百余处，今欲减省群祀，务从简约。"又说，"神聪明正直，不待烦祀也。"[2]

减少对鲜卑拓跋氏诸神的祭祀，却接过一套汉民族的祭祀活动：行七庙之祭，建明堂，立太庙，俨然一位汉族统治者。

三、定姓命氏

鲜卑族各部族，原本无姓氏。部族的酋长是以勇健能理斗讼者为王，各部族以酋长的名字为姓。献帝时，七分国人，使诸兄弟各摄领之，乃分其氏。

魏孝文帝诏令拓跋氏改为"元"姓。元者，首也。也就是说，拓跋氏为天下第一姓。其他各部族，也都定姓命氏。

四、定汉语为国语

鲜卑族原是一个有语言而无文字的民族，其后，用汉字作为他们记录语言的文字符号，仍使用本民族的语言。当鲜卑族进入中原地区，吸收了大批的汉族士人进入鲜卑族统治集团的各层机构中，鲜卑语和汉语经常混用。

---

①《魏书·乐志》，中华书局，1974年版。

②《魏书·一〇八卷之一志第十》，中华书局，1974年版，第2748页。

魏孝文帝把国都迁到洛阳，一心要做中国皇帝，根据形势发展的需要，深知两种民族语言混用的办法不利于他的统治，也不利于民族的大统一，于是，太和十九年诏令全国，“不得以北俗之语，言于朝廷，若有违者，免所居官。”[①]

后来又下令，鲜卑族人三十五岁以下的，必须说汉语，至于年龄大的老人，不加限定。

一个民族的存在，是由他们的语言和习俗来确定的，如果一个民族放弃了他们的语言和习俗，这个民族也就变成另外一个民族了。

鲜卑族接受汉民族文化，并且最终汉化，对汉民族来说，是一个胜利，对鲜卑族来说，无疑是一场悲剧。

一个民族放弃本民族的语言和习俗，有多种情形，一种是被迫的，一种是根据形势的需要自觉的放弃。鲜卑族的汉化，显然是后一种情形。

五、衣汉服

服饰是民族文化的重要组成部分。民族服装，是区分一个民族和他民族的重要标志。

文明太后冯氏，为了建立封建等级制，曾制订过五等官服。当时，还没有牵扯到民族服装问题。

鲜卑族的民族服装，短袄、窄袖、斜领、长裙。这一点，很像现在朝鲜的服装。

迁都洛阳后，魏孝文帝下令衣汉服。然而，据史书载，鲜卑族在洛阳时的服饰，又不像当时南朝人穿的服饰，而是具有复古型的宽衣、博带、高冠。

服饰反映着一个民族的审美趋向，因此，具有相当的稳定性。孝文帝下了服汉衣的命令后，受到鲜卑族人的反对，特别是鲜卑族的百姓，在相当长的时期内，仍然放弃不下自己的民族服饰。

史书载，太和十九年，魏孝文帝南征归来，整个洛阳的人们都到大街上去欢迎，许多鲜卑族妇女，穿着自己的民族服装在大街上来回走动，魏孝文帝一

---

①《魏书·高祖纪》，中华书局，1974年版，第177页。

见,十分生气,质问当时留在洛阳的尚书令,叔父拓跋澄说:“为什么大街上还有那么多的人,穿鲜卑族的服装?”拓跋澄说:“我只是为陛下收收文件和奏章,别的事我不能管啊!”魏孝文帝十分生气地说:“收收文件和奏章,只要有一个办事员就行了,何必要你这个尚书令呢?服饰改革是大事,你不抓大事,何必还要当尚书令?”于是,就把拓跋澄的尚书令罢免了。

第二节　魏孝文帝迁都洛阳的动机

太和十七年(494年),魏孝文帝把都城由平城迁到了洛阳,这次迁都,在鲜卑族发展史上,具有十分重要的意义。

鲜卑族拓跋部曾有过几次大的迁徙,但无论哪一次,都没有这次迁徙影响大。

鲜卑族拓跋部的第一次迁徙,是从森林民族变为草原游牧民族。第二次迁徙,虽然历经九难八阻,历时一年,但他们的生产方式、生活方式都有没有受到什么影响,因此,其部族内部也没有发生斗争。第三次迁徙,是从阴山向盛乐转移,最后在平城定都。从阴山向东转移,是向中原农业地区推进,是自古以来,北方游牧民族南下的基本轨迹。

从平城迁都洛阳,是鲜卑族拓跋部第四次大迁徙。这次迁徙,彻底改变了他们的生活方式,即从游牧业变成从事农业生产,还改变他们的生活方式,即由游牧生活变成定居生活。

魏孝文帝的迁都,加上他的几项社会改革,导致了鲜卑族拓跋部的消亡。本想在中原地区建立起鲜卑拓跋部的万世基业,结果,却导致了本民族的迅速消亡。

魏孝文帝的迁都洛阳,是自觉地向着当时先进的汉民族文化前进,而且,是主动改变着自己传统的民族文化。魏孝文帝的这种行动,必然会受到鲜卑族拓跋部具有民族自尊心的人士的强烈反抗。

魏孝文帝的迁都,本来是出于他的政治统治的需要。当时北魏王朝的疆域,南至江淮,北至漠南,东至海,西至龟兹,这是一个版图辽阔的帝国。魏孝文帝一心想当中国的皇帝，然而，把都城建立在平城，是永远做不了中国皇帝的。

关于都城与政治统治的关系，早在魏太武帝时，就有所议论。当时，崔浩借评价诸葛亮帮助刘备在四川建立蜀汉国的错误时说："诸葛亮欲帮助刘备恢复汉王朝，可是，却跑到四川去建立根据地，这是一个历史的错误，这使他想恢复汉王朝的打算，变成了一个梦想。"崔浩还说，"欲想统治中国，必须占据中原，曹操所以立于不败之地，就是他控制了中原地区，诸葛亮所以失败，就是因为他偏安一隅。"

孝文帝起初并没有迁都洛阳的意思。太和十五年，孝文帝曾想把平城建设成上国大都。曾派蒋少游等多次到长安、洛阳和南朝的都城建邺（南京）进行实地考察，甚至在建邺考察时，被南朝当成间谍抓起来。

孝文帝欲把平城建成帝国大都的想法，受到大批汉族官吏的反对。他们认为，平城历来都是用武之地，非治国安邦之基。如果建都平城，只能表明魏孝文帝是一个偏安之主，或是一方之主，根本体现不出全中国皇帝的威仪和风度。

中国的正统是在中原，只有坐镇中原才能体现统治者的正统地位，才是天下的君主。

建都平城，会诸侯，朝万国，在物质供应和交通上，都有许多不利条件。

这一条条的道理，确立了魏孝文帝迁都的思想。

迁都确定了，是洛阳，还是长安？也颇费了一番争议。

有人说长安好，因为，长安是秦始皇成就霸业，汉高祖隆兴汉室的地方；有人说洛阳好，因为，洛阳是周武王建都的地方，九鼎旧所，七百修基，地处中土，实均朝贡。经过一番争论后，魏孝文帝决定迁都洛阳。

第三节　迁都洛阳的斗争

魏孝文帝知道，迁都洛阳是一件大事，必然会受到鲜卑拓跋部人的反对，于是，他用了一个计谋。

太和十七年（494年）秋，魏孝文帝外示南伐，内怀迁都之意。在朝臣会议上，大讲了南伐的意义。诏曰："文武之道，自古并行，威福之施，必也相藉。故三、五至仁，尚有征伐之事；夏殷明叡，未捨兵甲之行。"[1]又说，"圣人之大宝，唯位与功。"[2]因此，他要亲自率兵南征，完成统一中国的大业。

可是，过惯了几十年和平生活的鲜卑族拓跋部大臣，早已没有了当年好战的特性，纷纷起来反对，又没有正当的理由来阻止魏孝文帝南伐，完成统一中国的大业。他们提出，"征战之法，应先占卜"，让上天来决定该不该南伐。卜是难以预料的，因此，魏孝文帝反驳道："卜以决疑，现在南伐，完成统一中国的大业，没有什么疑问，还卜什么呢？"于是，大臣们坚持要求卜，魏孝文帝也没有办法。卜的结果，是一个"革卦"。

据说，当年汤武伐桀时，卜的是"革卦"，并取得了伐桀的胜利。因此，魏孝文帝见了此卦高兴地说："此乃汤武革命，顺天应人之卦也。"

可是，大臣们不同意魏孝文帝的说法，他们说："易经上说的'革'是更改的意思，革卦说的顺天应人，是革君臣之命，汤武卜这卦是吉，今天，陛下卜得这卦，就不是吉卦了。"

魏孝文帝问道："为什么不吉？"

大臣们解释说："陛下富有四海，你的光辉可以光照万代，今日卜征，乃可伐叛党，不能说是革命，这不是君王的卦，所以说，是不吉之卦。我们南伐，吊民伐罪，怎能说是革命呢？"

魏孝文帝说："卦的象辞说，大人虎变，怎么说不吉利呢？"

仁城王拓跋澄说，"陛下龙兴已经很久了，怎么能同虎贲相比呢？"

大臣们和魏孝文帝展开了针锋相对的辩论。

魏孝文帝发怒道："国家是我的国家，任城王，你想阻我和众人的行动吗？"

任城王拓跋澄毫无畏惧地说："国家的确是陛下的国家，然而，臣是社稷之臣，参与国家大事的讨论，怎么能知道对国家有危险的事，而不说呢？"

---

①《魏书·高祖纪》，中华书局，1974年版，第170页。
②《魏书·李冲传》，中华书局，1974年版，第1185页。

魏孝文帝面对众大臣和任城王的反对，实在没办法，只好缓和一下口气说："各言其志，亦何伤也。"

一场因南伐引起的君臣辩论，不欢而散。

任城王拓跋澄反对得最激烈，散朝后，孝文帝把他召到自己宫内，说："明堂里，我的发怒，不是针对你的，我是怕大伙们都发表反对意见，阻扰了我的大计划，所以，厉言恐吓文武大臣，我想，你是理解我的意思的。"

任城王拓跋澄是魏孝文帝的皇叔，在皇室宗族中，具领袖地位。魏孝文帝也曾当着任城王的面说："朕方创改朝制，当与任城共万世之功耳！"

任城王拓跋澄当然知道魏孝文帝要亲自率兵南伐的意思，于是说："我知道，陛下外示南伐，内怀迁都之意。"

魏孝文帝说："现在办事，真是不容易。我们的国家，兴盛在北方，迁都平城后，虽然富有四海，可是，这里只是用武之地，不是治天下的地方。我要做全中国的皇帝，现在国家南北分裂，没有统一。我现在想移风改俗，谁知反对的人是那么多呀！崤函是帝王之宅，河洛是帝王之里，我想通过南伐，迁都洛阳，你认为怎么办才好呢？"

任城王听了魏孝文帝的一番倾诉后，说道："伊洛中区，均天下之所居，陛下欲卜宅中土，以经略四海，制御华夏，辑平九服，这是周朝、汉朝隆兴的地方，老百姓知道了陛下要迁都洛阳，是会表示热烈庆贺的。"

魏孝文帝说："北人恋本，忽然听说要迁都洛阳，恐怕会产生惊扰，你说怎么办呢？"

任成王说："迁都是一件非常之事，只有非常之人才能办到，这样的事，只能决于圣怀，没有必要和大伙讨论这件事。"

魏孝文帝听了后，非常高兴地说："任城王，真是我的张良啊！"

反对魏孝文帝南伐的不仅仅是鲜卑拓跋部的大臣们，一些养尊处优的汉族大臣，不但反对，还有一套引经据典的理由，卢渊就是一个代表人物。他在给魏孝文帝的奏折中说道："魏晋以前，太平盛世，没有皇帝御驾亲征的事情。现在，陛下要亲征，胜利了，显示出皇帝的武功，一旦失败，反而有损于陛下的形象。千钧之弓，为什么要为射杀一只老鼠去动用它呢？过去，曹操破袁绍,只用了一万兵力,谢玄只用三千兵就破了苻坚的百万大军。胜利和失败,不在于兵的多和少,成败只在须臾之间。过去,曹魏和蜀汉一直三国鼎立,孙吴居江左,到了西晋,晋国的力量比东吴大得多,也没有把孙吴打垮,直到孙皓暴戾,上下离德,西晋水陆并进,才把东吴给消灭了。现在江南的萧氏王朝互相残杀,人神共弃,我们只要发一小部分兵就可以取得胜利,何必陛下亲征呢?等到江左平息了,到那时,你再去巡视到泰山祭祖。"

魏孝文帝在回答卢渊的奏书中写道:"最高的道德修养是一样的,立功途径却有多种,三皇不同文,五帝不同律,或者严历,或者松弛,是相辅相成的。过去的太平之主,所以不亲自率兵出征,都是有原因的。英明之主,或者是因为国家统一了,无仗可打,所以没有征战之事。平庸的国君,因为才智低劣,不得不停止征战。如果和英明的国君相比,今天和过去也不一样,如果把我说成平庸的国君,我是不同意的。我看到过去的一些君王和平定天下的雄主,没有不动武的。曹操胜袁绍,是因为曹操德义内举;苻坚的淝水之败,是因为他立政未稳。我今天要用上天的法术,驾驭仁义之师,是不会有袁绍、苻坚那样的过错的。长江之险有什么可怕呢?过去的经验,怎么能拿到今天来用呢?我这次率兵南征,振臂一呼,或许可以成就像汉高祖刘邦那样的大业呢!这是为国立功的事,我怎么能委托他人去做呢?"

第四节　定都洛阳

经过一番激烈的争论,太和十七年(494年)秋,魏孝文帝率兵南征了。

这次南征,魏孝文帝决定,除留下太尉拓跋丕和皇弟拓跋羽守护京师平城外,全朝文武大臣都要随军南征。

大军到了洛阳,正赶上连绵阴雨。魏孝文帝坚持冒雨出征,众文武大臣跪上前去抓住魏孝文帝的战马,进行阻止。魏孝文帝骑在战马上说:"一统天下的道理,我都给你们说了,现在大军到这里,因为下了点雨,就停止前进,这是什么道理呢?如果雨一直下个不停,就可以不完成国家统一的大业了吗?"

李冲说："这次南伐，大家都不同意，只是陛下一个人决心南征。汉文帝曾说，我一个人乘千里马，要到什么地方去呢？"

魏孝文帝大怒道："我要经营宇宙，一统天下，而你们这些儒生，屡次怀疑和阻挠我的宏大计划！你要知道，违反君命是要杀头的，你不要再说了！"

众文武大臣冒雨跪在魏孝文帝的战马前，苦苦恳求等雨停了再出兵。

魏孝文帝认为宣布迁都洛阳的时机已到，就对大伙说："这次南伐，兴师动众数十万，动而无功，何以向后人交代？如果因为下了一点雨就班师，何以流芳百世？如果大家一定要我停止南伐，停止出征，那么，你们要答应我的一个要求，迁都洛阳，光宅中土，你们以为如何？"

众文武大臣最害怕的就是冒雨打仗，只要不冒雨出征，魏孝文帝说什么，他们也就答应什么。

魏孝文帝心里明白，众大臣答应他的要求是迫不得已，一旦雨停，他们又会反悔，于是说道："议定下来的事，不能反悔！愿意迁都洛阳的，站到左边，不愿意迁都洛阳的，站到右边。"

果然，那些大臣们同意迁都是假的，以大司马、三军统帅、安定王拓跋休为首的反对派，首先向右边走去，同意迁都的人，没有几个。形势对魏孝文帝极为不利。

这时，德高望重的南安王拓跋祯，魏孝文帝的皇爷出来说话了。他对魏孝文帝说："陛下，愚昧的人，等到事情成功之后，才会看到它的好处；有智慧的人，事情刚刚萌芽，就会看到它光辉的未来。执行最高道德标准的人，是不和庸俗的人讨论道德修养的；成大事的人，是不谋于众人的。非常之人，才能成非常之事，迁都是为了延续祖宗的帝王事业，洛阳作为京都，周公启之于前，陛下行之于后，是很正当的。天下最重要的问题，没有比皇帝住在什么地方更重要了。人最宝贵的是生命，你不要生气，那样会把身体搞坏的。迁都洛阳，停止南征，是我们大伙的心愿，也是全国老百姓的幸运啊！"

一席话，暂时结束了两阵对垒的状况，然而，迁都之争，并没有就此结束。

第五节　魏孝文帝的遗憾

魏孝文帝的一生,是改革的一生,也是光辉灿烂的一生。他的各项社会改革是成功的,历史学家们对他的历史功绩作了充分的肯定。

魏孝文帝的改革,推动了中华民族的大融合,也推动了一个伟大民族的在历史上的消亡。

魏孝文帝的改革,特别是迁都洛阳,付出了极大的代价。

为了保卫迁都和改革的成果,他不得不大义灭亲,果断地处决包括太子拓跋恂在内的一百多人的大臣叛乱集团。

魏孝文帝迁都洛阳,本想统一南北,做全中国的皇帝。为此,他号召全国上下,省衣节食,集中一切人力、物力、财力支持军国之用,他三番五次率兵南征,并且取得了一定的胜利。正当在军事上取得节节胜利时,太和二十三年(500年),魏孝文帝在南征途中突然病逝,时年三十三岁。

没有完成的统一,使魏孝文帝留下了不可弥补的遗憾。

第十一章　北魏王朝的平稳发展和衰败

第一节　北魏王朝后期的平稳发展

公元500年,魏孝文帝病死在南征途中,同年,其次子拓跋恪即皇帝位,史称宣武帝。

拓跋恪在位十六年,是北魏王朝平稳发展时期。魏宣武帝拓跋恪在位期间,主要做了如下几件事:

一、粉碎咸阳王拓跋禧的叛乱

咸阳王拓跋禧,是魏孝文帝的大弟弟,是一个保留着较多游牧民族传统习俗的人物,不学无术,却颇有野心。早在太和初,他几乎取魏孝文帝而代之,只是因为遭到众大臣的反对,才没有成功。

拓跋禧深知自己的才能不及魏孝文帝,因此,魏孝文帝在世时,还不敢轻举妄动,拓跋禧生性贪婪,魏孝文帝屡加劝诫,拓跋禧表面上句句听从,一背过身,仍我行我素,毫不悔改。

早在迁都洛阳之初,拓跋禧就有拥兵自立的野心,因为受到魏孝文帝的批评,才没能成功。魏孝文帝临终前,拓跋禧受诏辅政,为辅政六大臣之首。可是,他办事拖拉,无所事事,到处搜刮民财,行贿受贿,无恶不作。

史书说,"禧性骄奢,贪淫财色,姬妾数十,意尚不已,衣被绣绮,车乘鲜丽,犹远有简娉,以恣其情。由是昧求货贿,奴婢千数,田业盐铁偏于远近,臣吏僮隶,相继经营[①]。”

拓跋禧名为辅政,却在用手中的权力以营私利。因此,宣武帝拓跋恪决心收回辅政大臣手中的权力。于是,拓跋禧动了杀机,乘拓跋恪外巡期间,妄图在京师发动政变。

拓跋恪闻讯,任用老将于烈采取果断措施,一举粉碎了咸阳王拓跋禧的叛乱,捍卫了皇权。

二、对南朝梁的用兵

宣武帝拓跋恪,有完成魏孝文帝统一中国的决心,但却没有孝文帝的辛苦和干劲。在位十数年间,虽然也曾一度攻占了南朝巴蜀的一些地方,但对南朝中心地带江浙,军事上没有丝毫进展。

三、坚持和维护魏孝文帝的各项改革措施

魏宣武帝拓跋恪,如果说他有什么成就的话,就是维护和坚持了魏孝文帝的各项社会改革,没有走回头路,这一点难能可贵。

四、抢救文化,普及教育

中国的文化,屡遭战乱的破坏,从五胡十六国到南北朝,北中国经历了数百年的战乱,中原地区的文化,受到极大的破坏。北魏前期的几任皇帝,因为忙于征战,或忙于社会改革,没来得及对文化进行抢救,太和十九年,魏孝文帝就开始诏罗天下遗书,一直到拓跋恪时,才把这件事提到正式议程。宣武帝拓跋恪在一则诏令中郑重声明,“求遗收于天下”[②]。

据史书载,在中国历史上,第一次向天下求遗收,是汉高祖刘邦死后,吕雉专权的时候。那时,经过秦始皇的焚书坑儒,又经历了秦末的战乱,文化受

---

①《魏书·咸阳王传》,中华书局,1974年版,第537页。

②《魏书·世宗纪》,中华书局,1974年版。

到空前破坏，吕雉掌权之后，向天下求遗书，开始了我国历史上第一次抢救文化的工作。拓跋恪向下求遗书，算是第二次做抢救文化的工作了。

过去许多史学家，由于民族的偏见，对北魏鲜卑族拓跋氏统治者做的许多有利于历史发展的工作，没有给予应有的肯定，现在应给予客观的评价。

拓跋恪在发展北魏教育方面，比他的前辈更有成就。

正始四年（507年），他在一则诏书中说："今天平地宁，方隅无事，可敕有司准访前式，置国子，立太学，树小学于四门。"①

在这之前，魏献文帝时，立太学而从未办过小学。魏宣武帝拓跋恪要求"树小学于四门"，把办学的范围扩大了，使教育更加普及。

五、古风的保留与发展

魏宣武帝永平三年（510年），拓跋恪在一则诏书中说："至于下民之茕鳏疾苦，心常愍之，此而不恤，岂为民父母之意也。可敕太常于闲敞之处，别立一馆，使京畿内外疾病之徒，咸令居处。严敕医署，分师疗治，考其能否，而行赏罚。"又说，"更令有司，集诸医工，寻篇推简，务存精要，取三十余卷，以班九服，郡县备写，布下乡邑，使知救患之术耳。"②

安得广厦千万间，大庇天下寒士俱欢颜。这个儒家思想追求的大同世界，并没有在汉族建立的王朝中找到，鲜卑族拓跋部的统治者却要把梦想变为现实。

还在建都平城时，北魏鲜卑族拓跋统治者就有每月登楼赐物的做法。献文帝时，有国家为贫穷的人治病的诏令，到了宣武帝拓跋恪时，竟下令把患有疾苦的人，给他们吃住，治疗疾病，而且对给他们治病的人，还要考试，给以奖赏，为此，拓跋恪还要人们把医书"布下乡邑"，使人们都知道治病的技术。

这似乎有一点空想的味道，然而，却是当时的现实，尽管这种现实很短暂，很不普遍，但是，却体现了人们的一种理想和追求。

---

①《魏书·世宗纪》，中华书局，1974年版，第204页。

②《魏书·世宗纪》，中华书局，1974年版，第210页。

鲜卑族拓跋部是一个善于追求理想社会,并敢于大胆进行社会实践的民族。

一个民族,在其向先进的民族文化学习的时候,总是抱着理想主义的态度,并根据本民族的文化传统,进行理想化的改造和应用。因此,可以这样说,到了拓跋恪时代,北魏的文化,与其说是汉化了的鲜卑文化,不如说是鲜卑化了的汉文化更为贴切。这种文化,推动了中华文化的整体向前发展,并迅速走向极盛的隋唐文化。

第二节　灵太后胡充华的专权与河阴事变

公元516年,魏宣武帝死,其子拓跋诩即皇帝位,史称魏孝明帝。这时,魏孝明帝年仅六岁,只好由他的母亲胡充华灵太后临朝听政。

灵太后胡充华无论才干、思想行为,各个方面都要逊色于文明太后冯氏,可她却以文明太后自喻。她决不是一个创业的领导者,她使北魏王朝一天天走向衰落和毁灭。

一、崇奉佛教,耗尽国力

佛教在灵太后胡充华执掌朝政时,获得了空前的发展。

史书载,魏孝文帝迁都洛阳时,洛阳的佛教寺庙仅有四十八所,在灵太后执掌朝中大权时,寺庙的数量猛增到一千三百多所。

灵太后胡充华不仅大肆倡导佛教,而且还亲自拨款在洛阳修建永宁寺,高百余丈,为天下佛寺之冠,据《洛阳伽蓝记》载,永宁寺一庙,用铜、金数十万斤。

在灵太后胡充华大肆提倡兴佛的运动中,当时,北魏朝的全国城镇,三分之二的土地都为寺庙所有。

上有好者,下必甚焉。在胡充华崇佛思想指导下,上自王公贵族,下至豪绅百姓,形成了一股建寺庙热。龙门石窟的开凿,各地寺庙的兴建,耗尽了国家的人力、物力、财力。另有大批的逃役之徒、破产农民,纷纷进入寺庙,托身沙门,成为寄生阶层。国家一步步地走向衰落。

二、崇尚奢侈，贪污腐败成风

灵太后胡充华是中国历史上有名的崇尚奢侈之徒。她为了表示富有，可以打开国库，让满朝的官员任意拿取，并以拿的多者为荣。

贪污、腐败、奢侈在胡充华时代，是最光荣、最令人羡慕的事。如果一个人贪污的少，不够腐败，奢侈达不到令人羡慕的程度，就会感到脸上无光，没脸见人，或在朋友面前抬不起头来。大官僚拓跋融因为在比富、夸富中失败，竟气得病倒，数日爬不起床来。

史料载，胡充华时代，有个大官僚拓跋雍僮仆六千、伎女五百，一日饭钱，必以数十万为限。鲜卑族拓跋部早期那种以节俭为荣的精神荡然无存。

三、卖官鬻爵

北魏到了胡充华时代，鲜卑族拓跋部一切优良品质都丧失殆尽，卖官鬻爵是一个最突出的表现。

据史书载，胡充华时代，朝中的各种官职都有一定的售价。钱多的人，可以买大官，钱少的人，只好买小官。这些人的官是买来的，因此，当这些人一旦取得了某种权力，就千方百计要把自己的投资捞回来。这样，北魏王朝整个统治集团，就变成了贪污、纳贿、腐败无能的腐朽寄生集团。

四、杀子灭亲，秽乱宫廷

胡充华是一个权力欲极强的人，他为了和自己的儿子争权，引起了一起又一起的宫廷争斗。

公元528年，胡充华感到手中的大权要被自己的儿子魏明帝拓跋诩夺走，于是，就设法杀死年仅十九岁的魏孝明帝。不仅如此，为了能长久地控制朝中大权，她还诡称皇后生了皇太子(其实是生了一个女儿)，妄图蒙骗全国臣民。

胡充华在私生活上，也极为淫乱。在北魏朝，由于鲜卑族的传统习俗，妻后母、报寡嫂不以为怪，人们对男女个人的私生活是不太计较的。

可是，胡充华也太过分，她强迫大臣们和她私通，不同意就杀头，弄得人人心怀恐惧,无心朝政,有的人不得已只好逃往南朝。由于胡充华的胡作非为,引起了朝野上下的共愤。公元528年,大都督尔朱荣一伙制造了震惊全国的河阴事变,杀胡充华及其同伙一千余人,从此,鲜卑族拓跋建立的北魏王朝走向了衰亡。

公元528年,胡充华诡称皇后生太子的阴谋败露之后,尔朱荣立拓跋子攸为帝,并命令全朝文武到河阴,尔朱荣一声令下,将这一千三百余文武大臣全部杀掉,这就是北魏历史上的河阴大惨案。

胡充华见大势已去,本想托身佛门,并且要求魏孝明帝的六宫妃妾和她一起落发为僧尼。尔朱荣当然不会放过她,于是派兵把胡充华以及被胡充华勉强立起来的幼主一起抓起来,沉到黄河中淹死了。

第三节　北魏王朝的分裂

公元534年,北魏王朝发生了怀朔六镇反对朝廷的叛乱。这次叛乱虽被镇压下去了,却形成了两个军事暴发户,一个是汉族出身的军事首领高欢,一个是鲜卑族宇文部的宇文泰。这两个握有军权的人,在北魏王朝后期的内乱中,一天天强大起来,终于在公元534年,把统一的北魏王朝一分为二。

高欢拥年仅十一岁的拓跋善见为帝,建立了东魏,建都邺城;宇文泰则拥魏孝武帝入关,在长安建立西魏。

公元528年,河阴事变之后,尔朱荣立拓跋子攸为帝,史称孝庄帝,孝庄帝即位后,政局一天天变坏,他亲自下诏,拍卖官爵,无赖之徒用钱就能当官,政府变得更加腐败无能。

当北魏王朝塌崩之际,南朝梁也积极参加北魏朝的内部斗争,他们支持早期逃亡梁朝的拓跋颢回洛阳和孝庄帝争权。

偏安江南的汉族统治者,早就没有了收复中原的欲望。梁朝支持拓跋颢的复辟闹剧,也只是一时的心血来潮,因此,拓跋颢到了洛阳,还没有站住脚就失败了,拓跋颢也在逃跑时为部下所杀。

公元530年,孝庄帝不甘心尔朱荣的摆布,杀尔朱荣及其同伙。因此,引起尔朱氏的反抗，同年十二月，尔朱世隆杀庄帝，立拓跋恭为帝，史称前废帝。

当尔朱世隆立拓跋恭为帝时，高欢在信都立拓跋朗为帝。

公元531年，高欢打败尔朱氏，活捉拓跋恭，并将其杀死。不久，高欢又杀拓跋朗。

公元532年，高欢控制了北魏朝大权，立拓跋修为帝，史称孝武帝。

这时，宇文泰和高欢之间，斗争日益激烈，公元534年七月，宇文泰迫使魏孝武帝西走长安。同年十二月，杀拓跋修，立拓跋宝矩为帝，建立西魏。

高欢见宇文泰窃走拓跋修，于是，立年仅十一岁的拓跋善见为帝，建立东魏。

第三篇　宇文鲜卑的历史篇章

宇文氏与北周王朝

第十二章 宇文泰与西魏政权

第一节 宇文泰与鲜卑宇文部

鲜卑族宇文部是南部鲜卑的一支。在很长的一个时期内,只是一个弱小的部族。鲜卑慕容部强大时,他们依附于慕容部,后来又依附于强大的拓跋部。当拓跋部主体南迁后,他们才把活动范围移居到北魏故都平城一带。

鲜卑宇文部自称是炎帝神农氏的后代。因为炎帝为黄帝所灭,其子孙遁居朔漠之野。有位叫葛乌菟的酋长,雄健有武略,族众拥为大人,下有十二个部落。后来有位叫普回的酋长,在率领部族打猎时,拾到一个玉玺,上有“黄帝玺”的字样。普回认为,这是上天的恩赐。宇文部俗称“天”为“宇”,称“君”为“文”,因此,以“宇文”为氏。

其后,普回的儿子莫那率其部自阴山迁徙到辽西,传九世,到侯豆归为酋长时,被慕容皝所灭。侯豆归的儿子宇文陵仕北燕,拜驸马都尉,封玄菟公。

魏道武帝拓跋珪攻取中山,陵从慕容宝御之。慕容宝兵败,宇文陵率族众五百人降魏,魏道武帝拓跋珪拜宇文陵为都牧主,赐爵安定侯。北魏天兴初,魏道武帝迁宇文部于武川。

宇文陵子名系,系子名韬,并以武略称。韬子名肱,史书载,“肱任侠有气干”[①]。北魏正光末(524年),怀朔六镇叛乱,沃野镇人破六韩拔陵作乱,远近

①《周书·文帝纪》,中华书局,1971年版。

多应之，其伪署王卫可孤徒党最盛。宇文肱杀可孤，逃避中山，遂隐于鲜于修礼，鲜于修礼让宇文肱归，统其部众，后为定州军所破，宇文肱战死。

宇文肱的小儿子宇文泰，字黑獭。本传说，宇文泰少有大度，不事家产，轻财好施，少年随鲜于修礼军，后葛荣杀鲜于修礼，任宇文泰为将军。其后，尔朱荣杀葛荣，定河北，宇文泰随尔朱荣迁入晋阳。

尔朱荣以宇文泰兄弟们雄杰，以为他们有异心，于是，假造罪名杀宇文泰的三弟，又欲杀宇文泰，宇文泰自呈冤情，辞义慷慨，尔朱荣为之感动，免其罪，而且更加敬重。

孝昌二年(530年)，宇文泰以统军的身份跟随尔朱荣出征，为贺拔岳别将。在攻打南朝梁支持的拓跋颢复辟战斗中立有战功，被封为宁都子。迁镇远将军、步兵校尉。后随尔朱天光、贺拔岳入关镇压叛乱，宇文泰为先锋，因战斗有功，被封为征西将军，金紫光禄大夫，加直阁将军。

太昌元年(532年)，贺拔岳为关西大行台，宇文泰为左丞，行台府司马，加散骑常侍。

宇文泰是一个有计谋、有雄心的人。他在分析了北魏末年政治、军事形势后，多次劝贺拔岳拥兵自立，扩大自己的势力范围，深得贺拔岳的赏识。贺拔岳派他到洛阳打探高欢的消息，见魏帝，他分析国家形势，陈列利害，也受到魏帝的赞赏，被封为武卫将军。

永熙三年(534年)，贺拔岳在扩大地盘时被部下侯莫陈悦诱杀，于是，宇文泰被推为三军之主，统领贺拔岳所部兵马，成为一方军政要人。

当时，高欢专权，魏孝武帝深为不安，于是下诏书征宇文泰入洛阳以抗衡高欢。然而，宇文泰却认为自己势单力薄，不是高欢的对手。于是，他就打着为贺拔岳报仇的旗号，向侯莫陈悦进攻，并且很快打败了侯莫陈悦，擒而斩之，从而尽有关陇之地，实力大增。

魏孝武帝派使臣前来慰劳和庆祝，并拜宇文泰为侍中骠骑大将军，开府仪同三司，关西大都督，略阳公，承制封拜，使持节。不久，又进宇文泰兼尚书仆射，关西大行台。

这时，高欢也感到宇文泰将成为自己的竞争对手，因此，在宇文泰斩杀侯莫陈悦之后，也派人前去庆贺拉拢。然而，宇文泰已今非昔比，他已具备和高欢抗衡的力量，于是拒绝接纳高欢派来祝贺的使臣，并打出扫除奸逆的旗帜，传檄全国，讨伐高欢及其党羽。

檄文称：高欢这个人，是一个没有远见卓识的无能之辈，本来是一个赶车的奴隶，根本不知什么叫礼义廉耻。像一只鹰犬一样在军队中效力，凭借私人的感情，得到上司的宠爱。从来对朝廷就不能竭诚尽节，专门招降纳叛，他曾劝尔朱荣反叛朝廷，等到尔朱荣被杀，尔朱世隆在外反叛朝廷，高欢又跑去鼓励他，叫尔朱世隆攻打京城。他立拓跋朗为帝，挟天子以令诸侯，接着又把拓跋朗杀掉，立拓跋修为帝，不久又把他废掉，可见他有夺取皇权的野心！

檄文还说，高欢和侯莫陈悦都是一伙包藏祸心，指鹿为马，时刻瞅着国家政权，欲窃夺到手的野心家。因此，宇文泰号召全国各地忠于朝廷的有志之士，起来反对高欢及其同党，逮捕这些人，交给朝廷审判。

高欢当然不会坐以待毙，立即率兵直取洛阳。魏孝武帝只好从京师出走，奔向宇文泰军营，并且把朝中大权和自己的命运，统统交给了宇文泰。为了避开高欢的军锋，宇文泰决定迁都长安。

公元534年，魏孝武帝随宇文泰到了长安，同年十月，高欢立拓跋善见为帝，建都邺城，统一的北魏王朝分裂了。同年十二月，魏孝武帝死，宇文泰立拓跋宝炬为帝，史称西魏。

第二节　宇文泰控制下的西魏

拓跋宝炬登上皇位后，让宇文泰督中外诸军事，拜大行台，封安定郡公。

宇文泰控制了西魏政权，为了巩固其统治，大统元年(535年)，宇文泰针对北魏末年战争频繁、民生凋敝的状况，立即着手对西魏的政治进行改革，制定了减轻人民负担的二十四条，使人民有喘息的机会。

高欢是不会让宇文泰立足关西的，于是，发东魏兵攻打宇文泰。大统三年(537年)，高欢发兵十万攻打西魏，西魏地穷民少，按实力无法与高欢抗衡。然而，宇文泰分析了当时的形势，大搞宣传动员，并亲自助威渭曲一战，俘获高欢七万余人，除留下两万人外，其余五万予以放还，以瓦解高欢军。渭曲一战，奠定了宇文泰立国的基础。渭曲战斗取胜，拓跋宝炬进宇文泰为柱国大将军，增邑五千户。

针对北魏末年政治腐败的情形，大统七年(541年)九月，宇文泰颁行了由苏绰起草的六条诏书，“先治心，敦教化，尽地利，擢贤良，恤狱讼，均赋役”。十一月，又颁布了十二条新制，和大统元年(535年)三月颁行的二十四条新制合在一起，共三十六条。六条诏书和这些新制的内容十分广泛，包括政治、经济、思想、文化各个方面，并据此采取了一系列措施，要求各级官员忠于职守。

大统十年(544年)，宇文泰让尚书苏绰综合他制订的二十四条、十二条制定了六条诏令，颁布天下。

六条措施：“一曰先治心，二曰敦教化，三曰尽地利，四曰擢贤良，五曰恤狱讼，六曰均赋役。”

一、先治心

诏令说，“凡治民之本，先当治心”，又说，“治民之要，在治心而已”。就是说，统治者要设法使老百姓心和志静，不生邪念。

所谓治人先治心，是儒家治国的核心。儒家经典之一《大学篇》云：诚意、正心、修身、齐家、治国、平天下。宇文泰这里说的“治心”，就是指诚意、正心而言。其次，治身。他在诏令中要求政府官员一定要注意修身，做部下的表率。正如诏书中所说：“凡人君之身者，乃百姓之表，一国之的也。表不正不可求直影，的不明不可责射中。”因此，他要求做官的人“心如清水，形如白玉，躬行仁义，躬行孝悌，躬行忠信，躬行礼让。躬行廉平，躬行俭约”，这是抑制腐败的重要措施。

二、敦教化

主要宣扬道德文化教育，移风易俗，培养人民俭朴、慈爱、和睦、敬让的品质。宇文泰认为，人的“性无常守，随化而迁，化于敦朴者，则质直；化于党伪者，则浮薄。浮薄者，则衰弊之风起；质直者，则淳和之俗兴。衰弊则祸乱交兴,淳和则天下自治。”因此,诏令要求:“凡诸牧守令长,宜洗心革意,上承朝旨,下宣教化矣。”“教之以孝悌,使民慈爱;教之以仁顺,使民和睦;教之以礼义,使民敬让。”所以诏令说:“三者既备,则王道成矣。”

三、尽地利

着重强调劝课农桑,不违农时,发展农业生产。

诏令称,“人生天地之间,以衣食为命,食不足则饥,衣不足则寒。饥寒切体,而欲使行礼让者,此犹逆坡走丸,势不可得也。”因此,诏令要求,“诸州郡县,每至岁首,必戒敕部民,无问少长,但能操持农器表,皆令就田垦,发以时,勿失其所。及布种既讫,嘉苗须理,表秋在野,蚕停于室,若此之时,皆宜少长悉力,男女并功……使农夫不废其业,蚕妇得就其功。若有游手怠情,早归晚出,好逸恶劳,不勤事业者,则正长牒名,郡县守令,随时加罚。罪一劝百,此则明宰之教也”。

四、擢贤良

讲选贤任能,不拘资历和门第,要善于发掘人才,勇于起用人才,让人才在实践中成长起来。而且,精简机构,罢黜冗员。

诏令说,“天生蒸民,不能自治,必立君以治之。人君不以独治,故必置臣以佐之。上至帝王,下及郡国,置臣得贤则治,失贤则乱,此乃自然之理,百王不能易也”。诏令中批评北魏末年的错误做法说:“自昔以来,州郡大吏,但取门资,多不择贤良,王公小吏,唯试刀笔,并不问志行。夫门资者,乃先世之爵禄,无妨子孙之愚瞽;刀笔者,乃身外之末材”。又说,“贤可求,士可择,得贤而任之,得士而使之,则天下之治,何向而不可成也。然善官者,必先省其官,官省则善人易充,善人易充,则事无不理”。

五、恤狱讼

头一条就是说,做官的要依法办案,不要认为,抓的罪犯越多越好,甚至认为,宁可错杀一千,也不放过一个。明断狱案,不能滥施刑罚,而要“随事加刑，轻重皆当”。

诏令中说，“人受阴阳之气以生，有情有性。性则为善，情则为恶。善恶既分而赏罚随焉。赏罚得中，则恶止而善劝，赏罚不中，则民无所措手足。民无措手足，则怨叛之心生。”因此，诏令要求各级政府官员一定要公平判案，慎重办案，“去阿枉之志”，把案办好。

六、均赋役

均平赋役，调济贫富，不可舍豪强而征贫弱。诏令说，“圣人之大宝曰位，何以守位曰仁，何以聚人，曰财。”又说，“以财聚人，以仁守位。国而无财，位不可守。”纳赋收税，是国家财政的来源，可是北魏末年，国家征税，豪强而施贫穷。致使国税困乏，民心思叛，因此，宇文泰要求，均赋役，不舍豪强、贫弱不纵，人人都要为国纳税，为国服役。

宇文泰主持制订的六条诏书，是西魏，也是后来北周建国治国的纲领。六条诏书下达之后，宇文泰要求所有西魏官员必须“习诵之，其牧守令长，不通六条及计帐者，不得居官。”[①]

六条诏书，纠正了自西晋以来特别是北魏后期存在的浮华之风，使西魏的社会风气为之一变。

大统十一年(545年)，宇文泰再次下令全国征求贤才，表现了他要改变社会腐败风气的决心。

大统十二年(546年)，玉壁一战，消灭高欢七万余人，历时三个月，并且打伤高欢，从而迎来了东、西魏对峙的局面。

大统十四年(548年)，拓跋宝炬拜宇文泰为太师。

大统十六年(550年)，东魏为高洋(高欢之子)取而代之，从而助长了宇文泰父子代西魏之心。

大统十七年(551年)，拓跋宝炬死，宇文泰立年仅七岁的太子钦为帝，史称废帝。身居元辅之位的宇文泰，正当他收复边蜀之地时，尚书拓跋烈串通

①以上引文《周书·苏绰传》，中华书局，1971年版。

废帝,欲夺宇文泰兵权,事泄,宇文泰诛拓跋烈,废帝亦被赶下台,立齐王拓跋廓为帝,史称恭帝。

同年,宇文泰下令,恢复鲜卑拓跋部统国三十六,大姓九十九的局面。所谓三十六国,九十九大姓,只是鲜卑族拓跋部早期的传说,北魏时,这三十六国,九十九大姓早已不存在了,宇文泰所要恢复的,只是形式上的套用,是要用鲜卑族拓跋部早期的组织形式来统治国家,他将对国家有大功的三十六人,有次功的九十九人定姓命氏,将这些人的部下随时笼络而已。

宇文泰当初只是鲜卑族宇文部的一个普通成员,他"田无一成,众无一旅,驱驰戎马之际,蹑足行伍之间。"完全靠自己的艰苦努力,成为一代雄主。

第三节　西魏禅代　拓跋氏政权终结

西魏初期,国土只有今陕西、甘肃的一隅之地,势单力薄,经济脆弱,对外还要时刻提防东魏的进攻和少数民族的侵扰。面对严峻的形势,元宝炬和宇文泰君臣首先抓紧内部调整,革新财政,千方百计地发展生产,从而壮大国家的经济实力。他们任用有胆识的政治家苏绰,改革财政制度,在全国普查人口,一一登记入册,实行租赋预算,平均赋役。同时,大量裁减不称职的官员,集中力量发展农业生产。为了充分挖掘土地的潜力,又在全国大力推行均田制。这些措施收到了良好的效果,活跃了经济,加强了国力,使西魏初步具备了与东魏抗衡的条件。

宇文泰是位足智多谋的政治家,深知要想在残酷的兼并战争中占据稳固的席位,就必须拥有强大的经济和军事实力。

大统十六年(550年),宇文泰在军事上推行了一项重大改革,在全国设立了八个柱国大将军,自任最高统帅,每个大将国又领两开府,每个开府共二十四军,这种新的军事制度称为府兵制,这一改革,增强了西魏军队的战斗力。

西魏恭帝三年(556年)正月,宇文泰仿照周礼的记载建立六官,自任太师、太冢宰。为宇文氏登基做好准备,为此,他把宗室诸王统统降爵为公,把地方官吏任免权收归中央。同年三月,召集群臣讨论立谁为世子,那种声势并不亚于议立皇太子。经过一番讨论之后,宇文泰采纳了尚书左仆射李远的建议,立宇文觉为世子。

同年九月,宇文泰到北方视察,在归途中得了重病。他自知难以康复,急忙召侄儿宇文护到身边。叮咛道:“我不行了,几个儿子年纪还小,国事就全托付给你啦。你要努力完成我的未竟之业。”宇文护含泪点头。不久,宇文泰病死于云阳,年仅五十岁。宇文护扶持十五岁的宇文觉承袭父位,继任太师、柱国、大冢宰。同年十二月,宇文护迫使拓跋廓把皇位给了宇文觉。次年(557年)正月,宇文觉即位称帝,建立北周;拓跋廓被封为宋公,一个月后又被杀,谥号“恭帝”。建国一百七十一年的鲜卑拓跋部最终完成了他的历史使命,一个新兴的由鲜卑族宇文部建立的政权开始运行。

中国数千年的历史中,改朝换代如走马灯。通过农民战争,改变一个朝代,过去认为,这是历史的正道,而对禅让现象,总认为是野心家所为,这是一种历史偏见。其实,禅让现象的出现,减少了社会动荡和战乱,总的来说,对民生和社会稳定是有好处的。只要有利于社会进步,应该予以肯定。

《史记》云,“王侯将相宁有种乎?”又云,“彼可取而代也”。那么,正确的历史观应该以是否有利于社会的发展和进步而定。如果一个既得利益集团认为自己已无法引导社会前进,必须把手中的权力交给另一个集团,无论是愿意还是不愿意,或是被迫交出,应该说都是一种社会进步的表现。

第十三章 北周的强盛和北中国的再次统一

第一节 周明帝宇文毓和北周王朝

北周第一个皇帝宇文觉，是宇文泰的第三子，生于大统八年(542年)。西魏恭帝三年(556年)，被任为大将军。当年年底，宇文护逼西魏恭帝将帝位禅让给宇文觉。

第二年正月，宇文觉在长安即天子位，改国号为周，史称北周。军政大权实际上掌握在宇文护手中。宇文觉虽然当上了皇帝，却没有能力治理好北周。

孝闵帝元年(557年)九月，宇文护废了宇文觉之后，派人前往岐山迎宇文毓回长安，立为皇帝。北周政权，才正式开始运转。

北周明帝宇文毓生于永熙三年(534年)，宇文毓从小聪明伶俐，勤奋好学，博览群书。十六岁开始从政，先后被封为宁都郡公，开府仪同三司、宜州刺史，并以大将军身份镇守陇右。三弟宇文觉称帝后，他进位柱国，担任岐州刺史。在任期间，励精图治，政绩显著，深受百姓爱戴。

宇文毓有能力、有主见，虽是由宇文护扶持上台，却并不愿意当傀儡，急于亲自理政。宇文护见他聪明能干，便于第二年(559年)正月上表归政。

宇文毓开始亲自处理政事。他注意节俭，不用丝绸锦绣雕刻之物，严禁官吏贪污，努力清明吏治。他重视发展文化，专门召集了八十余名文人在麟趾殿校刊经史,又百采众书,编成《成谱》五十卷,对当时的学术文化发展做出了贡献。他为人宽容,君臣关系相对融洽,对外又打退了吐谷浑的侵犯,因而威望与日俱增。同年八月,宇文毓正式称帝。

宇文护见年轻皇帝威权日增,感到对自己不利,便于武成二年(560年)四月,指使其亲信毒死宇文毓,年仅二十七岁,葬于昭陵,庙号"世宗",谥号"明帝"。

第二节　周武帝宇文邕在历史上的作用和贡献

宇文邕是北周第三位皇帝,是宇文泰的第四子,生于大统九年(543年)。

一、谋求亲政力除权臣

宇文邕登基后,决定集中精力搞好内政,增强国力,消灭北齐,统一北方。

当时北齐的政治十分昏暗,皇帝大臣们只顾淫乐,不理朝政,国势江河日下,渐渐失去了经济上和军事上的优势。老百姓更是苦不堪言,渴望统一,过上安稳的生活。

保定三年(563年)十月,北周一万骑兵与突厥联军伐齐,周军失利。第一次大规模的伐齐战争失败了,武帝宇文邕感到非常惋惜。

宇文护自宇文泰死后,一直大权在握,他自恃是皇兄、开国元勋,越来越飞扬跋扈。他相府的卫兵比皇宫还多,没有他的手令,皇上也调不动兵马。他的儿子和部下贪婪骄横,引起民愤,以致武帝每次在宫中遇见宇文护时都要先行家弟之礼。二人一同去看望太后时,往往太后赐宇文护座位,而让武帝站在其旁。对于这一切,宇文邕都看在眼里、记在心里,只因时机未到,只得装聋作哑,不加干预。

建德元年(572年)三月的一天,宇文护从同州返回长安。武帝在文安殿见过之后,又准备带宇文护去拜见太后,并对他说:"太后年纪大啦,喜欢喝酒,虽然我多次劝她戒酒,她都不听。兄长今天去朝见她,希望能再劝劝。"说着,武帝从怀中拿出周成王劝人不要酿酒和酗酒的名篇《酒诰》,交给宇文护,让他“以此谏太后”。武帝趁其不备,杀掉宇文护,开始亲揽朝政。

二、勤内攘外身死征途

亲政以后,武帝宇文邕把注意力集中于国内调整,发展生产,吸收均田农民充当府兵,扩充军备,加强实力。

建德四年(575年)七月,武帝正式下诏讨伐北齐,他动用了十八万大军开赴齐境。这次出征虽然没有达到灭齐目的,但却大大挫伤了北齐的元气,也使武帝清楚地看到北齐已经没有力量与北周抗衡了。

建德六年(577年)正月,北周攻下邺城,齐主逃往青州,被周师追及,当了俘虏,北齐正式灭亡。武帝实现了多年夙愿,统一了北方,为隋朝统一全国奠定了基础。

灭掉北齐以后,武帝并没有居功自傲,他仍然致力于北周朝政。在北齐地区继续推行灭佛政策,使整个中原地区四万余所寺庙全部成为王公宅第,三百余万僧徒统统成了政府编户百姓,当兵的当兵,务农的务农。他下令放免奴婢和杂户,提高了他们的生产积极性。他还提倡节俭,经常穿布制的皇袍,盖布被,取消了皇宫中那些华丽的装饰品,并削减宫女,后宫只留皇妃等十人。

宣政元年(578年)五月,因突厥骚扰北周边境,武帝亲自率军讨伐。多年的战争使武帝积劳成疾,在行军途中不幸病倒在云阳宫。六月,在返回长安的当天晚上便离开了人世,终年三十六岁。

第十四章　北周王朝的衰落

第一节　宇文赟的荒淫与北周王朝的衰落

北周王朝,这个由鲜卑族宇文泰艰苦创业得到的天下,到周武帝宇文邕时达到鼎盛时期,接着就急转直下,很快衰落了。

宇文赟为北周武帝宇文邕之子,建德元年(572年),宇文邕杀了宇文护亲自执政后,宇文赟以长子身份被立为太子。周武帝死,其长子宇文赟即皇帝位。宇文赟根本不是帝王之才,而是一个地道的败家子,荒淫无耻之徒,典型的两面派。

《周书·武帝纪》说,周武帝为了使他的儿子能很好地继承皇位,对子女的要求十分严格,然而结果却走向了反面。

宇文赟很会搞阴谋诡计,他大耍两面手法,买通自己身边的人,向周武帝封锁他的种种劣迹。当他即皇位后,他的本来面目就暴露无遗。

一、从根本上改变周武帝时的治国纲领

宇文赟一上台,就制定了九条施政纲领,命令全国遵照执行,这九条纲领的基本内容是:

废除周武帝时制定的许多对国民有利的方针政策。

对内实行高压政策;鼓励各种行骗活动;对北齐的降官、降将进行歧视和

降级使用，从而激起了统治阶级内部的矛盾和斗争；限制有才能的人进入统治阶层。

二、重建洛阳城和洛阳宫，耗尽国力财力

宇文赟一上台，就下令重建洛阳城和洛阳宫，而且规格和豪华程度，都超过了汉、魏、晋和北魏。为了尽快修好洛阳城和洛阳宫，每天都有四万多人做苦役。

他命令把邺城的全部石经搬到洛阳，又命令原居洛阳的老百姓迁回洛阳，为了修建洛阳城和洛阳宫，他命令所有服役的人每人每年加半个月的服役期。

三、修筑长城

在修建洛阳城和洛阳宫的同时，又命令山东数十万人修筑长城，加重了全民的负担，激起了民众的怨恨和不满。

四、恢复佛道二教

周武帝灭佛禁道，是为了贯彻儒家思想，把人们从消极处世的思想束缚下解放出来，借以巩固中央集权。现在宇文赟要恢复佛道二教，并且把自己的石像和如来、天真像并列，面南而坐。

五、生活糜烂腐朽

宇文赟的生活糜烂腐朽，史上有名。周武帝死后，他把全部后宫的妃妾都占为己有，还下令到全国选美女以充后宫。为了享乐不受到朝政的干扰，他把皇位禅让给年仅六岁的儿子，自己一心一意地去过荒淫和享乐的生活。

他命令大陈杂戏，还令全京城的人都去观看，又命令全朝文武大臣和他们的妻妾、宫女在宫殿内充当伎人，以供他享乐。

洛阳城和洛阳宫修好后，他要求全体官员、后宫妃妾骑马前往参观，日行三百里，谁不能按时到达，就要受罚，致使多人病倒或送掉性命。

他还命令京城妇女排队作乐，为他迎来送往，谁家妇女不去，就有杀身之祸。

他下令在全国选美女,以供他享乐,致使后宫人满为患。他看到任何大臣的妻子漂亮,就要拉去供自己享用。连自己的长辈叔母、伯母也不放过。

他的所有用品,皆要饰以金、玉、珠宝,自称,要让自己的豪华超过历史上一切统治者。

他自比天帝,他的住处称为"天台",对臣下自称为天,严禁别人使用"天"、"高"、"上"、"大"之类的称呼,凡有以此类字为名者,一律改掉,姓高者改为姓姜,高祖改长祖。改"制"为"天制","敕"为"天敕",大臣要去天台朝见,必须吃斋三天,净身一天。

大臣都不许和他穿戴相同的衣服冠带,他还命令京城少年穿女人服装,和宫女们一起跳舞、唱歌,以供他娱乐。他反对一切进言和劝谏,又不准文武大臣背后议论他,他在全朝上下大搞特务活动,一旦发现,或特务告密某人议论他,就将其杀害。

六、倒行逆施为所欲为

即位伊始,宇文赟便真相毕露。他的亲信一步登天,宣帝宇文赟把朝政完全交给奸佞小人。武帝安葬之后,宣帝便开始清除异己,残害忠良。

宣帝宇文赟带头败坏法制,以刑法太重为名废除了武帝时制定的《刑书要制》,又多次实行赦免,不问罪恶轻重,将刑事犯统统释放。结果,犯罪分子立刻猖獗起来,社会治安大大恶化。因为倒行逆施,劝谏批评的人越来越多,令他十分头疼。于是,为了显示威风,吓服臣民,又另行制定了《刑经圣制》,比之被他废除的《刑书要制》更加苛刻,还经常秘密派亲信去监视群臣行动,稍有过失,便严加惩罚。

大成元年(579年)二月,宇文赟将皇位传给太子宇文阐,改元大象,自称天元皇帝。

又下令除宫人之外,天下妇女都不得涂脂抹粉。每次召见大臣,不是兴建新的亭台楼阁,便是来点新花样,盘剥愚弄老百姓,从来不谈政事。常常带着仪仗卫队,早出夜归,毫无节制地游戏取乐,搞得陪侍的官吏都疲于奔命,苦不堪言。稍有不如意,便要打人,公卿百官常被鞭笞。每次打人,都要打一百二十棍才算了事,美其名曰“天杖”,后来更加了一倍,要打二百四十棍。连他所宠幸的皇后、妃嫔和宫女,也不免杖背。

在洛阳一直折腾到春暖花开,宣帝才返回长安。到了十二月,他忽然又要去洛阳散心。他亲自驾驭御马,冒着刺骨的寒风,日行三百里,让四个皇后及文武百官侍卫随从几百人也都骑马跟着。到洛阳不几天,便又驰回长安。一路上,许多体质差些的人马,都累倒在地,他却觉得非常有趣。

隋公杨坚屡建功勋,地位尊崇,早已受到宣帝猜忌。杨坚也有所觉察。正好宣帝亲信郑译和杨坚是同学,见杨坚相貌不凡,德高望重,天下归心,前途不可限量,便拼命巴结杨坚。

五月,宣帝传令召见杨坚,事先吩咐左右:“他要是神色慌张,即刻杀掉。”不料杨坚神色自若,丝毫没有破绽,加上郑译从旁帮忙,宣帝才消除了怀疑,没有动手。

初九,宣帝深夜兴师动众,临幸天兴宫。不想略感风寒,大病一场。第二天便呜呼哀哉了,终年二十二岁。

第二节　杨坚的辅政和鲜卑宇文部政权的转移

大象二年(580年)五月,天元皇帝宇文赟病故。八岁的小皇帝宇文阐无法治理国事,众大臣联名推举杨坚以大丞相、都督中外诸军事身份辅政。

杨坚执掌朝政后,起用一批有政治远见的大臣,又革除宣帝苛政,躬行节俭,删改旧律,制定《刑书要制》,上奏静帝颁行天下。杨坚又让世子杨勇担任洛州总管,加强控制原北齐地区。随着权力的巩固,杨坚本人也在这年年底晋爵为王。

辅政两年内,杨坚做了如下工作:

一、不断增强自己的地位和实力

宇文阐刚即位时,就晋杨坚为假黄钺、左大丞相等职。下令,百官奏事,以听于左大丞相。

不久,又拜隋公杨坚为都督内外诸军事。这样,杨坚就把北周的军政大权都握到自己手中。

公元580年九月,封隋国公杨坚为大丞相。十月,又加杨坚为大冢宰。十二月,晋爵为王。

大定元年(581年)二月,封杨坚为相国,总百揆。剑履上殿,入朝不趋,赞拜不名,备九锡之礼,加玺绂远游冠,相国印,绿綟绶,位在诸王上。又加冕十有二旒,建天子旌旗,出警入跸,乘金根车,驾六马,备五时副车,置旄头云旓,乐舞八佾,设钟虡宫悬,王后王子爵命之号,并依汉魏故事。

二、复行佛道二教

在增强自己权力时,杨坚也做了不少争取民心的工作。

复行佛道二教,旧沙门、道士,精诚自守者,简令入道。

北周皇帝宇文赟时,初复佛道二教,仅是佛像、天尊和皇帝像并立,并没有让僧尼、道士开展宗教活动。杨坚命令僧尼道士,特别是那些精诚信教的人开展活动,无疑深得民心。

三、解放奴隶

解放奴隶,前面已有论述。鲜卑宇文部和当年鲜卑拓跋部一样,多次下令解放奴隶,即又屡禁不止。至北周杨坚掌权时,才彻底把奴隶解放出来,使其为自由人,并复其本业。

四、开放山林和湖泊之禁

以游牧为业的鲜卑族,无论是慕容部、拓跋部,还是现在的宇文部,他们在建国时,都把大批的山林、湖泊封为皇家林苑,不准百姓进入。北周开放山林之禁,并让民众进山采樵,开荒种地,深得百姓欢迎。

五、镇压各地的叛乱

杨坚辅政,权力一天天增大,许多宇文部的大臣们纷纷拥兵谋叛,其他一些对杨坚不满的人也起来反对。于是，在宇文阐即位的短短两年时间里，各地的反叛活动几乎一天都没有停止过，然而都被杨坚平定下去。叛乱平定，不仅巩固了杨坚的地位，更重要的是避免了国家分裂。

六、废除北周朝的各种赐姓

废除北周宇文氏给诸文武大臣的赐姓，这是杨坚为自己当皇帝做的一项重要工作，是对北周宇文氏皇权的一个否定。王侯将相宁有种乎，杨坚当然想到这一点，他既然否定了宇文氏的正统，那么他杨坚就可以称帝了。

七、罢入市税钱

游牧民族是十分注重商品交换的。北周时在发展商业方面做过不少工作，发展商业是为给国家增加税收，因此，凡是进入市场的货，都要纳市场税。杨坚这时予以废除，对促进商业的发展，具有十分重要的意义，因此得到大批工商业者的拥护和欢迎。

八、选拔优秀人才，充实官僚机构

北周的官吏，一部分是北魏来的官员，一部分是宇文部的酋长、大人充任。杨坚为了改变这种状况，笼络后进士人，多次下令选拔优秀人才，充实到官僚体制中去。

首先，他要求各州郡推荐贤才，选出的人给三年试用期，三年间此人才干出众，有功于国，那么，推举和被推举的人，都有奖赏；如被举人无能或贪赃枉法，那么，推举和被推举之人，都要治罪。

杨坚推行的政策和治国纲领，不仅显示了他的才干，也使他大得人心，为他登基称帝奠定了坚实的基础。

大象三年(581年)二月，宇文阐被迫让位于杨坚。杨坚改国号为隋。

北周于大定元年(581年)变成了杨家的天下。北周灭亡了，然而，北周的灭亡并不是鲜卑宇文部的灭亡，就像北魏的灭亡，不是鲜卑拓跋部的灭亡一样，他们各自以中华民族大家庭的成员继续生存繁衍着。

下编

支裔别种：鲜卑民族的流变

第一章　鲜卑族之支裔别种

第一节　概　述

本书把拓跋氏、慕容氏、宇文氏称作鲜卑民族的三大主要部族，三大部族之外的各部族称作支裔别种。所谓支裔别种，是说鲜卑族在不断迁徙历程中发生流变而形成的不同部族。这里所说的主要是魏晋以来曾经建立国家政权或者形成强大势力，产生重要影响的鲜卑部族，诸如建立西秦政权的陇西鲜卑乞伏部、建立南凉政权的河西鲜卑秃发部、建立吐谷浑政权的吐谷浑部、建立西夏政权的党项羌拓跋部、建立辽国政权的契丹部，以及虽不曾建立政权但却形成强大势力的东部鲜卑段部和与契丹同时兴起的库莫奚部等。这些部族，大多属于上述三大主要部族的支系，如秃发部为拓跋氏支系，吐谷浑为慕容氏支系，契丹和库莫奚为宇文氏支系，有的如党项羌拓跋部属于拓跋氏后裔；还有的如段部可称作慕容氏、宇文氏之别部，就是说，上述三大主要部族中，拓跋氏为北部鲜卑，慕容氏、宇文氏为东部鲜卑，段部属于东部鲜卑一支，故可称作慕容氏、宇文氏之别部；又如乞伏部属于鲜卑族与高车族相融合而形成的部族，亦可称作鲜卑族别部。

作为鲜卑族支裔别部的各部族，主要是在东汉中期和帝年间南北匈奴分裂，北匈奴被迫西迁，南匈奴归附汉朝以后逐步形成发展起来的。也就是马长寿说的："当公元一世纪末年匈奴统治集团分裂和流亡之后，引起了东部鲜卑的西进和东北部鲜卑的南迁。”[1]就是说，北匈奴西迁、南匈奴附汉，匈奴政权破灭后，作为匈奴发祥地的“匈奴故地”即阴山河套一带的漠南地区空旷了，于是，鲜卑各部族乘势或西进或南迁，东部鲜卑由辽河流域向西，北部鲜卑由呼伦贝尔草原向南，大规模迁来漠南匈奴故地。至东汉后期桓帝年间，鲜卑各部族组成了以檀石槐为首领的部落军事大联盟，全部占据了匈奴政权的领地，并把匈奴遗留在草原上的十多万落收归鲜卑，鲜卑由此兵强马盛，成为继匈奴之后大漠草原上势力最强大的游牧民族。

檀石槐联盟的建立是鲜卑民族发展史上第一个鼎盛阶段。马长寿说：“以檀石槐为首的草原部落军事大联盟是匈奴奴隶制王国被推翻之后的产物”，“是在匈奴国家灭亡之后为满足草原部落牧民的需要建立起来的”，“我们可以说，部落军事大联盟是匈奴国家的继续”；也就是说，“自匈奴王国分裂，北匈奴西遁，南匈奴降汉以后，奴隶纷纷逃亡，被奴役的部落集团和西域小国亦都宣布独立。在这种特殊的情况下，留居在蒙古草原的鲜卑部落集团以及其他诸部落集团的牧民们要求组织起来”，“檀石槐的部落军事大联盟就应运而生”。[2]这样，檀石槐联盟的建立，在把鲜卑民族的发展推向鼎盛阶段的同时，也为推动鲜卑民族的进一步发展，继而形成它的三大主要部族及其支裔别部创造了条件，拓展了空间。

首先，构成鲜卑族三大主要部族的慕容氏、宇文氏、拓跋氏便是伴随着檀石槐联盟的组建而形成发展起来的。东汉桓帝年间，檀石槐被推为鲜卑“大人”，统领鲜卑各部族，于是仿照匈奴旧制，分其地为中、东、西三部，各部设“大人”，统一由檀石槐制御，各司其职，由此组成强大的军事联盟。其中，中部大人之一“慕容”，便是慕容氏部族最初的首领；宇文氏部族的最初首领即东部大人之一“槐头”，西部大人之一“日律推演”，“推演”即“推寅”，即《魏书·序纪》所载东汉桓帝年间在位的献皇帝邻，号曰“推寅”，他是拓跋氏部族最初的首领。于是，慕容氏、宇文氏、拓跋氏逐步发展成为鲜卑三大主要部族。

---

①马长寿：《乌桓与鲜卑》，广西师范大学出版社，2006年版，第3页。

②马长寿：《乌桓与鲜卑》，广西师范大学出版社，2006年版，第10页。

匈奴政权破灭后的东部鲜卑西进和北部鲜卑南迁，是鲜卑民族的一次大迁徙，也是鲜卑与匈奴民族的一次大融合，鲜卑三大主要部族便是这一大迁徙、大融合的产儿。如宇文氏，《新唐书·宰相世系表》“宇文氏”条载：宇文氏出自匈奴南单于之裔。《魏书·宇文福列传》及《宇文忠之列传》亦载：“其先，南单于之远属。”可见，宇文氏是东部鲜卑与匈奴融合的产儿。《后汉书·乌桓鲜卑列传》说，东汉和帝年间，匈奴被击破后，“北单于逃走，鲜卑因此转徙据其地。匈奴余种留者尚有十余万落，皆自号鲜卑，鲜卑由此渐盛”。按这个说法，宇文氏当是东部鲜卑进入匈奴故地后，与遗留在当地的匈奴余种相融合而形成的。再说拓跋氏，“拓跋”这个族称，是北部鲜卑由呼伦贝尔迁至漠南阴山匈奴故地后使用的。据《北周李贤墓志铭》载，北部鲜卑献皇帝邻及其子圣武皇帝诘汾迁来漠南匈奴故地后，“建国拓跋，因以为氏”，从此开始以“拓跋”为族姓，开始有“鲜卑拓跋氏”或“拓跋鲜卑”的族称。如马长寿所说，鲜卑拓跋部族是“鲜卑部落与匈奴部落相混合”的产儿，确切地说，“是鲜卑父匈奴母相融合而产生的一个族名”；并且，“‘拓跋’一词与‘铁弗’、‘铁伐’、‘秃发’诸词的语源相同”，都属于北方民族的称谓，“北人既谓胡父鲜卑母为‘铁弗’或‘铁伐’，那么他们谓鲜卑父胡母自然也是‘秃发’，而‘秃发’与‘拓跋’又是同源并同一语词”。[①]这就是说，当匈奴政权破灭，鲜卑进入匈奴故地后，鲜卑与匈奴余种在草原各地错居杂处中自然会相互通婚，由此产生了以鲜卑父匈奴母为血缘纽带的鲜卑拓跋氏和以匈奴父鲜卑母为血缘纽带的匈奴铁弗氏等部族。可见，构成鲜卑三大主要部族的宇文氏、拓跋氏，是在鲜卑族大迁徙中与匈奴族相融合而逐步形成，进而在加入檀石槐联盟后逐步发展起来的。

与此同时，作为鲜卑支裔别部的各部族也逐步形成发展起来了。据《三国志·乌丸鲜卑东夷传》注引王沈《魏书》的记载：“檀石槐死后，诸大人遂相世袭也。”从此，各部大人的权位世袭相承，统一的联盟随之解体了。檀石槐联盟的解体，进一步引发了鲜卑族和草原各游牧民族的大迁徙、大融合，进一步促进了鲜卑支裔别部各部族的形成和发展。大体上说，从东汉中后期以来匈奴

①马长寿：《乌桓与鲜卑》，广西师范大学出版社，2006年版，第231页。

政权的破灭到檀石槐联盟建立和解体后的鲜卑族和草原各游牧民族大迁徙、大融合的历史进程，也就是鲜卑支裔别部各部族逐步形成发展的历史进程。

如乞伏部，十六国时西秦国的建立者，称陇西鲜卑。据史籍记载，乞伏部最初是由漠北南出大阴山迁往陇西的，故称陇西鲜卑，后建立西秦政权。据史家考证，乞伏部当是活动于漠北的高车族南出大阴山与鲜卑族相融合而后形成的。乞伏部的迁徙及其与鲜卑族的融合，当是匈奴政权破灭后鲜卑族和草原各游牧民族大迁徙、大融合组成的。

再如段部，属东部鲜卑支系。据史籍记载，段部最初活动于东汉辽西郡(今河北唐山以东至辽宁朝阳)一带，其先祖曾被卖为渔阳(今北京市东)乌桓大人做家奴，后来招纳亡叛在辽西各地的鲜卑，逐步形成发展为势力强大的段部。

再如秃发部，十六国时建南凉国称河西鲜卑，属拓跋鲜卑支裔。史载其先祖秃发匹孤是拓跋鲜卑圣武皇帝诘汾长子，当时活动于漠南阴山一带。诘汾死，神元皇帝力微即位后，匹孤可能因受排斥而于东汉末至曹魏年间率部由漠南阴山迁往河西(今宁夏黄河以西)地带，故称河西鲜卑，后建立南凉政权。

再如吐谷浑部，属慕容鲜卑支裔。史载吐谷浑为前燕国创建者慕容廆庶长兄，当时活动于辽河流域一带。因其庶出，故其父死由嫡子慕容廆即位，吐谷浑因受排斥而于西晋前期率部西迁，经由河套阴山迁往今甘肃、青海、四川边境地带。以“吐谷浑”为族称和国号的吐谷浑部和吐谷浑国，从东晋前期至唐代前期持续了三个多世纪。

再如契丹和库莫奚部，属宇文鲜卑支裔。十六国初年被前燕国慕容皝击破后流落于今内蒙古东南部和辽宁西部的漠南地区；北魏初年又被拓跋珪所破；唐王朝兴起后归附于唐，被赐姓李氏；至唐末五代，势力强大的契丹奴役了库莫奚，建立契丹国，后改称大辽国。

再如党项羌拓跋部。党项羌是古羌族的一支，最初活动于今青海、甘南、川西北部一带；党项羌八部中势力最强大的拓跋部于唐初归附唐朝后被赐姓李氏，北宋前期建立西夏国。

据史籍记载,拓跋部是北魏拓跋鲜卑后裔,西夏国的建立者李元昊也以拓跋鲜卑后裔自称。据有的史家考证,这可能是秃发鲜卑迁往河西建立南凉国,南凉灭亡后其余部融入羌族,由此逐步形成了党项羌拓跋部。

综上所述,鲜卑三大主要部族及其支裔别部,大体上是在东汉中后期以来,匈奴政权破灭,檀石槐联盟解体后,鲜卑族和草原各游牧民族大迁徙、大融合的历史进程中逐步形成发展起来;也就是说,鲜卑族是在同匈奴等民族相融合的历史进程中逐步发展为继匈奴之后我国北方势力最强大的游牧民族的。

第二节　陇西鲜卑乞伏部

关于乞伏部的族源,《晋书》在西秦政权的创建者《乞伏国仁载记》里讲了一段神话般的传奇故事。是说乞伏国仁先祖最初活动于蒙古草原漠北地区,当时乞伏部,如弗斯、出连、叱卢等部"自漠北南出大阴山"途中"遇一巨虫于路,状若神龟,大如陵阜",可见是一神物,于是杀马祭之。忽而巨虫不见了,出现一个小儿。这时,乞伏部一孤寡老父将小儿收为养子,命名"纥干",意思是老有所依。纥干十岁时,以其"骁勇善骑射,弯弓五百斤"的雄武功被四部推为首领,号曰"乞伏可汗托铎莫何","托铎"是"非神非人"的称谓。他便是乞伏部载入史册的始祖。

据史家考证,与乞伏部结盟的其余三部,其中的叱卢部属高车族。如《魏书·高车列传》载"高车之族,又有十二姓",其三即为"吐卢氏";这个吐卢氏,《通典》、《通志》之《高车传》和《魏书·官氏志》均写作"叱卢氏",可见是译写不同的同一高车部族。这至少说明,当初活动于漠北草原上以乞伏部为首的四部族联盟中有鲜卑和高车部族;"乞伏鲜卑"则是原居于今贝加尔湖一带的丁零(南北朝时称为"高车"),南下与鲜卑族融合后形成的①。

---

①周伟洲:《南凉与西秦》,《中国古代北方民族史丛书》之一,广西师范大学出版社,2006年版,第95页。

《晋书·乞伏国仁载记》没有说明乞伏等四部南出大阴山的年代以及出阴山后活动了多少年,但记述了托铎之后的乞伏部各代首领及他们率部由大阴山迁往陇西的路径历程。

第一代首领祐邻,他是乞伏国仁五世祖。祐邻于西晋泰始初年即司马炎建西晋的初年(265年左右),率部"迁于夏","部众稍盛"。据周伟洲考证,祐邻所迁之"夏","可释为汉朔方之地,赫连勃勃曾于此地建夏国,北魏改夏州"①,即今内蒙古河套南至陕西、宁夏北部一带。就是说,乞伏等四部南出大阴山后活动于河套北,至西晋初年,祐邻又率部迁至河套夏地,乞伏部众随之盛兴了。由此推论,乞伏等四部南出大阴山及其活动于河套北的年代,至少在西晋建立之前的曹魏年间以至东汉末年。接着,祐邻又率部由河套南夏地继续南迁。当时,活动于今宁夏清水河流域高平川的鲜卑鹿结部与祐邻部"迭相攻击",后鹿结部被击败南下逃奔至今甘肃天水一带,于是祐邻率部居高平川。《魏书·乞伏国仁列传》所载"五代祖祐邻并兼诸部,部众渐盛",说的当是兼并了高平川的鲜卑鹿结部,从此,乞伏部众又进一步强盛了。

第二代首领结权,祐邻之子。结权即位后,又继续率部南下,"徙于牵屯"。牵屯的方位,《晋书·秃发乌孤载记》载有秃发部始祖秃发匹孤于东汉末至曹魏年间,率其部迁于河西,其地东至麦田、牵屯,西至湿罗,南至浇河,北接大漠。这里说的"牵屯",当在今宁夏固原、甘肃平凉西部一带。祐邻死后,结权即率乞伏部由高平川南下迁往牵屯。

第三代首领利那,结权之子。利那即位后,主要是"击鲜卑吐赖于乌树山,讨尉迟渴权于大非川,收众三万余落"。经过征讨,乞伏部众又壮大了。据周伟洲考证,击鲜卑吐赖部的"乌树山"大致在陇西之地;讨尉迟渴权的大非川"当在朔方或陇西一带"。②

利那死后,其弟祁泥即位。

第四代首领述延,利那之子。述延即位后,"讨鲜卑莫侯于苑川,大破之,

①周伟洲:《南凉与西秦》,广西师范大学出版社,2006年版,第97页。

②周伟洲:《南凉与西秦》,广西师范大学出版社,2006年版,第98—99页。

降其众二万余落,因居苑川”。述延大破鲜卑莫侯部的苑川在今甘肃兰州市东。据《水经·河水注》载,“苑川水地,为龙马之沃土”,生态环境优越,于是述延所率乞伏四部即屯居苑川。

居于苑川的乞伏部,在大破鲜卑莫侯部后,势力更加强大,迫切需要有一个统一的权力机构来管理整个联盟内部的事务。于是,述延仿照中原封建政权官号建立起初步的官制。如任命叔父轲泥为“师傅”,管理国政;斯引部乌泥为“左辅将军”,出连部高胡为“右辅将军”、叱卢部那胡为“率义将军”,各率部镇守一方等。初步官制的建立,表明以乞伏部为首的部落联盟逐步向国家政权形式过渡了,也为乞伏国仁正式建立西秦政权铺垫了基石。

述延死后,其叔父祁泥之子傉大寒即位,他是述延的堂弟,乞伏国仁的祖父。傉大寒即位后,“会石勒灭刘曜,惧而迁于麦田无孤山”。据《晋书·石勒载记下》记载,东晋咸和三年(328),建都襄国(今河北邢台)赵君主石勒灭掉建都长安的前赵君主刘曜,次年又从长安向西攻入上邽(今甘肃天水),杀刘曜之子及前赵百官,进而攻占河西,“俘获数万,秦陇平”,后赵势力伸入秦陇大地,对居于苑川的乞伏四部联盟构成严重威胁,于是,傉大寒率部由苑川向北迁往麦田无孤山(今甘肃靖远)。

第五代首领司繁,傉大寒之子,乞伏国仁之父。司繁即位后,“始迁于度坚山”。据《十二国春秋·西秦录》载,前秦皇始年间(351—354年)司繁迁度坚山,建元七年(371),前秦苻坚攻司繁,司繁率部至苑川抵御,前秦军乘机偷袭度坚山,乞伏各部由此叛降前秦,司繁也降,于是苻坚拜司繁为南单于,留在都城长安,后又拜为镇西将军。从此,以司繁为首领的乞伏各部归附前秦。

司繁死后,其子乞伏国仁即位。淝水之战前秦大军惨败继而苻坚被杀后,国仁即乘前秦政权即将瓦解之机独立称王,建立了西秦政权。

以上,以乞伏部为首的部落联盟自南出大阴山西迁后,一直活动于陇西地区,因此被称为陇西鲜卑。

第三节　拓跋鲜卑秃发部

《晋书·秃发乌孤载记》和《魏书·秃发乌孤列传》记载了秃发乌孤建立南凉政权前秃发部的族源及其先祖迁徙的历程。

据记载，秃发部"其先与后魏同出。八世祖匹孤率其部自塞北迁于河西，其地东至麦田、牵屯，西至湿罗，南至浇河，北接大漠"。就是说，秃发部与北魏建立者拓跋鲜卑同源，属于拓跋鲜卑支裔，称秃发鲜卑。秃发乌孤八世祖匹孤是秃发部始祖。匹孤当年率其部由塞北迁往河西，即今甘肃、青海黄河以西地区，故又称河西鲜卑。匹孤迁来河西后，秃发部活动的地理界域大致是："东至麦田、牵屯"，即今甘肃靖远一带和平凉一带；"西至湿罗"，即今青海湖东一带："南至浇河"，即今青海贵德一带；"北接大漠"，即今内蒙古西南部巴丹吉林沙漠和腾格里沙漠。

关于匹孤的身世，据《新唐书·宰相世系表》"源氏"条及《魏书·源贺列传》载，源贺之源氏"出自后魏圣武帝诘汾长子匹孤"，源贺是南凉末代君主秃发傉的少子，本名秃发破羌，南凉亡后投北魏，太武帝因与他同源，故赐姓为"源氏"，"赐名贺"，由此称源贺。唐《元和姓纂》亦载，秃发鲜卑"与后魏同出，圣武帝诘汾长子匹孤，神元时率部众徙河西"。这些说明，匹孤本是拓跋鲜卑圣武皇帝诘汾长子，诘汾死后，即位者却不是长子匹孤而是神元皇帝力微，于是，匹孤即此率所部从拓跋部分出，自塞北迁往河西，由此形成河西鲜卑或拓跋鲜卑秃发部。

关于"秃发"一词的来历，按《晋书·秃发乌孤载记》的说法，匹孤之妻为匈奴女胡掖氏，怀孕后"因寝而产于被中"，生下匹孤之子寿阗，"鲜卑谓被为'秃发'，因而氏焉"。也就是说，鲜卑语秃发是"被"的意思，因寿阗产于被中，故以秃发为氏。其实，据前文所引马长寿的考证，"拓跋"一词与"铁弗"、"铁伐""秃发"诸词的语源相同。北人既谓胡父鲜卑母为"铁弗"或"铁伐"，那么他们谓鲜卑父胡母自然也是"秃发"，而"秃发"与"拓跋"又是同源并同一语词，也就是说，鲜卑拓跋部族是"鲜卑部落与匈奴部落相混合"的产儿，"是鲜卑父匈奴母相融合而产生的一个族名。”按这个说法,尽管“秃发”一词是鲜卑语“被”的意思,但匹孤之子寿阗确属鲜卑父匈奴母的后代,所以马长寿的考证是切近史实的。

关于匹孤率部由塞北迁往河西的年代,显然是在神元皇帝力微在位期间,当时拓跋鲜卑的活动中心在漠南阴山一带塞北地区。据《魏书·序纪》记载,拓跋鲜卑史上第一位有确切纪年的皇帝即神元皇帝力微,力微“元年,岁在庚子”。据史家考证,该年相当于曹魏文帝黄初元年,即公元220年;力微在位五十八年而卒,相当于西晋武帝咸宁三年,即公元277年。所以,匹孤由塞北迁往河西的年代,当在力微即位后的曹魏年间。

匹孤死后,其子寿阗即位。

寿阗死,其孙(匹孤曾孙)树机能即位,其年代在西晋初期武帝泰始至咸宁年间(265—279年)。树机能“壮果多谋略”,是有勇有谋的秃发部首领。当时由于西晋王朝对内迁的西北各民族政治上高压歧视,经济上残酷剥削,终于引发了以秃发树机能为首的西北各民族长达十年的反晋战争。

泰始六年(270年)至咸宁五年(279年)十年间,树机能先后于“晋泰始中,杀秦州刺史胡烈于万斛堆,败凉州刺史苏愉于金山。咸宁中,又斩凉州刺史杨欣于丹岭,尽有凉州之地”。“后为马隆所杀,部下杀之以降”。树机能杀秦州刺史胡烈的万斛堆即今甘肃祖厉河下游一带;败凉州刺史苏愉的金山即今甘肃山丹一带;又斩凉州刺史杨欣的丹岭即今甘肃武威一带。西晋时的凉州大体相当于今兰州以西甘肃大部及青海西宁周围和内蒙古额济纳旗一带,当时尽归秃发部占据,由此阻断了晋王朝与河西的交通,以致晋武帝“为之旰食”,心忧事繁吃不下饭。据《晋书·马隆列传》载,当杨欣战败被杀后的咸宁五年,晋武帝忧心忡忡地询问朝臣:“谁能为我讨此虏通凉州者乎?”只有司马督马隆挺身请缨。于是,马隆率军西渡今甘肃武威一带的温水与树机能激战,树机能大败,并被其部下所杀。从此,秃发部归附晋朝。

树机能死后,其从弟务丸即位。

务丸死,其子推斤即位。

推斤死,其子思复鞬即位。他就是南凉政权的建立者秃发乌孤之父。

第四节 慕容鲜卑吐谷浑部

吐谷浑原本是人名，后来变为姓氏、族称和国号。

据《晋书》、《魏书》、《北史》等史籍所载《吐谷浑列传》，吐谷浑又名弈洛韩，是慕容鲜卑涉归的庶长子，亦即前燕政权建立者慕容廆的庶长兄。因为不是嫡子，没有即位权，涉归分吐谷浑一千七百家，有说分七百户给吐谷浑。涉归死，嫡子慕容廆即位后，便引发了吐谷浑与慕容廆分离，即脱离慕容鲜卑而率部向西迁徙。

据记载，事情的经过是：一天，吐谷浑与慕容廆两部的马互相踢咬争斗，慕容廆见状发怒道：先父当初已明确把我们兄弟俩分开两部，却为何不相远离而让马斗！吐谷浑说：马是畜牲，互相踢咬争斗是其常性，为何迁怒于人！我们互相远离并不难，我现在就可以离开你去到万里之外了。于是，吐谷浑便离开辽河流域一带向西迁徙了。

吐谷浑一离开，慕容廆又后悔，便派本部老者及长史七那楼前往追赶并致歉意。吐谷浑对来人说：我们祖先世代在辽河流域建功立业，先父在世时曾有"卜筮之言"，说"有二子当享福祚，并流子孙。"我是庶子，不能继大位，自当远离。由于马的争斗而致怒，乃是天的启示。请你们试一下，把我的马往回赶，马如果向东走，我就随你们返回。结果，走不到数百步，马突然大声悲鸣，回头向西。见此情景，七那楼等人立即跪拜："可汗，此非复人事！""可汗"是鲜卑语的"官家"，后变成对最高首领如皇帝、君王的称谓。意思是这完全是天意！接着，吐谷浑对部众说：我们兄弟及其子孙都将会昌盛，慕容廆将会传至曾玄孙辈，昌盛百余年；我将到玄孙辈开始昌盛。于是继续率部西迁。

慕容部属东部鲜卑。"慕容"是东汉桓帝年间檀石槐联盟的"东部大人"之一，活动于"从右北平以西至上谷"，即今河北兴隆、遵化、唐山一带向西至张家口、涿鹿一带地区，据《晋书·慕容廆载记》所载，曹魏初年，慕容廆曾祖莫护跋"入居辽西"（即今河北东部卢龙、昌黎一带），曹魏末年，"始建国于棘城之北"（即今辽宁西部北票一带）；至西晋武帝时，慕容廆之父涉归又"迁邑于辽东北"，辽东北即今辽宁辽阳东北；慕容廆即位后，又从辽东北"迁于徒河之青山”(今辽宁锦州一带)。由于慕容部往来迁徙于辽西与辽东,所以,史书往往称吐谷浑为“辽东鲜卑”也有称“辽西鲜卑”或“徒河(徒何)鲜卑”的。

吐谷浑由辽河流域迁出的年代当在晋武帝太康年间(280—289年)。据《资治通鉴·晋纪三》载,太康四年(283年)“鲜卑慕容涉归卒”。吐谷浑当是涉归死后不几年迁出的。

吐谷浑西迁的路线,第一步即“西附阴山”,到达今内蒙古阴山一带。

二十多年后,“属永嘉之乱,始度陇而西”,即由于西晋末永嘉年间(307—315年)延续了十多年的“八王之乱”,以及由此引发的南匈刘渊起兵反晋,建立汉赵国(前赵),进而西晋灭亡,晋室南渡,形成东晋。于是,吐谷浑离开阴山南下迁徙,度过今陕、甘边境的陇山到达陇西。

吐谷浑到达陇西后,进而向西迁徙,“止于枹罕”,到达今甘、青边境临夏附近的枹罕;再进而“自枹罕暨甘松,南界昂城,龙涸、以洮水西南极白兰,数千里”。甘松,在枹罕东南今甘、青、川边境一带;昂城,即今川北阿坝;龙涸,即今川北松潘;白兰,即今青海柴达木盆地都兰一带。这方圆数千里,大体涵盖了今甘肃西南部、青海东南部和四川北部的广大地区。

这样,吐谷浑从辽西河流域西迁后,途经“西附阴山”。过而南下“度陇而西”,再进而西向“止于枹罕”,最后到达今甘、青、川边境一带落脚。

据《资治通鉴·晋纪十二》载,东晋元帝建武元年(317年),即东晋立国当年,“吐谷浑卒”。这就是说,吐谷浑到达落脚地的年代当在西晋末年;也就是说,吐谷浑率部迁徙的历程,从西晋武帝太康年间走出辽河流域,至东晋元帝建武元年前到达落脚地,经历了近三十年,几近于与西晋王朝的年祚相始终。

吐谷浑死后,其子吐延即位。

吐延死,其子叶延即位。

《晋书·吐谷浑载记》所载吐谷浑“其后子孙据有西零、甘松、巳西之界极乎白兰数千里”[①]。西零,即今青海西宁一带。是说吐谷浑死后。其子吐延、

①此句原文为:“其后子孙据有西零巳西甘松之界,极乎白兰数千里。”据周伟洲校改。见《吐谷浑史》,第8页,广西师范大学出版社,2006年版。

其孙叶延继续活动于这“数千里”之地。

叶延即位后，为纪念其祖吐谷浑的历史功业，即遵照中原王朝封建礼制，正式宣称“今以吐谷浑为氏，尊祖之意也。”从此吐谷浑由人名变为姓氏、族称了。进而，如《资治通鉴·晋纪十六》所载，东晋成帝咸和四年（329年），叶延“乃自号其国曰吐谷浑”，吐谷浑又变为国号了。

第五节　党项羌拓跋部

古代史籍记载“党项”或“党项羌”活动的最早年代是北朝西魏、北周之际；最早的史籍是唐代的《隋书》、《北史》、《通典》；进而五代、北宋的新旧《唐书》、《五代会要》，新、旧《五代史》以及元代的《宋史》等。都立有党项专传。这些史籍根据《后汉书·西羌传》关于“西羌之本，出自三苗，姜姓之别也”的记载，皆称党项为“三苗之后”或“汉西羌别种”。总之，说明党项源于羌族，称党项羌。

党项羌兴起于西魏、北周之际。这之前，作为西羌别种的党项羌主要活动于今青海黄河转弯处一带的古析支之地，这一带也是古西羌发源地。魏、晋以后，西羌势力衰弱，其部族或迁徙内地，或远窜山野。至西魏、北周之际，在今甘肃东南部和四川北部一带还分布着宕昌和邓至两个羌强小政权：宕昌的中心在今甘南宕昌一带，邓至的中心在今川北松潘一带。后邓至被西魏所灭，宕昌为北周所灭；宕昌、邓至灭亡后，“党项始强”，从此开始活跃于历史舞台。所以，史籍便从这时开始记载党项羌的活动的。“因此可以说，党项羌应是汉魏后居于今青海、甘南和四川西北的西羌诸部发展而来，是居于这些地区的西羌在北周后的泛称。”①

党项羌是以姓氏为部名的部落联合体。文献记载了党项羌的八个部族名称，即：细封氏、费听氏、往利氏、颇超长、野辞氏、房当氏、米擒氏、拓跋氏。

---

①周伟洲：《唐代党项》，《中国古代北方民族史丛书》之一，广西师范大学出版社，2006年版，第2页。

其中,“拓跋最为强族”,是党项羌联合体中势力最强大的部族。

唐初,党项羌首领拓跋赤辞归附后被赐姓李氏;北宋初,其首领李继棒归附后又被赐姓赵氏;北宋仁宗年间李(赵)元昊建立的西夏国,是宋辽金元时代重要的北方游牧民族割据政权之一。

关于党项羌拓跋部的族源,据史籍记载,它是属于建立北魏王朝的鲜卑拓跋氏后裔。如《辽史·西夏列传》载:“西夏,本魏拓跋氏后,其地则赫连国也。”赫连国即十六国时匈奴赫连勃勃所建夏国。再如《金史·西夏列传》载:“夏之立国旧矣,其臣罗世昌谱叙世次称,元魏衰微,居松州者因以旧姓为拓跋氏。”松州即今川北松潘一带,北魏末年,居住在这一带的党项羌以其旧姓而称拓跋氏。再如唐代《元和姓纂》“拓跋”条,直接把党项羌拓跋部纳入北魏鲜卑拓跋氏的谱系。同时,西夏国建立者李(赵)元昊也正式宣称自己是北魏拓跋氏的后裔。如《宋史·夏国列传上》载,北宋仁宗宝元二年(1039年),即元昊称帝建立西夏国的第二年上宋朝表称:“臣祖宗本出帝胄,当东晋之末运,创后魏之初基。”再如,《续资治通鉴·宋纪四十一》更明确地记载元昊上宋朝表称:“臣祖宗本后魏,帝赫连之旧国,拓跋(跋)氏之遗业也。”

那么,党项羌“最为强族”的拓跋部,是在何年代以及经由怎样的途径而融入党项羌?也就是说,党项羌拓跋部是不是源于北魏鲜卑拓跋氏而非源于西羌?拿周伟洲的话说:“这个问题可以说是中国历史的一个难解之谜。”这里,笔者是以上述史籍记载为依据,以党项羌拓跋部为北魏鲜卑拓跋氏后裔而予以论述的。

自西魏、北周之际“党项始强”后,至北宋前期西夏国建立前,以拓跋部为主体的党项羌经过了怎样的发展历程?

先说西魏、北周之际。据《隋书·党项列传》载,当时,党项羌“数来扰边”,屡次侵扰西魏、北周边境;尤其在隋文帝杨坚任北周丞相时,“中原多故,因此大为寇掠”,党项羌乘中原战乱,进一步加剧了对边境的寇掠。当时党项羌分布的地域,据《旧唐书·党项列传》载:“其界东至松州,西接叶护,南杂春桑,迷桑等羌,北接吐谷浑,处山谷间,亘三千里。”松州,即今四川松潘一带;叶护,指西突厥,其可汗称统叶护;春桑,迷桑,即今青海果洛山和四川阿坎一带。

党项羌发迹在今青海东南部和四川西北部一带亘三千里的山谷间。

再说隋代。《隋书·党项列传》、《隋书·高祖纪上》、《隋书·慕容三藏列传》等有如下记载:开皇四年(584年),党项羌千余家"归化";五年(585年),其首领拓跋宁丛等率部前往旭州(今甘肃临潭一带)"内附";六年(586年),又有党项羌"内附";十五年(595年),叠州(今甘肃迭部一带)内附党项羌"时有翻叛",叠州总督慕容三藏"讨平之";十六年(596年),党项羌"复寇会州"(今四川茂县一带),陇西兵"大破其众",党项羌"请降",并派遣子弟"入朝谢罪"。以上,由"归化"、"内附"到"翻叛"、"复寇",再到"请降"、"谢罪",便是开皇年间党项羌与隋朝关系的写照,这也是自西魏、北周以来党项羌同中原王朝发生关系的进一步发展。

再说唐代时期。唐高祖武德年间(618—626年),党项羌及其北部的吐谷浑乘中原战乱之机频频联合寇扰唐的西北边境。"在唐建国后短短的九年中,党项寇扰唐西北诸州达十余次,其中与吐谷浑一起行动的就有七次",当时,"党项聚居之地在松州以西,叠、洮、廓等州之南"①,松州,即今四川松潘一带;叠州,即今甘肃迭部一带;洮州,即今甘肃临潭一带;廓州,即今青海尖礼一带。当时的党项羌仍分布在今青海东南部、甘肃西南部和四川西北部一带。

唐太宗贞观年间(627—649年),唐朝灭亡西突厥后党项羌陆续归附。其中,如《旧唐书·党项列传》所载党项羌首领拓跋赤辞"率众内属"后,"赐姓李氏",从此,党项羌拓跋氏即改姓李氏了。

唐高宗即位后,势力强大的吐蕃王朝日益向外扩张,北上吞灭了吐谷浑,并侵袭威逼党项羌,迫使党项羌纷纷内徙。如《资治通鉴·唐纪三十六》胡三省注:"贞观以后,吐蕃浸盛,党项拓跋诸部畏逼,请内徙,诏庆州置静边军处之。"就是说,在吐蕃的强势威逼下,党项羌"请内徙"后,唐王朝即在今甘肃最东部边境庆阳一带的庆州设立静边军建置,将党项羌迁来庆州安置,其原居地也就被吐蕃占据了。

"安史之乱"后,党项羌进一步东徙,到达今陕北横山、米脂一带的银州和

---

①周伟洲:《唐代党项》,广西师范大学出版社,2006年版,第21页。

夏州;还有的东渡黄河迁往今山西离石一带的石州。从此,“居庆州者号为东山部落,居夏州者号为平夏部落”。[1]平夏部居住在今陕北、河套一带地区北宋前期党项羌拓跋部建立的西夏政权,就是在平夏部的基础上发展起来的。

唐末五代,平夏部首领拓跋思恭因平定黄巢军有战功,再度受唐王朝封赐。如《新唐书·党项列传》、《旧唐书·僖宗纪》、《资治通鉴·唐纪七十》等史籍所载,当时,黄巢攻入京城长安,拓跋思恭“誓讨贼”,立有战功,于是,僖宗“以拓跋思恭为知夏、绥州节度”,就是临时代理空缺的夏州、绥州节度使一职;接着,又“以权知夏、绥节度使拓跋思恭为节度使”,即由临时代理封为正式任职;再接着,“贼平”,“封夏国公,赐姓李”,并“赐夏州号定难军”,平定了黄巢军后,僖宗进封拓跋思恭为夏国公,再度赐姓李氏,并以夏州为定难军建置。五代时期,党项羌拓跋部利用藩镇争战,朝代更迭之机,进一步发展壮大实力,由此形成了以夏州为中心的强大的地方割据势力,终于在北宋前期建立起称雄西北大地近两个世纪的西夏国政权。

①《旧唐书·党项列传》。

第二章　陇西鲜卑乞伏部建立的西秦国

第一节　鲜卑乞伏部概述

《晋书·乞伏国仁传》说，在昔有如弗斯、出连、叱卢、乞伏等部落，自漠北南出大阴山，遇一蛇，变为一儿，乞伏部一老人收其为养子，众咸许之。及长，骁勇善骑射。弯弓五百斤，四部服其雄武，推为统主。

其后有祐邻者，即乞伏国仁五世祖也。泰始初(265年)率户五千迁于夏缘，部众稍盛。鲜卑鹿结部有众七万余落，屯于高平川(宁夏固原县内)，与祐邻迭相攻击，鹿结战败，南奔略阳，祐邻尽并其众，因居高平川。

乞伏祐邻死，其子结权立，徙于牵屯。结权死，其子利那立。击鲜卑吐赖于乌树山；讨鲜卑尉迟渴权于大非川。收众三万余落。

利那死，其弟祁埿立，祁埿死，利那子述延立，讨鲜卑莫侯部于苑川，大破之，降其众二万余落，因居苑川。

傉大寒死，其子司繁立，始迁于度坚山。寻为苻坚将王统所袭。部众叛离。势亦难全，亦降于苻坚，苻坚拜他为南单于，留之长安。以司繁叔父吐雷抚其部众。

不久，鲜卑勃寒部入侵陇右，苻坚以司繁为使节。都督讨西胡诸军事，镇西将军，讨伐勃寒，勃寒战不利，请降。苻坚令司繁回镇勇士川。

司繁死，子乞伏国仁立。

公元383年,苻坚欲出兵东晋,完成统一全国的大业。陇西乞伏部亦在征调之列,苻坚以国仁为前将军,领骑先锋。

苻坚淝水战败,前秦瓦解,乞伏国仁遂兴兵陇西。招集诸部,有不服者讨而戮之,众至十余万。

苻坚被杀,国仁招集诸部大人说:“苻坚以他高出世人的才干,却为乌合之众所困,真是天意呀! 只守常道而看不到机会的人,先贤圣达都会感到耻辱,见机而动,是英雄人物的本色。我的仁德虽然不厚,但,诸先王积下来的资本,岂能看到时机来临,而不抓住时机,成就一番大业呢?”

公元385年,乞伏国仁自称大都督、大将军、大单于,领秦、河二州牧,建天子旗号,筑勇士城以都之,史称西秦国。

鲜卑族进驻匈奴故地时,较当年匈奴还势盛。一有机会,其中的强盛部落就兼并弱小部落,建天子旗号,称孤道寡,占据一方。更有雄健者,便和中原王朝抗衡,甚至在中原地区,建起自己的帝国。而力量弱小者,便居于中原王朝边塞之地,称雄一时。鲜卑乞伏部、秃发部,就是其中的代表。

第二节　鲜卑乞伏部西秦国的创建与发展

公元385年,乞伏国仁的西秦国一建立,鲜卑匹兰部帅就率众五千来降。在这一年,南安秘宜率羌胡来寇,国仁率兵五千袭其不意,大获全胜,秘宜率众三万户来降。

也就这一年,苻登遣使拜国仁为大都督,都督诸杂夷诸军事,大将军,大单于,苑川王。国仁率众三千袭鲜卑密贵、裕苟、提伦三部于六泉。这时,高平鲜卑没奕于和东胡金熙连兵来犯,国仁率兵迎敌,战于渴浑川,大败来犯之敌。斩首三千级,获马五千匹,没奕于和金熙奔走。鲜卑密贵、裕苟、提伦三部震惊,于是请降。

国仁建威将军叱卢乌孤跋反叛。保牵屯山,国仁讨之。国仁乘胜讨伐鲜卑越质部首领越质叱黎,大破之,获部众五千余口而还。

公元388年,乞伏国仁死,其弟乾归立为王,改元太初。第二年,苻登遣使。封乾归为大将军、大单于、金城王。

同年,南羌独如率众七千来降。乾归又讨伐鲜卑休官阿敦、侯年二部,并吞其众。于是,西秦势力声震陇西。陇西鲜卑豆留其部,叱豆浑部,南丘鹿结、休官曷呼奴、卢水尉迟跋,皆率众来降。连吐谷浑王视连,也遣使朝贺。

西秦陇西太守越质诘归叛,乾归率众讨平之,收其众。

苻登请讨鲜卑大兜国,乾归与苻登共同发兵讨平之,又收其众。

后凉王吕光遣将进犯,乾归初战失利。遂遣彭奚念断后凉归路,前后夹击,大破吕光军。吕光弟吕宝及诸将投河死,吕光士卒死者万余人。

乾归大胜后凉军,声威大振,苻登又拜乾归左丞相、大将军、河南王,领秦、梁、益、凉、沙五州牧。加九锡之礼,封乾归为梁王。

这时,苻登为姚兴所逼,有求于乾归,纳其妹东平长公主为乾归妻,请兵击兴,乾归发兵二万相救,军未至,苻登已为姚兴所杀,乃班师。

氐主杨定,率众四万来侵,乾归率众将拒之,大破杨定军,斩首一万七千级,杨定败。至此,乾归尽有陇西之地,国势大盛。

公元391年,鲜卑秃发如苟率众两万户来降。

同年,后凉吕光率十万来犯,乾归采纳左辅密贵周的建议。称蕃吕光,遣子敕勃为质。既而,吕光又率众来犯,满朝惊惧,都劝乾归东奔纪城,以避其锋,乾归不从,乃曰:“过去,曹操败袁绍于官渡,陆伯言摧刘备于白帝城,都是权谋取胜,战斗的胜败,怎么只看军队的多少呢?吕光虽举全国之兵进犯,但是,吕光没有经营天下的长远打算,是不可怕的,况且,后凉国的精兵,都在吕延的手中,吕延虽勇冠三军,却无谋略,人们可以用奇策战胜他。我们乘胜追击,就可以建大业于天下了。”

乾归用反间计,挑起后凉君臣之间的矛盾,乾归又指挥西秦兵英勇杀敌,大胜后凉兵,吕延兵被擒,遂斩之,吕光逃走。

公元397年,乾归大胜后凉国后。陇西大震,南凉王秃发乌孤遣使来结和亲。乾归又乘势开疆拓土,攻支阳,战允吾,无坚不摧。又遣将攻吐谷浑。吐谷浑王视罴以其子宕岂为质,求两国和好。

这时,鲜卑叠掘河内叛北魏,率户五千来降。

鲜卑乞伏部这时可以说是发展最强盛的时期。然而，这个时代，是个乱兵称雄一时的时代，做一时的雄则可，而要做长久的英雄，却不是一般人所能做到的。况且，鲜卑族各部均可做草莽英雄。然而，欲做万世之主，均缺少经验和训练。因此，乾归走下坡路的日子也就随着强大而来了。

第三节　西秦国的衰落和消亡

西秦国的强大，直接威胁到后秦国姚兴的利益，于是，姚兴倾国中兵讨伐乾归，乾归亦倾国中兵拒战，会大雾、乾归与中军相失，为姚兵所败，逃回苑川，又走金城。

乾归谓诸部大人说："我本无命令天下的才干，廖为诸君推为国君，我虽心存拨乱反正的理想。但是，我的道德品行非一世之雄，我称王已三十年了，现在兵穷势孤如此，君臣百姓离散，恐怕想保一时的生命安全都不可能了，我想西保允吾，以避其锋。如果敌人追赶来了，你们应该安士降秦，保全妻室儿女。"众大臣请生死与共。乾归舍泪道："自古没有不灭亡的国家，国家的兴废是命中注定的。假若上天还不想灭亡我国，复兴还是有希望的，为什么要一块去死呢？你们好自为之，我将寄食他国，以终天年。"于是大哭与众人告别，独引数百骑奔允吾，降南凉王秃发利鹿孤。秃发利鹿孤待之以上宾之礼，处之于晋兴城。

乾归欲叛南凉投奔姚兴，对他的儿子炽磐说："我不能担负国王重任，致使国家倾败。利鹿孤和我有姻缘关系，希望能在困难时援救我，谁知他忘义背叛，欲谋杀我们父子。他十分忌妒我的威名，看来，我和他已势不两立了。姚兴现在正强盛，我准备投奔他。如果我和你一道去，必为利鹿孤追杀。现在，我送你和你母亲为质，他就不会怀疑我了。我到了后秦，他也不敢加害于你。"于是送炽磐于西平，遂奔长安。

姚兴见乾归来奔，大悦，拜乾归使持节，都督河南诸军事，镇远将军，河州刺史，封乾归为归义侯，遣乾归还镇苑川，尽以部众配之。

公元402年炽磐亦从西平逃奔长安。姚兴拜炽磐为振忠将军，兴晋太守。乾归随姚兴讨叛羌党、讨杨盛，破吐谷浑均克之。在战斗中，乾归表现出杰出的军事领导才能，姚兴忧虑乾归终为西部之患，征入朝，拜为主客尚书，以炽磐为建武将军，行西夷校尉，监抚其众。

炽磐见姚兴内乱将要发生，召集旧部二万七千人，筑城嵻崀山以自固。

炽磐攻克枹罕，遣使告乾归，乾归遂逃出长安，奔迎苑川。鲜卑悦大坚部有众五千人来奔，乾归遂入枹罕。乾归留炽磐镇枹罕。自收旧部三万余人，迁于度坚山。

公元409年，乾归在度坚山恢复西秦的国号，再登国王位，改元更始元年。乾归登上王位后，很快收复失去的国土。姚兴惊惧，但又无力征讨，只好遣使，拜乾归为征西大将军、河北牧、大单于、河南王。乾归欲收复河右。权宜受之，遂称蕃姚兴。

乾归收复了故土，遂发兵讨秃发傉檀，并大破之，获牛马羊千余头。又攻姚兴，入永洛城，掠夺千户而还。又发兵攻吐谷浑，又胜之。

公元412年，乾归为其兄子公府所杀，炽磐与叔父智达擒公府而杀之。炽磐遂即国王位，改元永康。炽磐欲称霸河右，即王位后即大行征讨。

公元413年，大破吐谷浑于浇河，俘获三千余户而还。又东讨休官鲜卑诸部，俘获男女万余口。休官鲜卑降者，亦万余人。

公元414年，又讨吐谷浑，再破之，获男女二万八千余人。

公元414年，炽磐就率大军讨伐南凉，一旬而克南凉城，南凉王傉檀降服，遂灭其国，南凉国亡。

公元415年，炽磐又率军讨伐蒙逊，蒙逊无力阻挡，求和，后遣使与西秦和亲。

炽磐又发兵讨伐吐谷浑，吐谷浑王树洛干拒战，树洛干兵败尧杆川，退保白兰山。是时，乙弗酋长乌地正率众二万余户来降。随后，炽磐又发兵西讨诸羌，均大获全胜。

西秦至此，又达到了一个极盛时期。

公元420年，炽磐立其第二子慕末为皇太子，改元建弘。

在鲜卑乞伏西秦蓬勃发展时，在河西，另一个国家——赫连氏建立的大夏国也走向了强盛。

公元428年,炽磐死,慕末即国王位。史书载,慕末政剥酷滥,内外崩离,部民多叛,人心思乱。

大夏国王赫连定,欲灭西秦,屡次发兵攻击。慕末不能抗,求救北魏,魏太武帝许以安定以西,平凉以东封之。慕末乃焚城邑,毁宝器,率部众一万五千人至高田谷,为赫连定所拒,慕末遂退保南安,赫连定攻南安。

公元431年,慕末抵抗不住大夏兵攻击。率宗族五百余人投降,西秦国灭。

鲜卑乞伏部长期活动在六盘山北部,宁夏固原一带,从有史书记载其活动到公元431年西秦国破灭,前后长达一百七十余年,在这段时间里,他们曾建立了自己的国家,但因为他们始终把自己的活动地区限制在六盘山北,黄河以南这个狭小的天地里。因此,不可能有什么大的前途。

第三章　鲜卑秃发部建立南凉国

第一节　鲜卑秃发部简介

鲜卑秃发部是河西较有影响的一支。

崔鸿《十六国春秋·南凉条》和《晋书·秃发乌孤载记》都说:"秃发乌孤,河西鲜卑人也。其先与后魏同出,八世祖匹孤率其部自塞外迁到河西。"

又据《元和姓纂》卷十秃发氏条和《新唐书》卷七十五上《宰相世系表五》源氏条说,匹孤,乃是圣武帝诘汾之长子。即鲜卑拓跋氏始祖力微的长兄。

秃发与拓跋同源,《魏书》中也有记载,《魏书·源贺传》说:"源贺,自署河西王秃发傉檀之子也。傉檀为乞伏炽磐所灭,贺自乐都来奔……世祖素闻其名,及见,器其机辩,赐爵西平侯,加龙骧将军。谓贺曰:卿与朕源同,因事分姓,今可为源氏。"

秃发、拓跋,其音相近,或为译音不同而分为两部吧。

既然秃发、拓跋的首任酋长,都是诘汾的儿子,而且,秃发为长,力微为次,那么,"因事分姓",很可能就是为争夺王位继承而分为两部吧。

前面考证力微的出生时间为公元174年,那么,秃发匹孤即为长子,应是生于公元174年前。秃发与力微的分裂,应在公元174年以后。

大概在公元二世纪末,三世纪初,秃发匹孤率其部自塞北向西发展,迁于河西;而力微率其部向东发展。

据史书载,鲜卑秃发匹孤迁其部到河西后,其地东至麦田、牵屯,西至湿罗,南至浇河,北接大漠。匹孤卒,其子寿阗立为大人。因寿阗生产时,生于被子中,鲜卑族谓被为秃发,因以为氏。

这就是鲜卑秃发部姓氏的来源。

秃发寿阗卒,其孙树机能立。晋太始中,树机能率众入侵晋西土,杀晋秦州刺史胡烈,又败晋凉州刺史苏愉,尽有凉州之地。晋武帝为此寝食不安。其后,晋武帝派大将马隆率兵讨树机能,经过激战,树机能兵败,树机能也为部下所杀。

树机能死,树机能弟务丸立为大人。务丸死,其孙推斤立,推斤死,其子思复鞬立,部众稍振。

思复鞬死,其子秃发乌孤立。乌孤即大人位后,务农桑,修邻好,后凉王吕光,拜乌孤为冠军大将军,河西鲜卑大都统,广武县侯。

鲜卑秃发部到了乌孤时代,进入了一个历史转变时期。

第二节　鲜卑秃发部建立的南凉国

秃发乌孤立,又得到后凉国的支持,于是,开始征服周围鲜卑族各部。先征服了乙弗、折掘二部,后又征服鲜卑意云部及其他诸部,国势开始强盛起来。

西晋隆安元年(397年),秃发乌孤建立南凉国,年号太初。

同年,秃发乌孤率部攻克金城(甘肃兰州),吕光遣将窦苟率兵讨伐南凉,乌孤率部抵抗,并大败吕光兵,于是,岭南羌、胡数万落皆来降附,后凉将杨轨也率部族数千户来降。

太初三年(399年),乌孤迁都乐都。

史书说,秃发乌孤,很注意搜罗人才。在他统治下的南凉国,四夷之豪隽,西州之德望,文武之秀杰,中州之才令,秦雍之世门,皆内居显职,外宰郡县,官方授才,咸得其所。

同年,秃发乌孤死,其弟利鹿孤即王位,徙居西平,改年建和。

后凉王吕纂不愿看到自己身边有一个日益强盛起来的新的国家对自己构成威胁，于是，派兵遣将前来讨伐，利鹿孤使傉檀率军抗击后凉军。当时，后凉国军事强盛，吕纂军到，傉檀军甚是忧惧。傉檀见军情如此，下马据胡床坐，镇静自若，三军之情始安。

秃发傉檀是一个将才、帅才，他知道面对强大的敌人，如何战而胜之。南凉军在傉檀的领导下，大败后凉军，斩首两千余级。

之后，吕纂又出兵击北凉段业，傉檀率南凉军袭后凉京城姑臧(甘肃武威市)，掠八千余户而还。

公元401年，西秦王鲜卑乞伏乾归为后秦王姚兴所败，率数百骑奔南凉，利鹿孤处乾归于晋兴城，待为上宾。

利鹿孤的大臣俱延对他说："乾归本是我们的属国，妄自尊位，建国称王。现在，被姚兴打败了，才来投奔我国。并不是真的投降我国，若他东奔姚兴，必率后秦兵来攻打我们，这对我国很不利。"

利鹿孤不听。不久，乞伏乾归果然叛逃，投奔姚兴，利鹿孤悔之不及，派兵追赶，一直追到黄河边，不及而还。

同年，利鹿孤率兵讨伐后凉，获后凉国左仆射杨桓。杨桓很有才干，于是，拜杨桓为左司马。

祠部郎中史景建议利鹿孤拜汉人田玄冲、赵诞为博士祭酒，以教育子弟。

是时，秃发利鹿孤虽建国称王，却称臣后秦姚兴。姚兴听说杨桓有德望、有才干，征之，利鹿孤不得已，遣杨桓于姚兴。

利鹿孤欲扫平秦陇，遣弟傉檀伐后凉，攻克显美，擒后凉将孟祎。

后，北凉王沮渠蒙逊讨伐后凉，吕隆求救于利鹿孤，利鹿孤遣傉檀率千骑救之，兵至昌松，蒙逊退兵，傉檀掠凉泽等地五百余家而还。

第三节　南凉国的灭亡

公元402年，利鹿孤死，其弟秃发傉檀即南凉国王位。傉檀即王位后，又把国都迁回乐都(甘肃乐都县)。

秦王姚兴拜傉檀为车骑将军,广武公。

公元403年,后凉亡于后秦。傉檀惧,乃去年号,朝贡于姚兴。

傉檀发兵讨南羌、北凉、大破之。上表姚兴求凉州地,姚兴不许,加傉檀散骑常侍,增邑二千户。

傉檀又兴兵伐沮渠蒙逊,蒙逊坚守不战,傉檀军至赤泉,芟其禾苗而还。

为了获得姚兴的信任和支持,傉檀向姚兴献战马三千匹,羊三万头。姚兴晋傉檀为使持节,都督河右诸军事,车骑大将军,领护匈奴中郎将,凉州刺史。

傉檀,外称臣姚兴,内称国王,置百官。

史书说,傉檀"少机警,有才略","论六国纵横之规,三家战争之略,远言天命废兴,近陈人事成败,机变无穷,辞致清辩"。自持多能,欲成大业。然而,他强不能守,穷又屡征,用兵不已,导致族败国亡。

傉檀伪游浇河,袭徙西平,湟河诸羌三万余户于武兴、番禾、武威、昌松四郡。其后,又征兵五万伐蒙逊,入西陕,结果,为蒙逊击败。

然而,傉檀不能以此为训,又发兵讨赫连勃勃,战于阳武,又为赫连勃勃打败。仅率数骑,逃奔南山。

傉檀持能又自不量力,屡战屡败,却不能从中吸取教训,结果,引起国人的反对。军谘祭酒梁裒,辅国司马边宪等七人,欲废傉檀,事泄,傉檀擒而斩之。

姚兴见傉檀兵败阳武,内又有梁、边之祸,于是,兴兵伐南凉,声言伐赫连,傉檀不以为备,姚兴兵至漠口,攻傉檀昌松,城破,守将苏霸战死,姚兴又攻姑臧,傉檀部将王钟等欲为秦军内应,事泄,傉檀杀王钟等党羽五千余人,将王钟党羽的妻妾作为赏赐品,送给军人。

面对姚兴的大兵压城,傉檀心生一计,令诸郡县驱牛羊于野,任秦军抄掠,遂分兵击秦兵,斩秦兵七千余级,大获全胜。

公元408年,傉檀重新称王,建年号嘉平,置百官,封世子武台为皇太子。

傉檀称王建年后,急于求成,遂发兵讨蒙逊,掠临松千余户而还。蒙逊怒,发兵攻傉檀大破鲜卑车盖部。

傉檀欲称霸陇西，遣俱延讨伐蒙逊，被蒙逊击败，傉檀仍不甘心，又亲自率兵讨伐蒙逊，太史令景保劝谏停军，傉檀不听，与蒙逊战于穷泉，又为蒙逊打败，傉檀单骑奔还。蒙逊进围姑臧，城中百姓皆惊散。各族人众万余户降蒙逊，其中包括属河西鲜卑的叠掘、麦田、车盖等部。傉檀右卫折掘奇镇据石驴山，率其部叛降蒙逊。

傉檀惧，遣使请和，蒙逊许之。蒙逊徙南凉八千余户而归。

傉檀惧为蒙逊所灭，乃迁都乐都。傉檀始出姑臧，其部将王侯闭门为难，收拾留者三千余户降蒙逊。

蒙逊以克姑臧之盛伐傉檀，围乐都三旬不克。

是时，吐谷浑王树洛干亦发兵攻傉檀，傉檀遣其子武台前去拒敌，兵败而还。

傉檀连遭失败，但并不吸取教训，仍欲集大军进攻北凉，护军孟恺谏而不听。于是，分兵五道，进攻蒙逊，至番禾、苕藋，掠五千户随军，将军屈右又谏停兵，又不听，时昏雾风雨，蒙逊乘机袭傉檀兵，傉檀大败。蒙逊乘胜进军，围南凉国都乐都，傉檀婴城固守，蒙逊攻不下，求以傉檀子染干为质，傉檀无奈，许之，蒙逊方退兵。

有人劝蒙逊，不应给傉檀有喘息的机会，于是，蒙逊又兵围乐都，二旬不克。傉檀湟河太守文支以城降蒙逊，蒙逊徙五千户于姑臧。蒙逊再攻乐都，久攻不下，蒙逊求以太尉俱延为质，傉檀又许之，蒙逊乃退兵。

傉檀虽处困境中，仍征战不已，蒙逊刚退兵，傉檀就想出兵征鲜卑乙弗部。孟恺谏道："连年不收，上下饥弊，南逼炽磐，北迫蒙逊，百姓骚动，下不安业……今远征虽克，后患必深，不如结盟炽磐，通籴济难，慰喻杂部，以广军资，畜力缮兵，相时而动。"[①]傉檀又不听，乃率七千骑伐乙弗，大破之，获牛马羊四十余万。

是时，西秦王炽磐乘虚击乐都，此时，傉檀子武台守乐都，抚军从事中郎劝武台守城之策，以保实力，武台不听，一旬而城破。

---

①《晋书·秃发傉檀载记》，中华书局，1974年版，第3155页。

傉檀得知乐都被占,遂兵向西,其众多逃叛,傉檀遣镇北将军追之,遂也逃叛,于是,众将军皆叛去。

傉檀穷极,乃归降乞伏炽磐。乞伏炽磐拜傉檀为骠骑大将军,封左南公,几个月后,将其杀死。

公元414年,南凉亡。

鲜卑秃发部建国十八年而国灭。

第四章　鲜卑徒何段就眷部的兴亡

徒何段就六眷，本出于辽西，他的伯祖日陆眷，因战乱被卖给渔阳乌桓大人库辱官为奴。其后渔阳大饥，库辱官以日陆眷身体健壮，就派他到辽西就食。日陆眷到了辽西，遂召集旧部，引诱亡叛，迅速强大起来。

日陆眷死，弟乞珍代立。乞珍死，其子务目尘代立。务目尘，就六眷之父也。务目尘立，遂据有辽西之地，而臣属于晋王朝。这时，务目尘部下有三万余家，控弦骑士有四五万人。务目尘《晋书·段匹磾传》写作务勿尘，乃译者不同之故也。务目尘因助司马越征战有功，晋幽州刺史王浚上表晋皇，封务目尘为亲晋王，辽西公，嫁女予务目尘为妻。

公元307年，晋怀帝封务目尘为鲜卑大单于，抚军大将军。晋幽州刺史王浚使务目尘率众讨伐石勒于常山封龙山下，大破石勒军。

务目尘死，其弟涉复辰以务目尘子就六眷即王位。就六眷，《晋书·段匹磾传》写作疾陆眷。刘曜进攻洛阳，王浚遣都护王昌等率就六眷及其弟文鸯，从弟末波（《晋书·段匹磾传》）写作末杯）率部骑五万攻石勒于襄国。石勒兵败还寨，末波追入寨门，遂为石勒所获。据《魏书·徒何段就六眷传》载，石勒擒获末波后，置之座上，饮宴尽欢，约为父子，盟誓而遣之。末波既得免，就六眷等遂率军而去，不投王浚，回到辽西。

《晋书·段匹磾传》却说，石勒以末波为质，遣使求和，就六眷将许之，段文鸯反对说："我们是受命讨石勒，怎么能因为末波一个人的缘故，使捉拿石勒的机会错过呢？这样做，就会失去王浚对我们的信任，又会引来后患，不能答应石勒的请求。”就六眷不听，用战马二百五十匹、金银各一筐赎末波。石勒放回末波，又用金银彩绢收买就六眷，就六眷令弟文鸯与石季龙盟约为兄弟，遂引军还。

起先，段匹磾推刘琨为大都督，结盟讨伐石勒，并传檄涉复辰、就六眷、末波等三面集聚襄国。刘琨，匹磾屯军固安，以候众军到来，石勒恐惧，使用离间计，派使者重金贿赂末波，末波收受重金后，就想报答石勒的恩惠，不想发兵了。而且，他还认为，匹磾在外，现在叫他们兄弟出兵，是不是想夺他的国家呢？于是派人去对涉复辰、就六眷说：“匹磾叫我们出兵，是父兄服从子弟也，一旦打了胜仗，功劳还不是匹磾的。”涉复辰、就六眷都认为说得对。于是，引兵而还。

段就六眷死，其子幼弱，段匹磾与刘琨世子刘群从蓟州前去奔丧，暗带兵器，欲杀其叔父羽鳞和末波而夺其国。匹磾到达右北平，末波宣言说：“匹磾要来夺王位了！”出兵击匹磾，匹磾与刘群为末波俘获。末波遂杀害涉复辰及其子女，党羽二百余人。自立为鲜卑单于。

后段匹磾逃回蓟州，又害怕刘琨擒拿自己，于是，请刘琨赴宴，在宴会上，执刘琨而杀之。匹磾既杀刘琨，势力遂强盛起来。

段匹磾与羽鳞、末波相互攻击，部众纷纷逃走。段匹磾欲率众保上谷，以军都之险阻击末波，因受到鲜卑拓跋郁律的攻击，南奔乐陵。其后，石勒遣石虎攻乐陵，破亡，生擒段文鸯，匹磾遂率众向石勒投降。段匹磾降石勒之后，不为石勒礼遇，心中怏怏，常穿晋朝赐给的服装，手持晋朝抚节。于是，石勒国中有忠于晋朝者，暗中拥护段匹磾为主，事泄，段匹磾被害，文鸯也遂遇害。

末波自称幽州刺史，屯居辽西。末波死，国人立日陆眷弟护辽为主。鲜卑拓跋翳槐封护辽为骠骑大将军、幽州刺史、大单于、北平公，封护辽弟郁兰为抚军将军、冀州刺史、勃海公。公元338年，石虎征护辽于辽西，护辽奔平冈山，遂投慕容皝，慕容皝欲杀之。郁兰奔石虎，石虎以所率鲜卑五千人配之，使屯于令支。郁兰死，其子段龛代立。

公元350年,冉闵之乱,慕容俊遣将伐段龛于广固,执段龛送到蓟州,慕容俊毒其目而杀之,坑杀其徒三千余人。

自此,徒何段部就消失到徒何慕容部中去了。

第五章　鲜卑吐谷浑国

第一节　鲜卑吐谷浑国的来历

吐谷浑本是鲜卑族辽东徒(又写作“屠”)何部的一个分支。据史料载,鲜卑族辽东徒何部大酋长涉归有二子,庶长子曰吐谷浑,少子曰弈洛环(后改为慕容廆)。涉归在世时分其部为二,吐谷浑得民一千七百户(《魏书》说七百户)。涉归死,少子慕容廆代统其部为王。因二部牧马相斗,慕容廆怒,对吐谷浑说:先公分建有别,奈何不相远离,而令马斗!吐谷浑说:马是牲口,斗是它们的本性,怎么能迁怒于人呢?分开很容易,现在我就离开你,到万里以外的地方去,于是,率部西行。

既而,慕容廆悔,派人前去追吐谷浑,劝吐谷浑回来。吐谷浑对劝他的人说:父王在世时,曾算过一卦,说我们兄弟二人都会昌盛起来,让子孙后代,受用无穷。可是,我是地位低的庶族,没有资格和弟弟一块去称王称霸。今天,牧马相斗,使我们兄弟分别。这大概就是上天启示我到远处去立国吧。你来劝我回去,又是受了国王的命令而来的。我没有什么话说,如果你们能把牧马驱回去,我也就跟着回去。

来劝说吐谷浑回去的使者及随从两千余人驱牧马东还,牧马向东走了百余步,仰天悲鸣了一阵,回头向西而去。使者及随从无奈,只好让吐谷浑和他的部众向西而去。

吐谷浑率其部到了阴山后，对其部众说："我们兄弟都应该建国称王，如果他们的子孙可以建国百年的话，我的子孙后代，大概也可以这样吧。"

这时，正值西晋王朝八王之乱，接着西晋王朝灭亡，中原无主，边疆地区就更加无人过问。于是，吐谷浑率其部众遂向陇西发展，占有西零以西甘松之界，使边界达到白兰，地广数千里。

吐谷浑部一直保持着鲜卑族原有的民族风俗，有城郭而不居，随逐水草，庐帐为屋，肉酪为粮。其男，通服长裙，以缯为帽，以罗幂为冠。妇人以金花为饰，辫发索后，缀以珠贝。其婚姻，富家厚出聘财，窃女而去。父卒，妻其群母，兄亡，妻其诸嫂。丧服制，葬讫而除。国无常税，调用不足，辄敛富室商人，取足而止。杀人及盗马者，罪至死。他罪则征物以赎。已具有初级的国家形式，其官，置长史、司马、将军。吐谷浑颇识文字，但他们一直没有自己的文字。

鲜卑吐谷浑部又称阿柴虏，或号为野虏。

吐谷浑年七十二岁而卒，其长子吐延继大酋长位。吐延是一个雄心勃勃的人，他见中原大乱，大有入主中原，一决雌雄的愿望。他对部众说："大丈夫生不在中国，也就当像汉高祖光武帝那样，与韩、彭、吴、邓并驱中原，定天下雌雄，使名垂青史。现在，我们深窜穷山，习俗也和中原不一样，长安、洛阳地区的礼教听不到，我们的名字也写不到保存在皇宫里的名册上。生和鹿同群，死后用毡裘包着灵魂，虽然我们现在也能偷看日头和月亮，不觉得问心有愧吗？"他大有到中原大干一番事业的劲头。

然而，吐延性残酷、凶狠，负其智而不能疼爱部众。在位十三年，为羌羝族酋长姜聪所杀。

吐延死，其子叶延立。

叶延年十岁居王位，在诸大人的辅助下治理自己的部众，史书上说，叶延，性沉敏，至孝，据史书传，好问天地之道，帝王年历，而对手下酋长、大臣尚武轻文十分不满，曾批评他们说："你们也真没有见识啊！"

叶延根据《礼记》上说："公孙之子，得以王父字为氏"的话。于是，对臣下说："我曾祖始昌黎，光宅于此，今以吐谷浑为氏，尊祖之义也。"

这就是鲜卑吐谷浑部和历史上称之为吐谷浑国的来历。

叶延在位二十三年卒,时年三十三岁。叶延死,其长子碎奚(《晋书》称之为辟奚)即国王位。

第二节　南北朝时期的吐谷浑

碎奚性仁厚慈惠,听说苻坚强盛,乃遣使朝贡马五十匹,金银五百斤,苻坚大悦,拜碎奚为安远将军。

碎奚为王,三弟专权,碎奚不能制,诸大人恐为国害,共谋而诛之。碎奚闻三弟被杀,痛不欲生,恍惚成疾,谓世子视连说:"我祸及同生,何以见之于地下?国事大小,你应当领摄之,我余年残命,只是寄食世上而已。"于是,把朝中的一切大权,都交给了他的儿子视连。

碎奚在位二十四年卒,时年四十二岁。

视连即国王位后,通聘于乞伏乾归,乞伏乾归拜视连为白兰王。

史书说,视连从幼小的时候起,就形成了廉洁、谨慎、意志坚强的性格。他对父亲的死时时忧虑,以至于对国家政事也不愿意考虑了。他不饮酒,也不游猎,他的长史钟恶地对他说:"治理国家,要施之以德,要以威仪驾驭部众,要使老百姓有饭吃,要给他们以娱乐,不能使刑法和仁德放在那里不用。"

视连却说:"这些事,我做不到,让我的子孙后代去做吧。"他对他的儿子视罴说:"我们的高祖吐谷浑常说,我的子孙后代,必有兴者,永远做中国西部的蕃属,相传百世。我是做不到了,你也看不到,大概是你的子孙辈才能实现吧。"视连向他的儿子说完此话就死了,在国王位上待了十五年。

视连死后,他的儿子视罴即王位,视罴是一个有雄才大略的人。他对吐谷浑往代君主仅以仁德治理部众,不以法律制度又不和四边邻国结交的做法十分不满。他决心把国家好好治理一下,使他有力量和中原王朝抗衡。他即国王位后,西秦王乞伏乾归派使臣晋封他为白兰王,他拒绝封拜,并对使臣说:"自晋道不纲,奸雄竞逐,刘、石虐乱,秦、燕跋扈,河南王(指乾归)处形胜之地,宜当纠合义兵,以惩不顺!奈何私相假署,拟僭群凶!寡人承五祖之休烈,控弦之士二万,方欲扫氛秦、陇,清彼沙、凉,然后饮马泾、渭,戮问鼎之竖,以一丸泥封关东,闭燕、赵之路,迎天子于西京,以尽遐蕃之节,终不能如季孟、子阳妄自尊大。为吾白河南王:何不立勋帝室,策名王府,建当年之功,流芳来叶邪!"

使臣回来后对乾归报告了视罴的一番训话,乾归十分恼怒,本想发兵攻打,忌惮视罴的强硬,只好压住怒气,与吐谷浑和好。当然,这种和好,只是表面的、暂时的。

视罴为了振兴民族,振兴国家,他虚襟抚纳,广招贤才。

正当视罴一心一意整治理家的时候,西秦王乾归不宣而战,突然袭击吐谷浑,视罴仓促应战,大败而逃,退保白兰山。

视罴兵败之后气愤交加,不久就死了。视罴死,其子树洛干还小,只好传位于其弟乌纥堤。

乌纥堤性软弱,不关心国事,耽酒好色,视罴死,纳诸嫂为妻,使战乱后的吐谷浑更加混乱。

公元405年,乞伏乾归入长安,又发兵讨吐谷浑。吐谷浑又大败,万余人被乞伏乾归掠走。

吐谷浑又一次吃了大败仗,民心更加不稳,乌纥堤这个国王也当不下去了。不久,他也就在南凉国死去了。

乌纥堤死,树洛干自然登上了国王的宝座。

树洛干的母亲有权术,专国政。树洛干十六岁为王,自称大都督,车骑大将军、大单于、吐谷浑王,号戊寅可汗。他对群臣说:"我们的先帝避到这个地方,到我已历经七世,我想和大伙一道把国家治理好。现在,世马桓桓,控弦数万,我将振武梁益、称霸西戎,观兵三秦,远朝天子。你们以为如何?"

众大臣齐声说:"此盛德之事,愿大王自勉!"

树洛干的雄才大略,引起了乞伏乾归的忌恨,遂发兵攻吐谷浑。树洛干战败,不得已,投降乾归。乾归封树洛干为平狄将军,赤水都护。其后,数受乞伏炽磐的侵扰,国无宁日,退保白兰山,不久发病死去。在位九年,死年二十四岁。

公元414年,树洛干死,其弟阿豺立。阿豺自号骠骑将军,沙州刺史。

阿豺即国王位后,遂兼并氐、羌等民族,拓地数千里,号为西域强国。

阿豺决心和南朝刘宋修好,尊南朝刘宋为正统。于是,遣使通南朝刘宋,并贡方物。

公元423年,宋少帝封阿豺为浇河公。

公元426年,宋文帝又遣使给阿豺加封,使未发,会阿豺暴病死,加封未成。

阿豺死后,兄子慕璝立为王。慕璝即王位后,又遣使奉表通宋。南朝宋王刘义隆封慕璝为陇西公。

此时,鲜卑拓跋部建立的北魏王朝,正在魏太武帝的领导下,成为北中国的第一强国。

慕璝奉表通使南朝,是为了得到南朝宋皇的封爵,从而提高自己的政治身价,召集秦、凉无业士人,征服羌、戎杂夷部落,他南通蜀汉,北交凉州、赫连,扩大自己的影响。

同时,他又积极地推行东交北魏的政策,表示愿为北魏的臣属。

公元431年,吐谷浑出兵讨伐赫连夏国,并一举把他消灭。生擒夏国王赫连定,送到北魏的首都平城。魏太武帝十分赞赏,拜慕璝为大将军、西秦王。

慕璝又通使南朝刘宋,宋王封他为陇西王。

公元436年,慕璝死,弟慕利延即国王位,魏太武帝拜慕利延为镇西大将军,仪同三司,改封平西王。慕利延又通使南朝,刘宋王朝又封他为河南王。

公元439年,魏太武帝平凉州,灭北凉国,慕利延惧,率部西走。魏太武帝遣使宣喻,乃还。

其后,吐谷浑国内发生动乱,慕利延兄子纬代,怀疑慕利延将害己,谋欲降魏,慕利延发觉,擒而杀之。纬代弟叱力延等八人逃奔平城,请兵讨慕利延,魏太武帝封叱力延为归义王。诏晋王伏罗讨吐谷浑,会战大母桥,斩首五千余级,慕利延逃入白兰山,慕利延弟伏念,率众一万三千余人降魏。

其后,魏太武帝又派高凉王拓跋那讨吐谷浑于白兰。慕利延遂入于阗国,杀其王,有其国。慕利延又南征罽宾,慕利延上书南朝求救,宋文帝刘义隆赐以牵车,但并未发兵相救。

慕利延在于阗国待了七年,方还其故土。

慕利延死,树洛干的儿子拾寅即国王位,始建都城伏罗川。其举止出入,仿效中原皇帝。

拾寅认为北魏是正统,受北魏正朔。然而,他又接受南朝的封爵,号河南王。魏太武帝也拜拾寅为镇西大将军、沙州刺史、西平王。

其后,拾寅自恃险远,对北魏颇不恭敬,然而,对南朝仍保持着友好的关系。

公元452年,魏文成帝即魏王位,定阳侯曹安上书讨伐吐谷浑,文成帝从之。于是遣阳平王新成、建安王穆六头等率众分南北二道讨吐谷浑,拾寅奔走南山,魏军济河追之,会军中多病,未及远追,乃班师。获驼马二十余万匹。

公元466年,魏献文帝即皇帝位,诏上党王长孙观讨伐吐谷浑,于曼头山与拾寅会战,吐谷浑军又败,拾寅遁走。经过几次战斗,吐谷浑屡战屡败,复与北魏朝修好,遣使朝贡,魏献文帝囚其来使。时吐谷浑饥荒,屡寇浇河。北魏又发兵进讨,拾寅惧,又求和好。魏献文帝征其子为质,拾寅无奈,只好遣子斤入侍为质子。

公元481年,拾寅死,其子度易侯即王位。

吐谷浑自阿豺归魏后,一直怀有二心,或称臣、或反叛,时有之。北魏王朝对吐谷浑,或讨伐、或安抚、或责让,也时有之。

度易侯立,向北魏称臣朝贡。其后,度易侯伐宕昌,魏孝文帝下诏责让之。又赐锦彩,令所掠宕昌生口放还。

度易侯死,其子伏连筹立为王。魏孝文帝令其入朝,伏连筹称疾不行。为防止魏军的征讨,伏连筹修洮阳、泥和二城,派兵防守。

公元488年,魏文明太后冯氏死,魏孝文帝使人告凶,伏连筹拜命不恭,有司要求派兵征讨,魏孝文帝不许,下诏责让之。伏连筹派世子贺鲁头朝于京师。魏孝文帝拜伏连筹使持节,都督西垂诸军事,征西将军,领护西戎中郎将,西海郡开国公,吐谷浑王。

魏孝文帝的安抚政策获得了极大成功。公元500年,魏孝文帝死,伏连筹遣使赴哀,尽其诚敬之礼。

伏连筹是一个颇有心计的人,对北魏朝,他内修职贡,外并戎狄,塞表之中,号为强富。他学习北魏,树置百官,称制西域诸国。

北魏王朝对吐谷浑一直怀有戒心。宣武初,对吐谷浑开疆拓土的行为,深加责让。

伏连筹对北魏朝一直殷勤从事,宣武至于正光,无岁不朝贡,以消除北魏朝对他的怀疑和戒心。北魏末年,秦州人莫折念生反,河西路绝,伏连筹才断绝朝贡。

伏连筹死,其子夸吕即王位,始自号可汗。又建都伏俟城。

公元534年,北魏分裂为东西魏。初,东魏较强盛,丞相高欢招怀荒远,北方蠕蠕附于东魏,夸吕遣使假道蠕蠕朝于东魏,又送其妹为孝静之妃。东魏亦将济南王拓跋匡之孙女广乐公主送给夸吕为妻。

公元535年,西魏丞相宇文泰遣使向夸吕晓以逆顺之理,夸吕二心于西魏,一方面向西魏朝贡,一方面又不时侵扰边疆,西魏边疆吏民,多受其害。

自公元553年至公元578年二十余年间,前者西魏,后者北周,和吐谷浑之间进行了多次战争,西魏、北周虽每次对吐谷浑用兵,都有所俘获,甚至还抓住了夸吕的妻子,但,始终也没有伤夸吕的元气。夸吕或拒战,或朝贡,或逃跑,反反复复,没有绝期。

据《北史》载,公元535年,宇文泰遣使晓以逆顺之理,夸吕派使臣朝献,然,又抄掠边境。

公元553年,宇文泰派兵讨伐,兵至姑臧,夸吕振惧,派使贡方物,求和好。

是年,夸吕又派使臣通北齐朝。宇文泰为了阻止吐谷浑和北齐的通往,对吐谷浑的使者和商人大肆堵截,禁止其往来,公元553年,一次就俘获吐谷浑的使者、商人240多人,驼、马六百多头,杂彩、丝绢以万计。

公元556年,宇文泰联合突厥偷袭吐谷浑,夸吕的妻子也成了俘虏。

公元557年,北周代西魏。

公元559年,夸吕寇凉州,北周凉州刺史战死。北周派兵反击,拔洮阳、泥和二城。

保定中,夸吕三次派使臣向北周朝贡方物。

天和初(566年),吐谷浑龙涸王率部降北周。

公元576年,吐谷浑国中大乱,北周乘机进攻,夸吕遁走,北周掠其众而还。

公元578年,吐谷浑赵王他娄屯降北周,自此,北周和吐谷浑的关系断绝。

吐谷浑一直保持着草原游牧民族的特性,又生活在河西的草原地区,因此,多次受到攻击,都没有受到毁灭性的打击。

因为,草原游牧民族具有很大的机动性,他们无城廓居住之所,无边无际的沙漠、草原使他们有无限广阔的活动场所。战则与畜牧俱至,奔则与牲畜俱亡。这是长时间里中原汉民族或是入主中原定居下来的少数民族,无法战胜或消灭北方、西方草原游牧民族的根本原因所在。

第三节　隋唐时期的吐谷浑

公元581年,隋文帝杨坚代周建立隋朝,夸吕乘机占领弘州,杨坚派兵反击,夸吕举国中兵前来拒战,隋兵在隋将元谐的指挥下,大破夸吕兵。夸吕兵败,率众远遁。吐谷浑有名的将领十三人,率部众降隋。隋文帝以其高宁王移兹裒为大将军,封河南王,以统降众。

未几,夸吕复来寇边,隋将皮子信战死。隋文帝又派兵反击,夸吕退走。

在整个隋代,一直对吐谷浑处于守势。隋文帝杨坚推行一种攘外必先安内的策略。因此,在隋代,吐谷浑国内发生过多次内乱,为隋文帝用兵提供了许多机会,但隋文帝就是不用兵,而是抱着一种坐观政策。

据《北史》载,在位四十多年的夸吕晚年屡因喜怒无常而废杀太子。立杀只在转眼之间。后来太子害怕废辱,遂谋执夸吕降隋,请兵于隋朝边疆守军将领。隋文帝皆不许。

公元586年,夸吕太子嵬王惧诛,谋降隋,并请隋派兵接应,隋文帝对太子派来的使臣说:普天之下,都是我的臣民,各做好事,就称我的心了。嵬王既然有好意,欲来降服,唯一的办法就是教他如何做臣的方法,不能远派兵马,帮助他做背叛父王的恶事。

公元588年,吐谷浑名王拓跋木弥,请以千余家归顺隋朝,隋文帝杨坚坚决予以制止。他对隋朝的边将说："叛夭背父，何可收纳！又其本意，正自避死，若今违拒，又复不仁。若有音信，宜遣慰抚，任其自拔，不须出兵马应接。其妹夫及甥欲来，亦任其意，不劳劝诱也。"[①]

公元591年，夸吕死，其子世伏即王位。遣使臣奉表称蕃，并献方物，并请女以备后廷。隋文帝认为，聚敛少数民族女子充后宫，不是搞好和少数民族关系的办法。因此，拒绝其请。

公元596年，隋文帝以光化公主妻伏，伏上表称公主为天后，隋文帝不许。

公元597年，吐谷浑国中乱起，国人杀世伏，立其弟伏允为王。伏允派使者经长安向隋文帝陈述立废之事。并谢专命之罪，并请依俗尚主，隋文帝许之。自是，每岁朝贡不绝。然而，伏允时常向隋文帝打探中国的消息，隋文帝颇恶之。

隋炀帝即位后，公元605年，伏允遣子顺来朝。

是时，铁勒犯塞，隋炀帝遣将御之，铁勒又遣使谢罪。隋炀帝命令铁勒击吐谷浑以自效，铁勒许诺，讨伐吐谷浑，大破之。伏允东走，保西平。隋炀帝遣大将杨雄，宇文述往击之，又大破其众，伏允遁逃，部落降隋者十余万口。宇文述猛追，伏允逃往山谷间，其故地皆空。自西平临羌城以西，且末以东，祁连山以南，雪山以北，东西四千里，南北二千里，皆为隋朝的版图。

隋炀帝留顺不遣，伏允无以自资，率其残部数千人客居党项。其后，炀帝立顺为吐谷浑王，送出玉门，令统领吐谷浑降人，且令大宝王尼洛周为辅，至西平，尼洛周为其部下所杀，顺不得入吐谷浑故地，又返回长安。

隋朝末年，中原大乱，伏允复其故地。且屡抄河右。直到唐王朝建立，复称蕃华夏。

公元618年，唐王朝建立，使中国逐步成为当时世界上最强大的封建帝国。

唐初，李轨据凉州，唐高祖李渊与吐谷浑伏允约和，且令其击李轨自效，并答应送其子顺归国，伏允引兵与李轨战于库门。

其后，伏允请顺还，李渊遣顺归，号为大宁王。

---

①《北史·吐谷浑传》，中华书局，1974年版，第3188页。

公元626年，李世民即皇帝位，唐王朝开始走向强大。伏允表面上与唐和好，遣使朝贡，却又攻打唐朝西边重镇鄯州。唐太宗遣使责让之，且召伏允入朝，伏允称疾不朝。并为其子以求婚为由，观察唐太宗对他的态度。唐太宗许诺，要其子亲至京师迎娶，其子亦称疾不至，且派兵攻打唐边镇岷川、凉州、鄯州等地。唐太宗怒遣边将段志玄、李君羡率兵击之，得牛羊二万而还。

公元635年，唐太宗诏令大将李靖分兵四路讨伐吐谷浑，破伏允兵于库山，又战曼头山，又战牛心堆，又战赤水源，又战乌海，皆胜，伏允走图伦碛，将施身于于阗，唐兵穷追，又破之。

当初，顺质于隋唐时，伏允立顺为太子，顺归，自知失位，唐军伐吐谷浑，顺欲结唐，乃杀伏允天柱王，举国降唐。伏允惧，率百余人逃入漠中，遂自杀身亡。

顺立为吐谷浑王，称臣唐朝，唐太宗封顺为西平郡王、授趉胡吕乌甘豆可汗，并派大将军李大亮率兵镇守吐谷浑。

顺久居华夏，国人不服，顺为王不久，为其部下所杀，立其子诺曷钵为王。时，诺曷钵年幼，大臣争权，唐太宗诏大将侯君集经济吐谷浑事，且封诺曷钵为河源郡王，号乌地也拔勒豆可汗，诺曷钵入朝谢，唐太宗又以宗室女弘华公主妻之。

诺曷钵至京师迎公主，吐谷浑相宣王谋为乱，欲袭公主，挟持诺曷钵入吐蕃。诺曷钵闻之，引轻骑走鄯城。唐守将果毅都尉席君买率兵袭宣王，杀其兄弟三人，国内扰乱。唐太宗派尚书唐俭、中书舍人马周持节抚慰，国乃平。

公元650年，唐高宗以诺曷钵娶弘化公主，拜为附马都尉。同年十一月，公主与诺曷钵入长安。高宗又以宗室女金城公主，妻其长子苏度摸末，并拜摸末为左领军卫大将军。

其后，摸末死，弘化公主又与次子入朝请婚，高宗又以宗室女金明公主妻之。

此时，吐蕃日益强大，吐谷浑与吐蕃互相攻击不休，都上书唐王朝诉曲直，且请兵相助，高宗两不许。

公元663年，两国互相攻伐，吐谷浑大臣素和贵降吐蕃，告以虚实，吐蕃大军顺利地攻入吐谷浑境内,在黄河边上击溃了吐谷浑军队,诺曷钵与弘化公主率数千人奔凉州。高宗派苏定方为安集大使,评两国曲直,吐蕃拒不退兵,悉有吐谷浑故地。吐谷浑国灭。

自晋永嘉之际,吐谷浑立国,至是国灭,鲜卑吐谷浑部享国三百五十年。

第四节　鲜卑吐谷浑部的东迁与消亡

诺曷钵客居凉州,公元666年,唐高宗封他为青海王,诺曷钵请内徙,高宗许之,诸大臣以为不可。

公元670年,高宗遣大将薛仁贵讨吐蕃,送诺曷钵回故地,复其国。唐军在大非川被吐蕃打败,使高宗的打算化为乌有。

公元672年,高宗徙诺曷钵数千帐于浩门河(今青海大通河)南。诺曷钵以吐蕃强盛,势不能抗,又以鄯州地狭,徙灵州,高宗为置安乐州(甘肃中卫县内)拜为州刺史。

公元688年,诺曷钵死,其子忠立,忠死,其子宣赵立。

公元700年,武则天拜宣赵为左豹韬卫员外大将军,袭可汗号。吐谷浑余部徙凉、甘、肃、瓜等州。宰相张锡与右武卫大将军唐休璟上书议徙吐谷浑余部于秦、陇、丰、灵等州,令不得叛去,凉州都督上表以为不可,诏许之。吐谷浑余部遂不得迁。

宣赵死,其子曦皓立,曦皓死,其子兆立。

公元726年,吐蕃攻凉州,取安乐州,唐王朝徙吐谷浑余部于朔方及河东之境安之。朔方及河东。今俗多谓之退浑,乃语急而然。

公元798年,唐德宗以朔方节度副使,左金吾卫大将军慕容复为袭长乐州都督,青海王,袭可汗号,复死,停袭。及此,吐谷浑部封袭遂绝。

然而,迁徙到朔方及河东的鲜卑吐谷浑部余种的最后消亡,仍经历了很长一段时间。

吐谷浑余部在历史上活动的情况及有关资料,简要摘录如下:

公元874年,唐僖宗即位。国昌(李国昌,本沙陀人,名朱邪赤心,唐僖宗赐姓李,名国昌)出击党项,吐浑、赫连铎,袭破振武。

公元881年,黄巢陷京师,诏河东监军陈景思发沙陀先降者,与吐浑、安庆等万人赴京师。

公元890年,李克用攻赫连铎于云州,明年四月,复攻赫连铎于云州,铎败走,亡于退浑。

后唐同光三年,即公元925年,冬十月,奚、吐谷浑、突厥皆遣使者来。

天成三年,即公元928年,吐谷浑都督李绍虏来,十一月,吐谷浑使念九来。

天成四年八月,吐浑首领念公山来。

后唐长兴元年,即公元930年,八月,吐谷浑康合毕来。明年二月,吐谷浑使万琳来。

公元929年四月,契丹、吐谷浑、突厥皆入寇。

后晋天福五年(941年)八月,太原王刘知远杀吐谷浑白承福等族,取其赀钜万,良马数千。

以上,是五代时期,朔方及河东地区吐谷浑余部的一些活动情况。

辽,神州元年(916年)七月,阿宝机亲征突厥,吐浑、党项小蕃、沙陀诸部,皆平之。

辽,天赞三年(924年)六月,大举征吐谷浑、党项等部。

辽天显八年(933年)二月,吐谷浑来贡。

天显十年六月,吐谷浑来贡。

天显十一年六月,吐谷浑来贡,八月,吐谷浑来贡。

辽,会同元年(938年)六月,吐谷浑、女真来贡。二年七月,吐谷浑来贡。三年正月,并、镇、忻、代之吐谷浑来归。九月,边将击破吐谷浑,擒其长。诏,只诛其首恶及其壮丁,余并赦之。四年五月,吐谷浑降,遣使抚喻。五年二月,辽太宗遣使使晋(后晋),索吐谷浑叛者。八年六月,吐谷浑鼻骨德来贡。九年三月,吐谷浑遣军校恤烈献牲口与户籍,四月,吐谷浑白可久来附。

辽,应历三年(953年)八月,吐谷浑、鼻古德皆遣使来贡。

辽,保宁三年(971年)十月,吐谷浑来贡。九年十一月,吐谷浑叛入太原,索而还之。

辽,统和七年(989年)四月,吐谷浑迈金、回纥安进,吐蕃独朵等,自宋来归,皆赐衣带。八年十一月,以吐谷浑民饥,振之。十二年九月,室韦、党项、吐谷浑等来贡。十五年七月,禁吐谷浑别部卖马于宋。

辽,重熙十一年(1042年)十二月,以吐谷浑、党项多卖马夏国,诏谨边防。

自公元1043年以后,史书上再也没有关于吐谷浑的文字记载了。唐王朝迁吐谷浑余部于朔方和河东之地,是为了分其势力,不再形成统一的力量,终于达到了预定的目标,直至吐谷浑部灭亡。

第五节 吐谷浑部对我国西部的开发

鲜卑族吐谷浑部创建的吐谷浑国在我国西部历时三百五十余年,对我国古代西部的开发做出巨大贡献。

吐谷浑最初进入我国西部时,仍然过着游牧生活。关于他们活动的地区,《晋书·吐谷浑传》记载:"吐谷浑据有西零以西甘松之界,极乎白兰数千里。然有城廓而不居,随逐水草,庐帐为居,以肉酪为粮。"到了拾寅时,"乃用书契。起城池,宫殿。其小王并立宅。"吐谷浑先后在我国西部等地城池有:西强城、浇河城、曼头城、洪和城、伏俟城、吐谷浑城、树敦城、贺真城、鸣鹤城、镇念城、三足城等,这其中伏俟城为国都,遗址在今天青海省共和县境内铁卜卡古城。

吐谷浑国的统治者在其管辖的地区内,下令开辟道路,建筑桥梁,以利行人之往来。据《水经注·河水》卷二引《沙州记》载:"吐谷浑于河上作桥,谓之河厉,长百五十步,两岸垒石作基陛,节节相次,大木从横,更镇压,两岸俱平,相去三丈,并大材以板横次之,施钓栏,甚严饰。桥在清水川东。"由此可知,吐谷浑当时已有相当高的造桥技术。

河厉桥,一说即大母桥,在临津城附近,过河即白土城(今青海省循化县东南),这里处南北、东西交通之要冲。

吐谷浑地处青藏高原,他们很善于利用河川、湖泊周围和山谷等地从事畜牧生产。马、牦牛、驼数量最多。养马业尤为发达。良马中有"龙种马""青海骡”等，蜀马曾大量输入内地，此马体小，耐高寒，善走山路。

“青海骡”产于青海湖一带，以中亚波斯的马种与当地的种马交配而成。此种马性烈，善奔走，曾多次作为贡品献给中原统治者使用。

吐谷浑以畜牧业为主，也兼营农业，开荒种地，农作物有大麦、粟、豆等。经营农业的羌和汉人，浇河一带的农业较为发达。

吐谷浑手工业也较为发达。主要有采掘、冶炼、制造兵器和金银制作等。《晋书·吐谷浑传》说，吐谷浑“浇铜、铁、朱砂。”白兰山“土出黄金、铜、铁。”吐谷浑的冶炼业也很发达，《周书·武帝纪上》和《梁书·河南王传》写有吐谷浑向周武帝“献犀甲、铁铠。”向南朝梁“献金装马脑钟二口等”记载。金银器一部分来自西域，一部分来自吐谷浑人自己的制作。

吐谷浑地处中西陆地交通要道，商业十分发达，他们的商队曾东至黄河下游和长江流域，西达波斯，南抵西藏、印度。

总之，吐谷浑立国三百五十余年，对我国西部物质文明建设做出了巨大的贡献。

在精神文明方面，他们的贡献也是很大的，《晋书·吐谷浑传》、《梁书·河南传》和《旧唐书·吐谷浑传》都说，吐谷浑“颇识文字”，“颇识书记”，“乃用书契”等。文字很可能就是汉字，《洛阳伽蓝记》卷五说，吐谷浑“其国有文字，况同魏。”《南齐书·河南王传》说，拾寅易度侯“好星文，尝求星书，朝议不给”。齐国的统治者不答应拾寅的请求，显然是怕他们文明起来后，对中原王朝不利。

第六章　鲜卑拓跋部创建的西夏国(上)

第一节　鲜卑拓跋部的西移和东迁

隋唐时期,在我国西部河西走廊一带有一个弱小的民族群体,史称西羌羌族之别种。这个民族群体是一个多种民族相混合的群体,他们以姓别为部,而一姓之中,又有许多小的部落。大者万骑,小者也有数千骑,不能相统相属。有名有姓氏的部落有:细封氏、费听氏、往利氏、颇超氏、野辞氏、房当氏、米禽氏、拓跋氏。而且,拓跋氏在这里面是人数最多、力量最强的一部。

隋末唐初,拓跋氏酋长有位叫拓跋赤辞的,称臣吐谷浑,慕容伏允待之厚,与婚姻。

这个拓跋赤辞所领导的拓跋部从何而来,《金史》中有这样一段记载:"夏之立国旧矣。其臣罗世昌谱叙世次称,元魏衰微;居松州(四川省松潘县)者,因以旧姓,为拓跋氏。"这就是说,北魏末年,一部分居住在松州一带的鲜卑拓跋氏人,他们不满于高欢、宇文泰把持和控制下的东魏和西魏政权,恢复已改为元氏的拓跋氏旧姓,投奔到吐谷浑国避难,以求得生存和发展。他们自称自己的祖先本出帝胄,"是创立后魏之初基"的英雄人物。

既然祖宗是"创立了后魏国之初基",又是"本出帝胄",应该说是皇室家族了。但是,为什么他们的祖宗来到了松州,且长期居住在这里,还有待进一步考证。据推测,其祖先可能是朝廷派往边疆的封疆大吏,或者是统治集团内部斗争，为躲祸乱，逃到边疆的失败者，或者像吐谷浑那样，是从统治者内部分裂出来的部族群体，或者这就是如宋史所载：后魏末年，改朝换代，他们作为帝胄的后代，不满于新的统治者，而避难于此的遗老遗少。

贞观三年（629年），诏河西诸羌降唐，唯拓跋赤辞领导的拓跋部不至。贞观九年（635年），唐太宗遣大将李靖讨伐吐谷浑，拓跋赤辞率部抵抗唐军于狼道峡。唐军进击，斩首数百级，俘获杂畜万头。唐太宗诏拓跋赤辞降，拓跋赤辞仍犹豫不决。其子拓跋思头，其将拓跋细豆降唐，拓跋赤辞众叛亲离，无奈，才投降唐朝。

唐王朝分其地为懿、嵯、麟、可等三十二州，拓跋赤辞为西戎州（今吐鲁番市）都督，赐姓李氏。

其后，吐蕃浸盛，拓跋畏逼，请内徙。始诏庆州（甘肃庆阳）置静边等州处之。其地遂为吐蕃所有。龙朔以后，吐蕃大举入侵，吐谷浑国灭。天授中（691年），西北部党项二十余万归唐，散居灵、夏间。

唐至德乾元年间（756—759年），安史之乱起，平夏部拓跋氏大酋长因作战有功，拜为容州刺史、天柱军使。静边州拓跋部大酋长拓跋天光因战功卓著，深受唐王朝的赏识，拜左羽林大将军。

唐咸通末年（874年），拓跋赤辞的后代拓跋思恭，占据了宥州（内蒙古阿克旗），自称刺史。乾符中，唐王朝拜拓跋思恭夏州刺史。

广明元年（880年），黄巢入长安，拓跋思恭率部众攻打义军，唐僖宗拜他为左武卫将军，权各夏、绥、银三州节度使，屯军渭桥，抗击黄巢领导的义军。

唐中和二年（882年），唐僖宗拜思恭为京城西面都统，检校司空，同中书门下平章事。不久，又拜思恭为京城四面都统，权知京兆尹。

公元883年，黄巢兵败，拓跋思恭战功显赫，唐拜他为太子太傅，封夏国公，再次赐姓李氏。

拓跋思恭卒，唐王朝以其弟思谏代为定难军节度使，其弟思孝为保大军节度使，鄜、坊、丹、瞿等州观察使，并检校司徒，同中书门下平章事，累兼侍中。以老荐弟思敬为保大军兵马留后，不久又迁为节度使。

时势造英雄，一个安史之乱，一个黄巢起义，使命运无法掌握而靠唐王朝救援才能生存的拓跋赤辞的后代和部民们,一瞬间成为左右历史、创造历史的人!

第二节　五代时期的西夏拓跋部

公元907年,唐王朝灭亡了。后梁皇帝朱全忠授拓跋思谏(即李思谏)检校太尉,兼侍中。

开平二年(908年),思谏卒,立思恭孙彝昌。三年春,牙将高宗举国谋乱,杀彝昌,立族子蕃部指挥使拓跋仁福为帅,同年十月,朱全忠授仁福检校司空,定难军节度使。累迁至检校太师,中书令、封朔方王。

长兴四年(933年)二月李仁福卒,其子彝超立,三军拜为帅。后唐明宗拜彝超为留后,彝超受。令安从进率兵攻夏州,拓跋族人怒,会万骑攻安从进,截其粮道,明宗无奈,只好下令撤军。又授彝超检校司司徒,定难军节度使。

后唐清泰二年(935年),彝超卒,其长兄彝殷袭位。后唐末帝李从珂授殷定难军节度使。

后晋石敬瑭立,天福初(936年),加殷检校太尉、同平章事。后晋天福八年(943年),殷弟敏与党项人作乱,殷逐而杀之。

后晋开运元年(944年),后晋出帝石重贵拜殷为契丹西南招讨使。

后汉乾祐元年(948年),后汉高祖刘知远,加殷侍中。

周初,加殷中书令,后周显德初(954年),封殷西平王。周世宗加殷太保;周恭宗加殷太傅。

中原的战乱是我国北方、东北方、西北方各少数民族发展自己的机会,鲜卑拓跋余部再次崛起,充分说明了这一点。

第三节　北宋初年的西夏拓跋部

公元960年,后周大将赵匡胤夺取了后周的政权,建立了北宋王朝。赵匡胤又加西夏拓跋彝殷为太尉。殷为报答北宋王朝的加官之恩,献马三百匹,赵匡胤大喜，亲选工匠制作玉带，回赠殷。

宋乾德五年(967年)，殷卒，赵匡胤赠殷太师，追封夏王。

殷卒，其子光睿立，宋王朝授光睿为检校太保，定难军节度使。

宋王朝建立后，和宋王朝相对抗的政治势力在北方的是刘钧的北汉。

开宝九年(976年)，赵匡胤决心扫平北汉，拓跋光睿亲自率夏兵相助，攻破北汉重镇吴堡寨，斩首七百级，获牛羊千计，俘获北汉吴堡寨守将侯遇并献给赵匡胤。宋王朝加光睿检校太尉。

正当宋、夏向北汉胜利进军的时候，赵匡胤死，宋朝班师，光睿也只好率兵回到夏国。

公元978年，拓跋光睿死，其子继筠立，自权知州事。宋王朝授继筠检校司徒，定难军节度观察留后。

公元979年，宋太宗征北汉，继筠遣银州刺史拓光远，绥州刺史拓跋光宪，率汉兵渡河掠太原，以张军势，使宋军很快平北汉，统一了中国的北方。

公元981年，继筠卒，其弟继捧立为王。

在西夏拓跋内部有两种人，以继捧为首的一伙人，主张依靠宋王朝生存，以继捧弟弟继迁为首的一帮人，却主张成立自己的国家，坚决反对依靠宋王朝的想法和做法。

公元983年，拓跋继捧率部族首领二百七十多人来到宋京师，言其诸父、兄弟相怨，希望借助宋朝势力，反对国内的闹独立的势力，且要求留在宋朝京师。

宋王朝当然希望把夏国的土地并入自己的版图，并把拓跋继捧留在东京做人质，以便控制西夏拓跋氏。于是，授继捧彰德军节度使，对他带来的皇氏和亲信，也都一一加官晋爵。还派使臣去夏州征拓跋继迁入朝。拓跋继迁，是继捧的族弟，坚决反对依附于宋王朝。宋朝派人去征他入朝，他深知其中的关系和利害，于是带领其党徒数十人出逃。知夏州尹宪与都巡检曹光实夜袭继迁营地，斩首五百级，焚四百余帐，继迁与其弟继冲只身逃走，宋军俘获其母及妻子。

宋王朝的追捕和屠杀，更加激起了拓跋继迁一派的仇恨和反抗。为了摆脱宋军的追捕,他迁居无常,四处联合拓跋部族人,对他们说:"李氏唐王朝两次赐我的先祖铁券,赐我的先祖李氏姓,并让我的先祖世世代代占有西夏这块地方,现在,宋王朝却派人来抢这块地方。你们如果是不想忘掉你们的先祖创下的业绩,不想忘掉我们姓李的,能跟我一道,干一番大业吗?"

原来,拓跋继迁的高祖拓跋思忠,跟随拓跋思恭助唐打黄巢,屯军渭桥,且死在战场上,唐王朝赐铁券。曾祖拓跋仁颜仕唐,为银州防御使。祖父拓跋彝景,为后晋大官,父拓跋光俨仕后周,在族人中,具有一定的威信,也很受族人的拥护和爱戴。因此,拓跋继迁具有和拓跋继捧抗衡的实力。

拓跋继捧到东京后,得到宋王朝的赏识,去掉唐王朝的赐姓,变李氏为赵氏,更名赵保忠。由于其族弟拓跋继迁拒绝宋王朝的征召,并率部众反抗宋军的多次追捕,因此,宋王朝对拓跋继捧也不信任,甚至怀疑他和拓跋继迁暗地勾结,使宋军在追捕拓跋继迁时,一次次扑空,一次次失败。于是,改任继捧为崇信军节度使,又派人对他的行动进行控制。

公元988年,宋王朝用宰相赵普之计,用以夷治夷的办法,让继捧和继迁互相仇杀,使宋王朝从中渔利。于是,授继捧为夏州刺史,定难军节度使,夏、银、绥、宥、静等州观察处置押蕃落等使,让他们兄弟间互相残杀。

拓跋继捧不负主子的厚望,到任后,就调兵遣将,向他的兄弟,向他的民族举起了屠刀。

公元990年,继捧率领的宋军与继迁率领的拓跋部族众,大战安庆泽,继迁为流矢所伤,结果拓跋军大败。

拓跋继捧以为打了胜仗,表达了他对宋王朝的忠诚之心,就会得到宋王朝的信任,于是,要求增兵,一举消灭继迁和他的民族。然而,宋王朝不但没有增兵,为了防止他力量的增强,还派了商州团练使来监视他。

拓跋继捧围剿族人,引起了拓跋部族众更强烈的反抗。

公元994年,或是识破了宋王朝以夷治夷的阴谋,或是感觉到自己大杀族人没有好下场,拓跋继捧有了良心的发现,于是,要求和继迁解怨和好。

宋王朝得知继捧欲与继迁和好的消息,立即解除他的兵权,押回开封,监禁起来,拓跋继捧失去了人身自由,公元1004年,在忧愤中死去。其子拓跋永哥，授永州别驾。其他跟随拓跋继捧来的族人，也一个个被宋王朝处置了。拓跋继捧本想投靠宋王朝，找到一个靠山，结果成了本民族的罪人，反被宋王朝所害。

第四节　宋辽对峙与西夏拓跋部的休养生息

在北宋王朝想努力建立一个统一的封建帝国时，却遇到了北方日益强大起来的契丹族建立的辽国的遏制。辽国的强大，不仅使北宋王朝建立大帝国的理想成为泡影，也使拓跋氏的西夏国有了一个强有力的同盟军。

公元979年，北宋王朝征服北汉后，宋太宗就想乘胜伐辽，收回五代时被辽国占领的燕云十六州。开始，宋军进兵十分顺利，宋兵到了易州、涿州，辽国的汉人守将纷纷开城投降。然而，当宋兵进军到辽国南京（北京市）时，却受到辽军的顽强抵抗，结果，宋军大败，辽兵追宋军到涿州，宋太宗仓皇逃跑，宋军的全部辎重都送给了辽军。

公元980年，辽国发兵十万攻雁门，宋军在守将杨业的率领下，抵挡住了辽兵的进攻，但收回的云州土地，却又回到辽国的手中。

这年十月，又败，辽军追宋军到莫州而还。

宋太宗对辽作战的失败，使宋王朝内部出现了主战与主和的两大派。主战派认为，应继续对辽用兵，以收回燕云十六州固有国土；主和派则认为，“燕云是荒漠穷土，得之无用”，对辽作战，是“劳而无功”，还提出了“安内以攘外”的主张。可是，宋太宗却不甘心自己的失败。经过几年准备之后，于公元986年，再度伐辽。宋军分东、中、西三路，向北开进。辽国亦动员全国力量，抗击宋朝的进攻。

辽承天皇太后、辽圣宗亲自出战，和宋军的主力（即东路军）在涿州进行决战。辽军发挥其游牧民族奔袭突击，彪悍善战的特长，一战而败宋军，宋军全军溃败，死伤无数。接着，辽军又集中兵力攻打宋西路军，又大败宋军，擒宋西路军主帅扬业。

宋王朝伐辽的失败，不但暴露了宋王朝的无能，也说明辽国这时正处在上升时期,是一支无法战胜的力量。

从此,宋王朝对辽由攻势转为守势,辽国却由防守变成了进攻。

公元999年,辽承天皇太后和辽圣宗率兵南下,大掠宋祁、邢、洛、定等州,北宋这些地区的军民,受到空前的损害。

公元1000年,辽国再次南侵。辽军自德州、隶州过黄河,大掠淄州、齐州。宋军连防御的能力也都没有了。

公元1004年,辽承天皇太后、辽圣宗再次率兵南下,经保州、定州,直趋澶州,兵临东京城下。宋真宗在主战派的一片抗敌声中,亲率宋军,对辽作战。宋、辽两军在澶州展开会战,十一月,辽军统军萧挞凛率先锋攻城,中箭而亡,辽军败退。这时,宋军本可乘胜收失地,可是,宋真宗在主和派的包围中,一心求和,罢军不进。

辽军却不以为损失一员大将就是失败,派使臣告诉宋真宗,辽国要收回当年被周世宗收回的关南地区。不然,辽军要用武力夺回这些地方,宋真宗害怕辽国的再次进攻,答应以赔款的方式弥补辽国的损失。于是,和辽国订立了《澶渊之盟》,按盟书规定,宋朝每年给辽输白银十万两,绢二十万匹。宋辽沿边界守军,各守边界,不得互侵,不得筑城堡、改移河道。

公元1022年,辽国再次声言率兵南下,目的是借此让宋王朝每年增加赔款。宋朝知道辽国用兵的意图,立即派人告诉辽国,每年再增加输送白银十万两,绢十万匹。

辽国每年从宋朝获得二十万两白银,三十万匹绢,不费一兵一卒。可是,宋王朝却背负着财力和人力的沉重负担,国力受到了前所未有的损耗。

宋辽对峙使西夏得到休养生息,为西夏国建立提供了条件。

第五节　西夏国的建立

拓跋继迁逃脱了宋兵的追捕,几经周折,终于集聚了一股力量。

公元985年二月,继迁和他的弟弟继冲起兵夏州,并诱杀知夏州都巡检曹光实,又攻下银州。三月,又攻下会州,焚其城而去。

宋王朝深知拓跋继迁的厉害，立即调侍卫马军都指挥使李继隆进讨。拓跋继迁兵败，投奔辽国，以借助辽国的力量对抗宋王朝。

公元986年，辽圣宗将辽义成公主嫁给继迁为妻，并册封继迁为夏国王。

就在这一年，辽国打败了宋王朝的三路进攻，从而奠定了宋辽对峙的局面。

辽国对宋的军事胜利和辽对拓跋继迁的支持，鼓起了拓跋继迁建立夏国的雄心大志，也激起了他和宋王朝一决雌雄的战斗精神。

公元987年，宋知夏州安守忠率三万人讨伐继迁，被继迁打败，逃回城中，不敢再战。

公元988年，宋王朝在打不败继迁的情况下，授继迁洛苑使，银州刺史。

公元990年，宋又起用拓跋继捧，率兵打继迁。继迁为矢所伤，逃遁。但是，现在的拓跋继迁，已经有了成功的斗争经验，他采用游牧民族善用的忽儿集中攻城，忽儿分散逃逸的战术，打得拓跋继捧难以招架。宋王朝对继迁无可奈何，又采用软的一手，实行拉拢。授他银州观察，并赐姓赵保吉。授继迁子德明管内蕃落使，行军司马。

公元993年，宋王朝企图用封锁边界贸易的办法，从经济上制约拓跋继迁。因此，激起了西夏国人的反对，拓跋继迁率四十二部族万余骑，攻打宋朝环州。宋王朝边界守军无法抵挡，迫使宋太宗开放边疆贸易。

公元994年，继迁徙绥州民于平夏，其部下高文岯以民不乐迁为名，举兵反叛，继迁讨平之，遂统其部。接着，继迁攻灵州，又袭继捧兵，继捧败走，获其辎重而还。

拓跋继迁在与宋的斗争中，也采用两手，一方面与宋军作战，同时，又向宋献马以谢，宋朝又对他进行赏赐。

公元995年，继迁派张浦出使宋朝，宋朝关押张浦，且派人抢掠夏人财物。

宋朝为了拉拢继迁，又授他鄜州节度使，继迁拒绝宋朝的封拜。

宋边将郑文宝施反间计分裂夏国族人，继迁怒，致书宋皇，揭露其阴谋。宋朝为了不激怒继迁，调文宝为蓝山令。

公元996年，继迁率兵于浦洛河袭击宋军粮草，大获全胜。得宋军粮草四十余万。接着，又攻宋灵州、绥州、庆州、延州、夏州、麟州，宋军无力抵抗，守城而已。

公元997年,宋太宗死,真宗即位,鉴于历史的教训,乃授继迁夏州刺史,定难军节度,夏、银、绥、宥、静等州观察外置押蕃落等使,并放还张浦。继迁遣使上表,辞让授官,宋朝不答应辞让,又授继迁亳州防御使,封继迁母为卫国太夫人,授继迁儿子德明为定难节度,行军司马。

不管宋王朝怎样对继迁进行收买、拉拢,特别是宋朝在对辽用兵失败后,特别担心西夏的强大,会给宋带来灾难威胁,因此,对拓跋继迁尽可能实行笼络政策,但是,却无法阻止西夏拓跋氏要建立自己国家的决心和前进步伐。

公元1001年,继迁率兵攻宋定州、怀远县、堡静、永州,宋清远军监军段义叛降,定州为西夏所有。

公元1002年,继迁大集蕃部兵,攻下灵州,并改灵州为西平府。

公元1003年,继迁在灵州(宁夏灵武)建都。

西夏拓跋氏的强大,迫使宋王割河西银、夏、绥、宥、静等五州给继迁。

同年,继迁对吐蕃部用兵,取西凉府。

公元1004年正月,拓跋继迁卒,年仅四十二岁,其子德明即西夏王位。

拓跋德明,二十三岁即国王位,追认其父为运法天神智仁圣至道广德孝忠皇,庙号武宗。

公元1004年,北宋被辽兵打败,订了《澶渊之盟》,每年要向辽国输银和绢,国力受到严重的亏损。因此,不得不改变对夏国的政策。宋对拓跋德明实行安抚政策,对西夏周围的民族,大力开展金钱外交,让他们与宋和好,不和西夏结成联盟。

据史书载,宋朝每年给西夏以外的少数民族,凡酋长,都授团练使,每年给银万两、绢万匹、钱五万缗、茶五千斤。特别是对河西羌族大力收买,让他们各守疆场,以抵抗西夏的入侵,阻止西夏强大起来。

拓跋德明是一个有头脑的人物,他知道与宋朝对抗,会使国家和族人受到损失,不如暂时称藩宋朝,并从宋朝获取一些好处。于是,上表宋朝,愿为藩属,还说,这是父王留下的遗愿。

宋朝在对辽战争中,接连吃败仗,而且失地赔款,正弄得焦头烂额,听说德明称臣，真是喜出望外。立即授德明特进、检校太师兼侍中，持节都督夏州诸军事，行夏州刺史，上柱国，充定难军节度，夏、银、绥、宥、静等州管内观察处置押蕃落等使，西平王，食邑六千户（实际上只有千户），又赐袭衣、金带、银鞍勒马、银万两、绢万匹、钱三万贯、茶二万斤。这些，拓跋德明都可以接受。但是，他不能接受宋朝的控制，当宋朝提出让他的儿子到开封当人质时，他断然否决了。说，"这不是先世故事，不能这样做。"

为了笼络住西夏国，宋朝也算是做到了仁至义尽。公元1005年，当德明提出要求在东京购买西夏所要的物品时，宋朝一切都答应了，并帮助筹办。同时，又给德明加官晋爵，拜镇军大将军，右金吾卫上将军，员外置同正员。公元1008年，又加赐守正功臣，兼中书令，并开放宋与夏的边境，让夏人和宋人互市，互通有无。

公元1010年，西夏遭灾，向宋求粮百万，宋王朝在京师筹粮百万，给西夏送去。

就在这一年，德明为了解决国内的灾荒和矛盾，率部西征，攻河州、甘州、秦州，掠夺财物，以救民困。

公元1011年，宋朝进德明中书令，又加守太保。

公元1014年，宋王朝又加德明宣德功臣。

宋王朝上层向德明加官晋爵，可是，宋朝的边将，却在下边不断和西夏闹摩擦，入侵西夏的领土。于是，拓跋德明上书宋皇，宋皇下令，宋朝的各边防将领，不得侵犯夏国的边境。

拓跋德明在位期间，一直和宋朝保持良好的关系，宋朝每年对德明加官晋爵，大加赏赐。公元1022年，宋朝在给辽国增加赏赐的时候，又加德明为纯诚功臣，又赐袭衣、金荔支带、金花银匣副之、银沙锣、盆、合千两、锦彩千匹、金涂银鞍勒马一匹，又赐冬服及颁《仪天具注历》。

拓跋德明晚年，夏宋边境曾发生过一些小的军事冲突，但都是小规模的，并没有从根本上影响到宋、夏的关系。

公元1031年，德明死，其子元昊即王位。

拓跋元昊是西夏历史上一位有雄才大略的君主。他晓佛图学，通蕃汉文字。立为皇太子后,德明告诫他说:“我们的民族,长久用兵,已经很疲劳了。这三十年来,我们吃的粮食,穿的锦绮,都是宋朝送的,可不要辜负了宋朝的恩德啊!”元昊却认为:“衣皮毛、事畜牧,蕃性所便。英雄之生,当王霸耳,何锦绮为?”[①]表明了他要称雄一方的志向。

元昊即西夏王位后,宋朝仍想用对德明的办法对待他,授官特进、检校太师兼侍中,定难军节度,夏、银、绥、宥、静等州观察处置押蕃落使,西平王。然而,元昊对宋朝的这一套加官封爵并不热情。他决心称雄西北,使西夏成为能与宋抗衡的大国。

公元1034年,元昊发兵攻宋环庆路,杀掠当地居民。就在这一年,元昊母亲死。宋边将攻其丧,元昊怒,称兵报仇,攻环庆路,战龙马岭,打宁州,活捉宋环庆路都监齐宗矩。

公元1035年,元昊亲自率兵攻打宋猫牛城,又攻占宋青唐、安二、宁哥、带星岭诸城。接着,又攻下瓜州、沙州、肃州。还举兵攻兰州诸羌,一直打到马衔山,城九州,以为边城。

至此,西夏的领土有夏、银、绥、宥、静、灵、盐、会、胜、甘、凉、瓜、河、肃等十四州,又有洪、定、威、龙数镇、都兴州(银州市)。阻河依贺兰山为固。

直到这时,拓跋部才正式打出西夏国的旗号,建立起国家的行政体制。

这时,拓跋元昊自制蕃书,即西夏文字,成书十二卷。字形体方整,类八分。教国人记事用蕃书。并用西夏文译儒家经典孝经、尔雅和汉民族的一些教育的课本。

公元1038年,拓跋元昊登上皇帝的宝座,国号大夏。他在表宋皇建国宣言中说:“臣祖宗本出帝胄,当东晋之末运,创后魏之初基。远祖思恭,当唐季率兵拯难,受封赐姓,祖继迁,心知兵要,手握乾符,大举义旗,悉降诸部。临河五郡,不旋踵而归;沿边七州,悉差肩而克。父德明,嗣奉世基,勉从朝命。真王之号,夙威于颁宣;尺土之封,显蒙于割裂。臣偶以狂斐,制小蕃文字,改大汉衣冠。衣冠既就,文字既行,礼乐既张,器用既备,吐蕃、塔塔、张掖、

①《宋史·夏国传》,中华书局,1985年版,第13993页。

交河，莫不从伏。称王则不喜，朝帝则是从，辐凑屡期，山呼齐举，伏愿一垓之土地，建成万乘之邦家……国称大夏，年号天授礼法延祚……[①]

宋王朝看了元昊的表奏，大怒，夺元昊封爵，封锁宋夏边界市场，并招能擒拿元昊的人，宋皇在诏令中说："若斩首献者，即为定难军节度使。"[②]

拓跋西夏国，是鲜卑族在我国历史上建立的最后一个国家政权，也是鲜卑族最成熟的一个国家政权，虽然在强大蒙古军的打击下消亡了，但为后人留下了丰富的文化遗产，至今仍是史学家们研究的内容。

第六节　捍卫西夏国政权的拓跋元昊

拓跋元昊，史称他雄毅多大略，善绘画，能制物始，圆面高准，身长五尺余。少时好衣长袖绯衣，冠里冠，佩弓矢，从卫步卒，张青盖，出乘马，以二旗引百余骑自从。晓佛图学，通蕃汉文字，案上置法律，常携野战，歌太金决。弱冠独引兵袭回鹘夜洛隔可汗王，夺甘山，遂立为皇太子。

拓跋元昊建立大夏国后，立即遭到赵宋王朝的奋力反抗。何以捍卫新生的大夏国政权，就成了元昊后半生的头等大事。

公元1040年，宋朝指示环庆路钤辖高继隆、知庆州张崇俊攻下夏国后桥。为了捍卫新生的大夏国政权，元昊不得不亲自率兵反击宋朝的军事挑衅。夏军在他的亲自指挥下，攻破宋朝的金明寨，活捉都监李士彬父子，又破宋安远、塞门、永平诸寨。围延州、伏击三门口，擒宋将刘平、石元孙、傅偃、刘发、石逊等。又率兵攻打宋镇戎军，大败宋将刘继宗、李纬等。

宋，环庆部署任福攻破西夏白豹城，焚烧夏军积聚，破夏军四十一族。

公元1041年，元昊率兵十万，攻渭州，设伏兵好水川（今宁夏隆德县北），与宋军大战，大败宋军。宋军行营总管任福，其子怀亮，行营都监桑怿，都监武英，钤辖朱观，西路巡检刘肃，渭州都监赵津，参军耿傅、队将李简、都监李

①《宋史·夏国传》，中华书局，1985年版，第13995—13996页。

②《宋史·夏国传》，中华书局，1985年版，第13996页。

禹享、刘均皆死于阵,将校士卒死者,一万三千余人。关右震动,宋仁宗为之垂泪,食不下咽。

这年秋,元昊又率兵攻打河东及麟、府等地,不能下,又引兵攻破丰州,又破宁远寨,切断宋军麟、府粮道。

公元1042年,元昊再次发兵,攻宋定川,宋国又败,将军葛怀敏战死,又攻渭州,杀掠一阵而去。

宋王朝本想用武力制服元昊,结果处处吃败仗,只好下诏议和,要求元昊去国号和帝号,元昊也同意议和,但决不答应宋王朝的要求,结果议和失败。

公元1044年,元昊致书宋皇,愿与宋议和立盟,但必须以南安、永平等城堡划分国界,同时,还要求宋朝像对待辽国一样,每年向西夏输送银、绮、茶二十五万五千,并且威胁说,如果宋朝不答应这些要求,宋朝的人民及子孙都要遭殃。腐朽无能的宋王朝为了性命,只好一一答应。这年年底,宋王朝向元昊输送银二万两、绢二万匹、茶三万斤,还送给元昊个人黄金带、银鞍勒马,金涂银印等。

公元1048年,元昊死,谥武烈皇帝,庙号景宗。

第七节 向汉族学习的拓跋谅祚

公元1048年,拓跋元昊死,其子拓跋谅祚即夏皇位。

拓跋谅祚即皇位时,年仅一岁,由其母族大酋长讹庞专国政。

在拓跋谅祚即皇帝位的时间内,宋、夏之间的矛盾有所缓和。然而,却时刻不忘对宋朝用兵,以便从宋朝抄掠更多的财物。

公元1057年,夏军在忽里堆大战宋军,并且活捉宋朝边将刘庆等。宋王朝为了求得边境的安宁,派人议和,重新划订边界,订立新的合约。

拓跋谅祚是一位对汉文化十分敬佩的人,他希望能和宋王朝和好,因此,他对宋朝用兵、恶化夏宋关系的做法极为不满。群臣矛盾日益尖锐。这时,宋王朝不失时机地利用矛盾,用反间计,促使讹庞自杀,并夷其族。

拓跋谅祚一心要向当时较为先进的汉民族学习,吸收当时较为先进的汉文化。因此，当他除掉了反对向汉民族学习的讹庞后，就下令去蕃礼，从汉仪。并于公元1062年，上书宋朝皇帝，要求宋仁宗能御制诗供西夏人学习，也要求宋皇能为夏国送去一些会做衣服的人，为西夏国做汉人服装。他还要求宋皇能送给夏国太宗御制诗章隶书石本、《九经》、《唐史》、《册府元龟》和关于朝廷的朝贺礼仪。

宋王朝一如既往，对夏朝的要求，尽可能地予以满足，不但向夏国派去了工匠技人，还派去了专家、学者，帮助拓跋谅祚，促使西夏国尽快汉化。

拓跋谅祚是位努力促进宋和西夏和好的皇帝，但是，正当他努力向汉文化学习时，宋朝的一些边将却无故制造事端，引起宋、夏之间的边界纠纷。

公元1064年，拓跋谅祚针对宋朝边将的扰乱，发兵攻打秦凤、泾原、抄熟户，杀掠人畜以万计。宋皇派使臣责让谅祚，谅祚拒绝接受，他义正辞严地对使臣说："这都是宋朝边将所为，我这样做，只不过是自卫反击而已。"

宋王朝的边将中有那么一些人，为了立功，不时地制造一些边界纠纷，引起事端，破坏两国间的友好关系。

宋将种谔就是这样的人。公元1068年，种谔突然攻夏绥州，对此，谅祚十分气愤，设计杀宋将杨定，以示报复。

拓跋谅祚，在位十九年，他一心致力于学汉礼，行汉仪，衣汉服。因此，这十几年间，宋夏两国的关系是在较和平的关系中度过的。

西夏拓跋氏统治者学习汉文化，和北魏拓跋部汉化有着极大区别。北魏拓跋部学习汉文化，最终是彻底否定了自己的语言和传统文化。而西夏拓跋氏向汉文化学习，却创造了自己的文字，保留着自己的语言和民族传统文化习俗。我们说，北魏拓跋都汉化了，融合到汉民族中去了，而我们却不能说，西夏拓跋氏汉化了。

第七章　鲜卑拓跋部创建的西夏国(下)

第一节　西夏国的杰出女政治家

公元1068年冬,拓跋谅祚死,其子拓跋秉常即皇帝位。是时,拓跋秉常年仅七岁,只好由梁太后摄政。

梁太后是位很有政治、军事才干的女中豪杰。自从拓跋元昊正式建立起大夏国,有了自己一整套国家政治体制后,西夏国就迅速发展起来,到了梁太后摄政时代,夏国的国力,发展到了最高峰。

一、捍卫国家的统一

梁太后执政后的第一项工作,就是捍卫国家的统一。

公元1068年,宋朝企图用分封夏国诸首领的办法,以分其势,削弱夏国中央的权力。梁太后为了捍卫国家统一,反对宋朝的分裂之计,一方面,她努力做好国内各部族首领和酋长大人的工作,对个别不顾统一,背地接受宋朝封拜的各部族首领和酋长大人,予以严厉的制裁。另一方面,她致信宋朝皇帝,揭露宋朝分裂夏国的阴谋。她在信中说:“你口口声声说,宋朝是以孝治天下,为什么反教我国的臣子背叛他的国家呢?”

二、去汉仪,恢复游牧民族传统文化和习俗

西夏王朝以畜牧为生,有自己的民族特色。可是,拓跋谅祚时,为了和宋

王朝搞好关系，为了从宋王朝那里获取物质上的支持，强调对汉文化的学习，习汉礼汉仪，穿汉人的服饰，从而忽略了本民族的传统文化特色。农业社会形成的汉民族的礼、汉民族的仪、汉民族的服饰、汉民族的尊贵卑贱、等级森严的礼教，在游牧民族中是行不通的。强令行之，必然会影响民族文化的发展，甚至给民族造成巨大的损害，更有甚者，会造成民族的分裂和战乱，就像魏孝文帝迁都洛阳，引起皇太子和一百多位大臣叛乱那样，差一点毁灭了北魏王朝。

在拓跋谅祚大力推进学汉礼、汉仪、汉服饰时，已经给西夏王朝埋下了社会危机。因为，各部族大人、酋长产生了离叛之心。

梁太后识破了宋王朝的分裂之计，从外部解决了一些问题，真正把各游牧部族的大人、酋长控制在皇帝的手中。用游牧民族固有的礼仪、习俗来治理自己的国家。

梁太后这样做了，立即收到意想不到的效果，不但民族团结了，皇权更加巩固和坚强，西夏国更加迅猛地强大起来。

三、抗击宋朝的入侵，保卫国土的完整

宋王朝眼睁睁地看到在自己的东北和西北建立起两个少数民族国家，十分气恼，本想先扫平辽国统一北方，却不料吃了败仗，还要割地赔款，连年输送银、绢、茶数十万。

西夏国的国王，自称是鲜卑拓跋部的后代，更是令人听了心惊胆战，不扫平西夏，说不定哪一天，就像当年的魏道武帝、太武帝一样，夺取中原，饮马长江。

公元1070年，宋王指示知庆州李复圭率兵攻夏，梁太后立即率兵予以反击，大败宋军，李复圭又出兵邛州堡、栏浪、和市，掠夏国老幼数百名而去。又袭击夏国金汤，杀害平民数百人。

宋兵入侵和残杀平民百姓，激起了梁太后的愤怒，也激起了夏国臣民的奋起反抗。于是，梁太后发夏兵二十万，给宋兵以迎头痛击，并且向宋朝的环庆、大顺城、柔远寨、荔原堡、淮安镇、东谷西谷二寨、业乐镇发起进攻。梁太

后亲自坐镇榆林指挥,斩杀宋将郭庆等四人,有力地阻止了宋兵的入侵。

然而,宋王朝欺负夏国是孤儿寡母临朝,是用兵的好时机。公元1071年,宋朝又指示边将种谔取夏国横山城,且在夏国的境内筑永乐川、赏逋岭二寨,想永远占为己有。宋朝又派边将赵璞、燕达入侵夏境,修筑抚宁故城,又修筑分荒堆三泉、吐浑川、开光岭、葭芦川四城寨。梁太后为了保卫国土,抗击宋朝步步为营的紧逼政策,再次召集夏兵,奋起反抗。

公元1071年春,梁太后率夏兵攻打顺宁城,围抚宁,扫荡宋军在夏国领土上修建的所有城寨、堡垒。

被胜利冲昏头脑的宋将种谔,忽闻夏兵反击,包围抚宁城,茫然不知所措。夏兵在梁太后的领导下,很快收复了所有被宋军占领的固有国土,且斩杀宋朝将士千余人,缴获的军事物资无数。宋军只好退回到自己原来驻防的地方。

公元1073年,宋朝又遣边将王存、王韶由泾原、东谷出兵,又惨遭失败。

连年发兵,连年打仗,可见宋王朝外强中干到了什么程度。

然而,宋王朝却始终不甘心自己的失败。

公元1081年,宋王朝打着反对皇太后干政,要为夏王拓跋秉常夺回皇权的旗号兴兵问罪,大举侵夏,集结兵力三十二万,分五路向夏国进军。梁太后召集全朝文武大臣讨论如何抗击宋兵之事。年轻的将领们一致表示,愿在太后的指挥下,与宋军决一死战。年老的大臣们个个献计献策,寻求对付宋兵的办法。一位德高望重,战斗经验十分丰富的老臣对梁太后说:“不能正面和宋军决战。应采用坚壁清野,让其深入,用关门打狗的办法对付宋军。我军应集精兵劲旅于灵、夏二州,再遣轻骑骁将,抄绝宋军的粮草运输线,使宋军无粮草无食,可不战而困宋军。”

梁太后采纳老臣们的意见,避免和宋军正面交战,让宋军长驱直入夏国境内,当宋军进入夏国境内后,老百姓都跑了,兵无粮,马无草,后方的粮草和粮草运输线,又被夏兵轻骑抄绝、焚烧。又时值寒冬,宋兵被冻死、饿死者,竟达数万人之多,迫使宋军不战而退。

公元1082年,宋朝皇帝又以夏国对宋王朝怀有二心,不顺天朝为借口,再次以大兵侵夏,这就是历史上有名的永乐之战。

这次战役,宋朝连续用兵六十多万,夏国也动员了兵力达五十万,这是宋、夏历史上空前的一次大规模战争。

公元1082年,沈括受宋皇的指示,派部将徐禧在夏国银州、夏州、宥州交界之地,攻占一块夏国的土地,筑永乐城,挑起了宋夏之间的这次大决战。

这次战争打了一年多,战斗十分艰苦。最后,战斗以宋朝的失败,夏国的胜利而告终。

这次战争,宋朝兵多势众,望一举消灭夏国。而夏国梁太后,以消灭宋军有生力量为目标,不以一城一地为得失,在运动中消灭敌人。

这次战争分三个阶段:

第一阶段:灵州之役。

这年八月,宋将王中正、种谔率兵进入夏国。这次宋军来势汹汹,有锐不可挡之势。很快占据了夏国的麟州、米脂、夏州、灵州。梁太后对宋军的大举入侵,一则,实行坚壁清野的策略,当宋军到了夏以后,那里的老百姓都跑光了,使宋军一无所获。二则,当宋军攻克灵州后,夏人决黄河水淹宋军,使宋军一万三千多人被淹死,当宋军撤退时,夏军就追上去,狠狠斩杀一阵。夏军用轻骑,焚烧、拦截宋军粮草。因无粮草,竟有两万余宋军被饿死,只好引兵退去。种谔的兵到了夏国后,因无粮草,又遇上风雪,宋军被饿死、冻死数万人。种谔出塞时,自率兵十五万,等返回塞内时,不满三万人了。第一阶段就这样结束了。

灵州之役历时五个月,宋、夏之间,没有发生什么大的战斗,而宋军竟损失十万人众,这几乎都是宋军指挥失误所致。如,宋军渡过无定河之后,循水北行,地皆沙湿,士马多陷没,将士被埋入沙土中近万人。

在这一阶段,夏国也有损失,米脂保卫战,五百余人战死沙场。天都山一战,也损失百余人,南牟宫殿被宋人焚烧。

第二阶段,永乐之战。

宋皇神宗,以梁太后囚禁了夏王拓跋秉常为口实,向夏国发起新的进攻。

经过第一阶段的战斗,夏军对宋军的作战规律已有所了解。这时,宋夏两军各集主力于永乐城准备决战。当宋军看到城外夏军无边无际,且是梁太后亲率夏军三十万作战时,无不人人恐吓、个个胆寒。第二天,夏军开始向永乐城逼近,且用铁骑渡河,号“铁鹞子”,突击宋阵,攻宋城,宋军哪里抵挡得了,此战,夏军活捉宋军将校寇伟、李思古、高世才、夏俨、程博古及皇帝派往前线的使臣十余人。士卒死者八百余人。接着,夏军将永乐城围了个严严实实,水泄不通。

宋皇神宗为了避免宋军全军覆没的悲惨命运,下诏命令沈括同夏人谈判请求停战。并答应归还被占领的夏国城池、土地、永乐城。而围城的夏军继续进逼宋军,宋军纷纷向城内撤退,先进城者,决水寨以阻夏军,谁知,先进城内者三万人,都已被淹死。夏军围永乐城者厚数里,几十万宋军被包围在永乐城内。筑城之初有人提出此处依山无水泉,果不然,此时食水成了一个严重的问题,最后连一滴水也没有了,士卒、马匹一连几天都有喝不上一滴水。宋朝派来的援兵、运来的粮草都又被夏军阻隔,城中的宋军逃不出去,宋军被渴死者大半。宋军要求讲和,派出去的使者都被夏军囚禁起来。

夏军围永乐城十余天后趁夜间环城急攻,城遂被攻破。宋将高永能战死,徐禧、李舜举、李稷皆死于乱军之中,唯有曲珍、王湛、李浦、吕整光着脚逃跑。

永乐一战,死者将校数百人,士卒、役夫二十余万。

梁太后在米脂城下率领胜利的夏军而还。

经过两年的艰苦奋战,被宋军侵占的领土全部夺回,消灭宋朝官兵六十余万,缴获的钱、粟、银、绢等以万数者不可胜计。

当然,在长达两年的战斗中,西夏国也受到极大的损失。

公元1085年,西夏梁太后死。历史又翻开了新的一页。

第二节　宋和西夏的关系

公元1085年,宋哲宗即皇位。夏皇拓跋秉常致书宋朝,要求宋朝归还侵占的兰州、米脂等五寨,宋哲宗接受苏辙和司马光的建议,答应了拓跋秉常的要求，避免了夏宋一场新的军事冲突。

就在这一年的秋天，年仅二十六岁的拓跋秉常也匆匆结束了他年轻的生命，丢下他的臣民而去了。

拓跋秉常死，其子拓跋乾顺即夏王位。是时，乾顺只有三岁，其母昭简文穆皇后梁氏摄政。次年二月宋王朝按惯例，封乾顺为夏国主、节度使、西平王。

夏昭简文穆皇后梁氏和恭肃章宪皇后梁氏一样，也是一位在西夏国历史上有才干的女性，可是，她的才干要比皇太后逊色多了。

然而，昭简文穆皇后梁氏却明显地表现出鲜卑游牧民族强悍、好战，以掠夺为荣的特征。公元1088年，昭简文穆皇后梁氏以兵攻宋德靖寨，斩宋将米赟、郝普，接着又攻宋龛谷寨，宋兵死伤数百人。

公元1099年，昭简文穆皇后梁氏派使臣到东京，要求与宋王朝划定边界，条件是不依绥州内十里筑堡铺供耕牧、外十里立封堠作空地例，以辨两国界。宋哲宗同意了夏的要求。

夏宋两国五十年间，几乎年年有战争，年年有讲和，一边是攻城略地，斩将夺关，一边是使臣来往，封爵晋官。

宋元祐六年（1091年），昭简文穆皇后梁氏遣使臣往东京，向宋朝贺坤成节。并表示夏、宋两国在永乐之战后，应当吸取教训，休养生息，发展生产，让人们过一段和平的生活。

然而，以游猎、掠夺为特长的鲜卑族，他们用掠夺别人财物的办法，以改变自己的生活处境。昭简文穆皇后梁氏当权后，不但没有改变游牧民族的这种特性，反而不断对宋朝用兵。

宋元祐六年九月，文穆皇太后以兵围攻宋麟、府三日，杀掠不计。第二年（1092年），又发兵攻宋绥德城，以重兵压泾原境，大肆掠抢。

宋元祐八年（1093年），昭简文穆皇后梁氏遣使到宋朝京师，要求以兰州一境易塞门二寨。交换土地，这真是别出心裁，宋王朝当然不会理睬。第二年（1094年），又遣使与宋再议土地问题，宋朝又不许。昭简文穆皇后梁氏怒，又发大军讨宋，攻鄜延，西自顺宁、招安寨，东自黑水、安定，中自塞门、龙安、金明以南,二百里间相继不绝,至延州北五里。

十月,昭简文穆皇后梁氏亲率大军,自长城一日驰至金明,列营环城,亲自击鼓,纵骑四掠,攻下金明,宋守军二千八百人,仅有五人逃脱,城中粮食五万石,草料千万束,全为夏军所有。宋将张俞战死。在夏军退出金明时,留下一封信说:“我国昨天和朝廷讨论边界的事,只有很小的地方不同,正准备和朝廷仔细研究,不想朝廷却反悔了,要求以坐团铺立边界。本国为了对朝廷表示尊敬和恭顺,也就勉强听从了,于是,在我国境内立数堡以护耕。你们从鄜延派出去的兵,我们都已荡平,你宋朝皇帝屡次派兵侵我国,引起了我国人民的共愤。我本想攻下延州,为了表示对朝廷的恭顺之意,只取金明一寨,这是为了练练兵而已。”

夏昭简文穆皇后梁氏对宋国用兵,必然会引起宋王朝的报复。

公元1097年正月,宋泾原守军破夏国没烟峡新寨,斩杀夏军三千余人。

公元1098年,宋泾原守军掩击夏国西寿,生擒夏国统军嵬名阿埋,监军妹勒都逋。

公元1099年,夏昭简文穆皇后梁氏死,夏王乾顺为了缓和与宋的关系,派使臣前去和宋人议和,不巧,宋皇哲宗死,宋徽宗即位,蔡京掌权,蔡京为了邀边功,拒绝和夏人和好,使本来可以和好的宋夏关系又陷入了数年的流血和战争。

公元1104年,蔡京指使边将王厚用重金收买夏国将仁多保忠,夏王乾顺怒,发延、渭、庆三路兵各数千骑,抄掠宋朝边疆地区。

公元1106年,蔡京又令宋朝沿夏国边境的诸将收买夏国人,并且说,能招降者,不管是头头,还是随从,都要给予奖赏。夏国王乾顺致信宋皇说,希望两国和好,取消边疆的诱降收买政策。蔡京劝宋皇拒绝接受夏王的请求。同时,又命沿边守军大肆掠夺和屠杀夏国的放牧者和耕作者。拓跋乾顺怒,遂发兵讨宋,掠宋人数万口,活捉宋鄯州守将高永年,又攻宋湟州,大肆抢掠。三年间,宋、夏之间,互相攻战抄掠下,使两国沿边居民备受其害。

公元1114年,环州定远守将以其部万余人投降西夏。

公元1115年,宋朝诏河东节度使童贯为陕西经略,发兵二十万讨伐夏国,并大败夏国兵，斩杀三千余级。是秋，童贯又发宋湟州、会州、泾原、鄜延、环庆、秦凤数州兵攻夏国，夏王乾顺全力拒战，宋军败绩，死者十四五，秦凤守兵万余人，全被夏国俘获，无有一人生还。面对如此的惨败，童贯隐而不报。

公元1115年，童贯又发兵攻仁多泉城，城破斩获夏军三千余人，全城无少长，尽杀之。宋军又攻臧底河城，克之。

是年冬十一月，夏人大举进攻宋靖夏城，克之，屠城而去。

公元1119年，童贯再次发兵攻夏，宋将率兵十万在统安城与夏军会战，宋军大败，守将刘法也为夏军所杀。宋军损兵十万。童贯隐其败，以胜利的消息，上奏朝廷。

夏、宋、辽自建国以来，无年没有战事，无休止的战争，使国力、人力、财力都受到极大的损失。

公元1125年，辽国为女真族所灭，同年，女真族南侵，一举攻进开封，北宋王朝灭亡。夏国虽未被女真族所灭，但是，连年的征战，也使国家和人民遭受到空前的损失。

公元1138年六月，拓跋乾顺死，其子仁孝即夏王位，从此，夏国开始走向衰败，直至灭亡。

第三节　西夏与辽、金的关系

鲜卑拓跋西夏王朝和契丹辽国的关系发展较晚。

公元982年，西夏王朝在夏王拓跋继捧归宋王朝后，其弟拓跋继迁叛宋，为了逃避宋王朝的追捕，才开始依附辽国。辽王授继迁特进检校太师，都督夏州诸军事。其后，辽王以王子帐耶律襄之女，封义成公主嫁给继迁为妻。夏、辽关系亲密起来。

辽统和八年(990年)十二月，辽王封拓跋继迁为夏国王。十五年，又册封为西平王。

自辽统和四年(986年)到统和二十年(1002年)的十数年间，拓跋继迁每年都要向辽国朝贡，而且，每攻下宋朝一个地方和城池，都要遣使向辽国报告。因此,得到了辽国的大力支持和封赏。

辽统和二十一年(1003年),拓跋继迁死,其子德明即夏王位,辽,又封德明为西平王,不久,又封为夏国王。

拓跋德明奉行与宋和好的政策,宋皇对德明大加封赏。在对辽关系上,他们采取依附政策。因此,也得到辽国的支持,辽王将其兴平公主下嫁给德明之子拓跋元昊,拜元昊为辽国驸马都尉。

辽元年(1032年),拓跋德明死,其子拓跋元昊即夏王位。辽王立即封元昊为夏国王。

公元1034年,拓跋元昊对宋用兵,把大批的俘虏献给辽国王做奴隶,以示恭顺。

公元1038年,拓跋元昊称帝,宋发兵征讨夏国,辽国坚定地站在夏国一边,遣使问宋伐夏之由。

辽虽对夏国持支持的态度,但也十分担心夏国强大起来。因此,对鲜卑吐谷浑卖马给夏国,十分恐惧,下令禁止。

公元1043年,夏国发兵讨伐党项诸部,辽国横加干涉,予以制止。

拓跋元昊在对宋作战获得胜利之后,对辽国的一些做法和行为表现得不恭顺起来,辽国对此十分不满。辽重熙十三年(1044年),党项及山西各游牧部族降夏,辽国就派大军伐夏。在一段时间里,辽、夏也多次互相扣留对方使者。夏、辽关系十分紧张。

宋庆历八年,辽重熙十七年(1048年),拓跋元昊死,其子谅祚即夏王位。

此时,夏太后摄政,辽以夏不恭顺伐夏,并把此事告诉宋朝,希望宋朝在军事上予以配合。

公元1049年八月,辽兴宗亲率辽军讨伐夏国。辽兴宗渡河,夏人遁去。九月,夏军大败辽军。辽兴宗怒,督辽军西进,直逼贺兰山,获元昊妻子及众大臣家属。这次辽军虽然取得了重大胜利,但也损失了两员大将。

公元1050年,辽兴宗又发兵征讨夏国,入夏境,梁太后指示夏军不与作战,辽军只好大掠而还。梁太后是一位清醒的政治家,她知道,夏国不能面对两个敌人:辽国和宋朝。因此,上表辽王,请求依旧称臣辽国,辽王也派使臣前去抚慰。

其后，宋、夏之间展开了大规模的战斗，宋朝损兵折将六十万，夏国的兵力损失也在十数万以上。这时，辽国虽然没有在军事上支持夏国，但是，所持态度，支持了强大起来的夏国去抗击来犯的宋王朝。

辽三年(1068年)十二月，夏王谅祚死，其子秉常即夏王位，辽国册封秉常为夏国王。

公元1075年，夏国俘获宋将张天益献给辽王，辽国大加称赏。

公元1086年，拓跋秉常死，其子乾顺即夏王位，辽又册封乾顺为夏国王。

其后，辽国为女真族所迫，虽然还在夏、宋之间周旋，但已无力控制夏国，也无力和宋朝抗衡了。

辽保大二年(1121年)，辽皇天祚帝被女真族所迫，出逃西京大同，夏王拓跋乾顺出兵助辽抗金，为金兵所败。乾顺请天祚到夏国避难，辽皇天祚封乾顺为大夏国皇帝。

金国派使臣与乾顺讨论瓜分辽国之事，约定，如果夏国助金灭辽，金国可以割辽国之地予夏。并约定在金攻辽时，夏国出兵以张其势，牵制河东。

公元1125年，金兵包围辽军，辽天祚皇帝逃往阴山，金国派使臣对夏王说："现在，辽国已经被消灭了，如果你能像侍奉辽国一样对待我大金国，我可以割下寨以北，阴山以南，吐禄泺以西的地方给你。"

公元1125年，乾顺上表金国国王说："我愿意像对待辽国一样侍奉陛下。"还发誓般地说道："如果我不能这样做，让我断子绝孙。"金国之王在回信中说："那么，我也会像辽国对你一样，他们怎么做的，我决不改变。"

辽国天祚皇帝归顺女真金国，辽国皇族耶律大石逃入回鹘，建立西辽国，且立国九十余年。因为，夏国与女真金国有誓言，不和西辽国往来。辽、夏关系就彻底断绝了。

公元1125年，女真金国灭辽，第二年，金兵入京，擒宋皇徽、钦二帝，北宋亡。夏与金划陕西为界。自麟府路洛阳沟东距黄河西岸，西历暖泉堡；鄜延路米脂谷至累胜寨，环庆路威边寨过九星原至委布谷口；泾原路威州寨略古萧关至北谷州，秦凤路通怀堡至古会州，自此直距黄河……尽西边以限封域。

当初，女真金灭辽时，许下的河东天德、云内等地，夏国占领不久，就被金国夺回了。

从此，在北中国的大地上，夏国面临一个新的、强大的金国。

公元1126年，金国夺回原属辽，现在属于夏的河东之地，夏王乾顺派使臣与金谈判，金国不但不予理睬，还把使臣全部扣留。

公元1127年，金王又派说客游说夏王乾顺，讨论共同攻南宋，夏王也不予理睬。南宋派使臣谢亮出使夏国，游说夏王不要出兵。乾顺口头答应。谢亮归，夏王乾顺率兵其后，袭取宋定边军。

公元1128年，夏王乾顺死，其子仁孝立为王，金国册封仁孝为开府仪同三司，上柱国。

公元1130年，金兵攻南宋长安、凤翔等地，夏国知南宋关中无戒备，攻之。又欲取延安府，致延安府的守将说："金答应割鄜延为我国的领土，我今天要收回来了，你们快撤兵吧。不然，我就派大军消灭你们。"

南宋延安府守将王庶檄回答说："金国当初侵犯我们大宋时，曾向你许愿说，要把金肃、河清给你，可是，今天这两个地方归谁所有呢？我们国家的奸臣是一些贪得无厌之徒，从不考虑国家的睦邻友好，才使我们的国家到了今天这个样子。贪图私利之徒，哪国没有？夏国不要重蹈覆辙！最近听说，金国要攻占我国的泾原，进捣兴州、灵州，对国土的丧失，真是令人伤心。没想到，夏国却要乘人之危，来攻我陕西。我延安府虽然士卒寡少，力量单薄。但是，由我节制的兵民，还是可以和你们打一仗的。果能办此，何用多言。"夏人得书，未敢发兵。

自从宋政权南迁，曾多次派人游说夏国仁孝与宋联合抗金。但是，夏国畏惧金国的强大，不敢得罪，以保持和金的良好关系。

拓跋仁孝在位二十二年，在其执政期间，推行了一系列的改革措施，使夏国进入和平发展时期。

公元1143年，仁孝开始在国内设立国家基层行政组织，以取代原来的部落酋长大人制。

公元1144年，夏国始办学校，国王亲自训导。而且尊孔子为文宣帝，大力宣传儒家思想。

公元1174年，开始推行考举人之制，行唱名法，选拔国家需要的人才。

公元1158年，开始铸夏国钱币，促进商业发展。

公元1162年，立翰林学士院，修国史。

初，仁孝即王位，慕洧弟慕濬企图谋反，仁孝夷其族，从而粉碎了一次分裂国家的阴谋。

其后，仁孝的相国得敬自立为王，公元1167年，得敬私通宋朝，并阴谋杀仁孝。事情败露，仁孝诛杀所有参加阴谋的人，化解了夏国历史上的又一次危机。

在拓跋仁孝执政的五十五年中，夏与金、与宋的军事冲突很少，国内、国外的环境都较为和平。因此，半个世纪中，夏国有了长足的进步和发展。

公元1193年，拓跋仁孝卒，其子纯佑即夏王位。

纯佑在位十四年，并无多大建树。公元1206年，拓跋纯佑被仁孝弟弟的儿子拓跋安全所杀，自立为夏王。

拓跋安全在位七年，无多大建树。

公元1213年，拓跋安全卒，族子拓跋遵顼即夏王位。

拓跋遵顼不甘心称臣金国，联合南宋，开始对金国用兵，十年间，夏、金征战不已。因为，南宋朝偏安一方，早就无心北伐中原，因此，在对金作战中也不积极，单凭夏国对付金国，十年战争，也无多大的效果。

公元1224年，拓跋遵顼传位于其子拓跋德旺，自称太上皇。金、夏议和，结为兄弟之国。

公元1226年二月，拓跋遵顼卒，七月，拓跋德旺亦卒。族人推拓跋晛(睍)为夏国王。第二年，夏与金，同亡于成吉思汗领导的元朝。

第四节　西夏国的灭亡

在辽、宋、夏、金几个政权在中国大地上对峙、纷争、战斗、杀伐之际，在中国北部的大草原，又一个游牧民族兴盛起来了，他就是蒙古部落。蒙古部落在其酋长铁木真的领导下,几经失败和奋战,终于强大起来,摧毁了一个又一个其他游牧民族和游牧部落,统一了蒙古大草原,成为一个强大军事、政治集团。

夏国天庆十二年(1205年),铁木真为追捕克列部酋长之子亦剌哈,开始向夏国用兵,三月,蒙古军破夏兵,拔力吉里寨,经落思城,大肆抢掠而去。

蒙军退去,夏经历了一次军事危机,夏国皇帝拓跋纯佑,改都城兴庆府为中兴府。

公元1206年,铁木真始在蒙古草原建国,自称成吉思汗。

就在这一年,夏国也经历了一次权力更迭,拓跋安全废纯佑自立为夏国皇帝。

夏国应天二年(1207年)秋,蒙军再次侵夏,攻克夏国斡罗孩城。

公元1209年,成吉思汗进军河西,夏国国王拓跋安全遣其子率兵以抗蒙军,结果被蒙军打败,夏兵副帅也成了蒙军的俘虏。蒙军攻克夏国兀剌海城,夏国太傅西壁氏也被蒙军抓去。蒙军进至克夷门,夏军又败,蒙军生获夏将嵬名令公,进逼中兴府。蒙军在成吉思汗的率领下,欲引水灌城,不料,堤决,大水外溃,反而淹没了蒙军营地,成吉思汗只好引兵退去。成吉思汗遣太傅讹答入中兴城,招降夏国国王拓跋安全,拓跋安全纳女请和,夏、蒙又进入一段休战状态。

公元1213年,夏王拓跋安全死,族子拓跋遵顼立为夏王,蒙军又围中兴府,夏国王求救于金,金拒绝出兵相救,夏、金关系断绝。遵顼即夏王位后,再不请求金国册封,并且乘蒙、金交战之机,对金用兵。

公元1216年,成吉思汗再次向金出兵,夏国亦向金出兵,攻金延安、代州,破潼关。

公元1217年,夏受蒙军征调,派兵三万对金作战,金兵在宁州大败夏军。其后,成吉思汗不停征调夏军,夏国不堪忍受,拒绝出兵,成吉思汗怒,于公元1218年率兵攻打夏国,围其都城。夏兵无力反击,夏王拓跋遵顼出走西凉,留太子德旺守中兴府。蒙军也无法攻下夏国都城,只好退去,拓跋遵顼才回到中兴城。

拓跋遵顼在受到蒙军打击时,欲采用联金抗蒙的政策,遭到拒绝,拓跋遵顼又采用联宋击金的策略。

公元1219年,遵顼派使臣去四川与宋守将讨论联合抗金之事。这时,金受到蒙古军的攻击,欲将都城迁到汴京,宋王朝的故都成了敌国之都,民族义愤油然而起。所以,当夏国使臣说到联合击金时宋将欣然应允,对金实行南北夹击之势。

公元1220年,夏、宋同时向金用兵,夏兵攻金国会州,金国会州守将投降,金欲求和,夏王不许。九月,夏又发兵攻金国,宋出兵攻金定边城,宋、夏之军,合汇于巩州城下。

夏国在对金战斗中,取得胜利,但是,仍时时受到蒙军的威胁。

公元1221年,蒙军攻克葭、绥德、保安、鄜、坊、丹等州,攻延安不下。

公元1222年,蒙军在蒙将木华黎领导下,攻克夏的乾、泾、邠、原等州,攻凤翔不下。

公元1226年,成吉思汗以夏王不遣太子为人质为由,亲率大军讨伐夏国。二月,夏王遵顼死,其子德旺即王位,七月,拓跋德旺亦在国难当头的忧愤中死去,人们立遵顼的族人拓跋睍为夏王。就在这一年,蒙军攻克甘、肃等州,又取西凉府搠罗、河罗等地。遂又越过沙沱,到黄河九渡,攻取应里县,夏国危在旦夕。

蒙军攻击夏国时,夏国各地军民表现出顽强的战头精神和高度的守卫国土的民族气节。当蒙军攻沙州时,夏将设伏兵猛击蒙军,且生擒蒙将阿答赤呼。蒙军全力攻城,夏国军民奋力坚守,誓死不降。蒙军攻月余,城破,全城军民奋战而死,无一人投降蒙军。蒙军在攻打肃州时同样遭到夏国军民的顽强抵抗,死不降敌。蒙军在攻甘州时,派人入城劝降,夏国军民杀死蒙军使臣,表现了抗敌到底的决心,后甘州城破,城中军民全部战死。

拓跋睍继夏王位,正值夏国面临亡国之际,但他毫无惧色,勇敢地担起救死存亡的责任,率领夏国军民,全面展开对敌斗争。

公元1226年,成吉思汗率兵攻灵州,拓跋睍派嵬名令公前去抗敌,战斗异常激烈。成吉思汗无法正面打败夏军,只好渡河,从背后袭击夏军,夏军损失惨重,只好撤退,留给蒙军一座空城。

公元1227年,成吉思汗又亲率大军攻中兴府,受到夏国军民的奋力抵抗,成吉思汗只好派人把夏都围起来。成吉思汗自己率兵去掠夺其他地方。他率兵渡河,攻积石州,进入金国境内,二月,破临洮府,三月,破洮、河、西宁三州,夏国完全陷入蒙军的包围之中了。

夏都中兴府被蒙军包围半年之久,城中粮绝弹尽,军民患病者过半,但仍坚守都城。六月,又遇地震,城中房屋全部震坏,军民仍无投降者。拓跋深知大势已去,但为了拯救全城军民,派使臣出城请降,且要求宽限一个月献城。

公元1227年七月,成吉思汗死。是月,拓跋睍献城,蒙军进城,进行空前大屠杀,城中军民,死亡殆尽。

鲜卑拓跋部创立的夏国,立国一百九十余年,最后灭亡于蒙军的大屠杀中,岂不悲壮!

夏国覆灭,拓跋遗民安在,夏国本部人民,无疑在蒙军的大屠杀中,不复存在,据史书载,唯早期降金者,尚有存遗。夏亡国前,派使臣出使金国,未返而国灭。公元1231年,金国于京兆安里,主管夏国降户。王立之云,先世为申州(信阳)人,求居申州,金国许之,以本官居申州。主管唐(湖北唐县)、邓(河南邓县)、申(河南信阳)、裕等处夏国降户,听唐邓总帅节制。如此说来,夏国鲜卑拓跋部,一部分为蒙古族杀害,一部分进入江淮间,在新的历史条件下,生息繁衍着。

据最新的研究资料说,拓跋睍被杀后,其子拓跋赏哥逃居湟水流域,其后代在青海乐都县、湟中县、平安县、民和县、西宁市一带生息繁衍。《西夏皇州长民谱》说,拓跋赏哥在西夏灭亡后,元朝曾封他在西宁做官,并繁衍直至今日。

结论 7

鲜卑民族对中华文明的影响

一、鲜卑民族:影响中华文明进程最为持久的游牧民族

“鲜卑”作为民族族称,最早见于西晋陈寿《三国志·乌丸鲜卑东夷传》和南朝宋范晔《后汉书·乌桓鲜卑列传》。两书皆据西晋王沈《魏书》记述了西汉至曹魏年间鲜卑族的活动。皆称鲜卑为“东胡之余”或“东胡之支”。是说秦汉之际,东胡被匈奴冒顿单于破灭后,其余部“别保鲜卑山”或“别依鲜卑山”,遂以“鲜卑”为其族号,由此称作鲜卑族。

东汉和帝年间,北匈奴被击败西迁后,鲜卑“尽据匈奴故地”,组成了以檀石槐为首领的军事联盟,王廷即建在今山西省阳高县东北300余里的河北省尚义县东洋河上,并“分其地为中、东、西三部”,各部设“大人”,统归檀石槐制御:右北平以东至辽东为东部;右北平以西至上谷为中部;上谷以西至敦煌为西部。其势力范围“南抄汉边,北拒丁令,东却扶余,西击乌孙”,“东西万二千(或四千)余里,南北七千余里,网罗山川、水泽、盐池甚广”。当时的鲜卑,“称兵十万”,“兵马甚盛”,“兵利马疾,过于匈奴”,是继匈奴之后崛起的最强大的北方游牧民族。

檀石槐联盟在鲜卑历史上具有里程碑意义。据考证,鲜卑三大主要部族慕容氏、宇文氏、拓跋氏即形成于联盟时期。其中,慕容氏首领即中部大人之一“慕容”;宇文氏首领即东部大人之一“槐头”;拓跋氏首领即西部大人之一“日律推寅”。此外还有乞伏氏、段氏等部族。三大主要部族又有其支裔或

“别种”：如秃发氏和党项羌八部中实力最强的拓跋部皆属于拓跋氏支裔；吐谷浑属于慕容氏支裔；契丹和库莫奚属于宇文氏“别种”等。

秦汉以来，鲜卑民族是影响中华文明进程最为持久的北方游牧民族。自十六国时起，各游牧民族或南下挺进，或西向拓展，纷纷建立起各自的国家政权。其中，鲜卑各部族政权为数最多，持续最久。首先是十六国北朝，号称“五胡”的各族政权共21个，其中8个分别为十六国时匈奴族汉国（前赵）、夏国和北凉，羯族后赵，氐族成汉、前秦和后凉及羌族后秦，先后持续一个世纪多；其余13个皆为十六国至北朝鲜卑各部族所建，分别为慕容氏前燕、后燕、西燕和南燕，乞伏氏西秦，秃发氏南凉，吐谷浑氏吐谷浑国，拓跋氏代国、北魏、东魏和西魏，宇文氏北周以及鲜卑化的高氏北齐，先后持续近三个世纪。至唐末，突厥族沙陀部的后唐、后晋、后汉和北汉四个小朝廷，仅持续半个多世纪即飘忽而逝；宇文鲜卑“别种”契丹族辽国持续近两个世纪，亡于女真族金国后，进而西迁建立西辽国，直至被蒙古汗国所灭，又持续近一个世纪。北宋至清，先后有拓跋鲜卑支裔党项羌拓跋部西夏国，持续近两个世纪；女真族金国，持续一个世纪多；蒙古族元帝国，持续近一个世纪；满族清帝国，持续近三个世纪，中国封建时代告终。综上所述，自十六国以来，先后有“五胡”以及突厥、女真、蒙古、满族等游牧民族政权共30个，其中半数为鲜卑各部族所建，直至西夏国灭亡，影响中华文明进程约千年之久。

二、铸造中华文明的两大主体民族——两大主源文化

中华民族是多元一体的民族大家庭，中华文化是多民族文化的共同体，上下五千年的中华文明是中华大地上各民族文化共同铸造的。

中华文明的发祥地在哪里？中国考古学的成就充分表明，古老的中华文明并非起源于一时一地，亦非由一个地区向外扩散的篝火，而是星星点点形成燎原之势，通过各个地区、各个民族文化自身的发展序列共同进入文明时代，由此汇聚为统一的中华文明历史长河。就是说，中华文化是“多元”的而不是“一元”的；中华文明又是“多源”的而不是“一源”的；中国之大，很难说什么地方有文明起源，什么地方没有。文明的发祥地恰似满天星斗一样分布在我国九百六十万平方公里

的土地上[①]。

20世纪80年代,我国考古界基于对中华文化之“多元”,中华文明之“多源”的考察探索,提出了中华文明发祥地“四大区域”[②]说:一是黄河流域文化区;二是长江流域文化区;三是珠江流域文化区;四是辽河流域文化区。这四个文化区,事实上涵盖了三大类型的古文化:中原古文化、南方古文化和北方古文化。四大区域说的提出,从根本上冲破了长期以来以中原黄河流域为唯一文明发祥地的所谓中华文明“一源”说。无可辩驳的地下考古实物表明,在中华大地上,从北方到中原,从中原到南方,遍布着文明发祥地。

但是,就孕育中华文明的生态环境即中国古人类生存发展的自然地理环境和社会经济环境而言,大体可以古长城为界划分两种基本类型:长城以北的西北、北方和东北地区,主要是以草原大漠为依托的游牧型经济;长城以南的中原和南方地区,主要是以黄河、长江、珠江等流域为依托的农耕型经济,其中中原黄河流域为旱作或粟作农耕,南方长江、珠江等流域为水作或稻作农耕。《辽史·营卫志》描述了长城南北两类生态环境的迥异风貌:“长城以南,多雨多暑,其人耕稼以食,桑麻以衣,宫室以居,城郭以治,大漠之间,多寒多风,畜牧畋渔以食,皮毛以衣,转徙随时,车马为家。此天时地利所以限南北也。”元李志常《长春真人西游记》记述丘处机登上长城第一隘口张家口西北野狐岭感慨道:“登高南望,俯视太行诸山,晴岚可爱;北顾但寒沙枯草,中原之风自此隔绝矣。”来自农耕区的丘处机对游牧区的生态环境作了生动的描述:“地无木植唯荒草,天产丘陵没大山;五谷不成资乳酪,皮裘毡帐亦开颜。”进而感慨地发问道:“如何造物开天地,到此令人放马牛?”说明古长城沿线大体上与农耕、游牧区的分界线相吻合。

不同的生态环境是形成不同民族的物质基础。中国古代民族形成于新石器时代中晚期。最初号称五大民族集团:分布于中原黄河流域的称华夏族,华夏四周的东夷、南蛮、西戎、北狄称“四夷”;东夷分布于东部沿海,南蛮

---

①《我国考古界根据新发现探索:中国文明发祥地有四大区域》,1986年9月23日《光明日报》。

②《我国考古界根据新发现探索:中国文明发祥地有四大区域》,1986年9月23日《光明日报》。

分布于南方长江、珠江等流域，西戎、北狄统称“戎狄”，泛指西北、北方和东北各民族。就中国古代民族形成的生态环境而言，五大民族集团基本上属于两大类型：华夏、东夷、南蛮各民族主要是在黄河、长江、珠江等流域的农耕型经济（旱作和水作农耕）基础上形成的，称农耕民族；西戎、北狄民族主要是在草原大漠的游牧型经济基础上形成的，称游牧民族。这里是说，农耕民族与游牧民族大体上是以长城沿线为南、北分界的。从这个意义上讲，农耕民族和游牧民族便是构成中华民族大家庭的两大主体民族；他们创造的农耕文化和游牧文化便是构成中华文化共同体的两大主源文化。正是在这个意义上，如果说上下五千年的中华文明是中华大地上的各民族和各民族文化共同铸造的，那么，农耕民族和游牧民族——农耕文化和游牧文化，便是铸造中华文明的两大主体民族——两大主源文化。

三、鲜卑民族对中华文明的影响

鲜卑民族主要活跃于十六国北朝时期的政治舞台。

绵延四个世纪又二十余年（前206—220年）的两汉王朝终结后，历经魏、蜀、吴三国鼎立和西晋统一的近一个世纪（220—315年）短暂政权更迭，中国历史进入了长达两个半世纪多（316—581年）的东晋十六国和南北朝时期。这期间，两汉王朝集权式的政治一元化、经济一元化、精神价值一元化的僵硬稳固格局破碎了，呈现出来的是一个政治分裂、战争频繁、经济萧条、民众苦难的社会大动荡局面，同时又是一个“精神上极自由、极解放，最富于智慧、最浓于热情”[①]的文化多元化局面。在中华文明的历史进程中，这是继战国、秦汉“大开拓大发展的时期”后，“又一极其重要的时期，是民族大迁徙、大融合、社会大转轨的时期”[②]。在这个时期，中华文明所赖以植根的生态环境发生了新的质的变化。如果说，秦汉王朝的大一统标志着中华文化共同体的基本形

---

①宗白华：《论<世说新语>和晋人的美》，见《美学散步》，上海人民出版社，1981年版，第177页。

②苏秉琦：《晋文化与北朝文化研究的新课题》，《华人·龙的传人·中国人——考古寻根记》，辽宁大学出版社，1994年版，第71页。

成，那么，魏晋南北朝尤其十六国北朝的历史，便是多元一体的中华民族和中华文化基本定格成型的历史，即农耕和游牧两大主体民族——两大主源文化共同铸造中华文明的历史。

“民族大迁徙、大融合、社会大转轨”是魏晋南北朝历史的主旋律。

历经三国至西晋长期军阀混战，继而晋室南迁后北方各民族割据政权激烈争战，不仅带来民众流离失所的空前苦难，更直接导致空前规模的民族大迁徙：长期的军阀混战使中原人口锐减，从而为北方民族内迁创造了条件；各民族割据政权为掠取兵源和劳动力而强制民户大规模迁往其统治中心和军事重镇，又随着政权的频繁更迭和统治中心的不断转移，被强迁民户再度大规模迁徙流离。于是，一向为汉人居住的广大地区形成胡汉民族杂居的局面，或同一地区居住着不同民族，或同一民族分居于不同地区，各政权所属军队的民族成分也相应地复杂化，由此改变了中原黄河流域的民族分布格局。

民族大迁徙直接导致民族大融合。北方民族大规模内迁形成的不同民族杂居局面，为民族间接触交往和沟通提供了条件，于是掀起了胡人“汉化”与汉人“胡化”双向互动的民族大融合。一方面，北方游牧民族从经济、政治、军事到观念形态、风情习俗等社会生活的各个领域一步步全面融入中原农耕民族，呈现出胡人“汉化、封建化的主流趋势，由此推动了北方民族社会的发展进步；同时，北方民族生机勃发的气质与气魄又为农耕民族注入鲜活的生命力，由此促使汉人社会一步步趋于胡化”。于是，胡、汉民族的共同性日渐增多，差别性日渐减少，一步步水乳交融般地融为一体了。

民族大融合直接导致了社会大转轨。魏晋南北朝的胡汉民族大融合标志着西汉以来的一元化格局为多元化走向所取代。孕育中华文明的生态环境由此发生了新的质的变化：铸造中华文明的两大主体民族之一——北方游牧民族全面登上了中华帝国的历史舞台；多元一体的中华民族和中华文化由此基本定格成型。多元化走向所呈现的中华帝国的大分裂、大动荡，事实上是在新的更高层次上重建大一统的过渡和前奏，为着大一统的重建铺垫了基石。被西方史家喻为“泰山压顶的巨龙”或称作“世界性的大帝国”[1]的隋唐王朝尤其是唐王朝，便是植根这个基石巍巍矗立于中华大地的。

魏晋南北朝的胡人“汉化”，首先从揭开十六国战幕的南匈奴后裔刘渊汉国（前赵）迈出步伐，继而羯族石勒的后赵、氐族苻坚的前秦等，都是汉化很深的北方民族政权。政治上，他们采用汉族封建官制礼仪，倚重汉族世家，重用汉族士人，制定封建典章制度，建立起基本上属于胡汉贵族联合专政的封建割据政权，经济上，劝课农桑，推行封建制生产方式和租赋制度，逐步由游牧半游牧向农业定居过渡；文化上，尊儒崇经，提倡礼乐，兴办教育，设立学校，用儒家传统选拔官吏，培养人才；同时，宗教信仰、语言文字、生活习俗、婚姻关系诸方面的胡汉差异也随之日益淡漠消失，民族情感日益沟通，民族心理日益趋同。于是，北方各民族普遍产生了对汉民族的根祖认同，普遍以华夏子孙自称而崇奉华夏先祖。如匈奴族称“其先祖夏后氏之苗裔”[2]，是夏禹的后代；建立大夏国匈奴铁弗氏赫连勃勃宣称“我皇祖大禹”，“朕大禹之后”，故“国称大夏”[3]；南匈奴后裔刘渊则由汉高祖与匈奴冒顿和亲，“约为兄弟”，“其子孙遂冒姓刘氏”而以“汉氏之甥”自称，故其国号“且可称汉”，以“成汉高之业”[4]。氐族苻氏称“其先盖有扈氏之苗裔”[5]，是夏禹的后裔。建立后秦国的羌族姚氏称“其先有虞氏之苗裔”[6]，是虞舜的后裔。鲜卑族三大主要部族：慕容氏称“其先有熊氏之苗裔”[7]，是黄帝的后裔；宇文氏称“其先出自炎帝神农氏”[8]；拓跋氏称其为黄帝少子昌意的后裔，且“黄帝以土德王，

---

①参见冯天瑜等：《中华文化史》，上海人民出版社，1990年版，第559页；樊树志：《国史十六讲》，中华书局，2006年版，第97页。

②《史记·匈奴列传》；《汉书·匈奴传上》，中华书局，1959年版，第2879页。

③《晋书·赫连勃勃载记》，中华书局，1974年版。

④《晋书·刘元海载记》，中华书局，1974年版，第2645页。

⑤《晋书·苻洪、苻健、苻生载记》，中华书局，1974年版，第2867页。

⑥《晋书·姚弋仲、姚襄，姚苌载记》，中华书局，1974年版，第2959页。

⑦《晋书·慕容廆载记》，中华书局，1974年版，第2803页。

⑧《周书·文帝纪上》，中华书局，1971年版。

北俗谓土为托(拓),谓后为跋,故以为氏”[①],由此称作“拓跋氏”;又有称拓跋氏为西汉名将李陵后裔,即“匈奴女名托(拓)跋,妻李陵,胡俗以母名为姓”,故“虏为李陵之后”[②]。……对汉民族的根祖认同,为北方各民族趋同于汉民族文化而走向汉化提供了历史根由。于是,在当时社会现实的驱动下,北方各民族相继步入了汉民族的封建化道路。

在这方面,鲜卑民族最具典型意义,尤其是鲜卑拓跋氏。就是说,如果把魏晋南北朝的“民族大迁徙,大融合,社会大转轨”比做农耕和游牧两大主体民族共同铸造中华文明的首场“重头戏”,那么,开创北朝历史的鲜卑拓跋氏无疑是游牧民族的主演者。他们把胡人的“汉化”推向了极致,并有力促进了汉人的“胡化”,从而在经济生活、政治生活、精神生活等社会生活的各个领域实现了全方位的胡汉民族大融合;他们为中华大一统的重建,为多元一体的中华民族和中华文化定格成型,为古老的中华文明焕发新生直接铺垫了基石。这集中体现在北魏太和年间冯太后、孝文帝的“汉化改制”,其不朽功业在于把胡人的汉化进程纳入国家政治体制,使之法制化、定型化、常规化、普及化,从而把胡汉民族的大融合推向了全新的历史阶段。

汉化改制可以太和十八年(494年)迁都洛阳为标界分为前后两期:前期是在孝文帝祖母,实际执掌朝政的冯太后主持下进行的;后期是冯太后死,孝文帝亲政并迁都洛阳后全面展开的。

孝文帝即位后,北魏定都平城已近百年,中原黄河流域已经统一,国家的发展进入了鼎盛期,同时又面临着矛盾重重的政治危机:上层集团中皇权与贵族守旧势力的矛盾日益激化,由此引发接二连三的宫廷内讧事件;地方政权中汉族豪强“宗主”把持的“坞壁”林立,同国家的中央集权统治相抗衡;守旧贵族日益同中原汉族的封建体制格格不入,对汉族和各族民众采取歧视和高压政策,由此激起民众的强烈反抗;文武百官在所属辖区内任意截获官物和搜刮民财,中饱私囊,官吏腐败成风;贵族地主愈演愈烈的土地兼并造成大

①《魏书·序纪》,中华书局,1974年版,第1页。

②《南齐书》,中华书局,1974年版。

量自耕农破产，流离失所。这一切，严重影响着北魏王朝的统治和北魏社会的发展。因此，孝文帝即位后，全面革除旧弊端，革新旧体制，建立一套既适应汉民族传统的封建社会制度，又符合本民族需要的政治统治方式，便成为巩固北魏政权，推动北魏社会前进的必由之路。于是，在冯太后主持下，经过充分酝酿，于太和八年（484年）正式投入前期汉化改制。旨在革除阻碍北魏社会进步的政治经济体制弊端，主要采取三大举措：

其一，以整顿吏治，肃贪倡廉为宗旨，颁行班禄制。太和八年，朝廷下诏"置官班禄"，革除各级官吏"爵而无禄"，靠截获官物和搜刮民财获取酬劳的旧体制，采取中原官吏以俸禄形式，按期按等级发给俸禄；同时严令："禄行之后，赃满一匹者死"，[①]今后凡有贪赃绢一匹以上者，处以死刑。

其二，以"劝课农桑，兴富民之本"为宗旨，推行均田制。太和九年（485年）颁布均田令，规定凡州郡官吏、农户以及奴婢、耕牛，一律"均给天下之田"[②]。均田制把土地分为未植树的"露田"、已植树的"桑田"、不宜植树的"麻田"、宅旁院落的"宅田"和地方官吏经营的"公田"等不同类型：露田、公田属国有，受田者有使用权无所有权；桑、麻、宅田为世业，可买卖。此外，地少人稠的"狭乡"可有计划地迁往地广人稀的"宽乡"从事农耕定居。同时，为"均徭省赋"，减轻自耕农负担，规范了与均田制相配套的租调制，即土地赋税制。

其三，以取代宗主督护制，强化中央集权制为宗旨，确立三长制。北魏统一中原后，各州郡的汉族豪族以"宗主"身份把持着地方权力，形成一个个独立王国式的"坞壁"。北魏政权既然暂时无力摧毁众多坞壁，于是，为笼络汉族地主，削弱地方反抗势力，便在地方上实行宗主督护制，行使地方政权。但是，坞壁林立的局面大大减损了国家对地方赋税劳役的征发，严重阻碍了中央政令的畅通，成为北魏社会进步的绊脚石。于是，太和十年（486年）朝廷颁行三长制诏令，确立"五家立一邻长，五邻立一里长，五里立一党长"[③]的地方基层行政体制，取代了旧有的宗主督护制。

---

①《魏书·高祖纪上》，中华书局，1974年版，第154页。

②《魏书·高祖纪上》，中华书局，1974年版，第156页。

③《魏书·食货志》，中华书局，1974年版，第2855页。

以上三大项举措的成功实践分别从吏治、土地制度和地方政权建设等最根本性的政治经济体制中清除了北魏社会前进的障碍，从而为北魏王朝的繁荣昌盛和加快封建化进程，提供了强有力的政治、经济保障。

太和十四年（490年），冯太后死，孝文帝亲政，从此，汉化改制开始由前期向后期过渡。前、后期过渡的转折点是太和十八年（494年）的孝文帝迁都洛阳之举。为什么迁都洛阳？当然，无论经济上、政治上、军事上都可以提出平城不利于北魏发展而洛阳有利于北魏发展的充分缘由：经济上，平城地处边塞，气候寒冷干旱，远不及洛阳有利于发展农业，确保京城供应；政治上，位置偏远、交通不畅的平城，远不及洛阳有利于对中原广大地区的统治；军事上，面对漠北柔然南下骚扰和南朝政权北上攻伐的威胁，尤其来自南朝的严重威胁，平城极不利于挥军南下作战，只有迁都洛阳，立足中原，才能扭转军事被动局面。总之，无论经济上、政治上、军事上显然以迁都洛阳最为有利。但孝文帝的迁都之举基于更高的战略目标，那就是为进一步全面展开汉化改制，实现一统中华的宏伟大业铺平道路，奠定基础。所以，当他冲破重重阻力于太和十八年（494年）正式迁都洛阳后，立即因势乘便，把汉化改制进一步引向更为广泛、深入的领域：

一是，社会习俗领域。即在服饰、语言、姓氏、婚姻习俗诸方面展开移风易俗的社会大变革，促使鲜卑民族的生活方式全面融入汉民族。

在服饰方面：禁鲜卑服，改服汉服。太和十八年十一月孝文帝初驾临洛阳，十二月即诏令“变易旧风”、“禁士民胡服”[①]，并要求从“营国之本，礼教为先”的封建礼教高度对待服饰汉化[②]。就是说，只有同汉民族服饰文化融为一体，才可以全面适应封建礼教的服饰等级制度；否则，“若仍旧俗，恐数世之后，伊洛之下复成披发之人”[③]，鲜卑民族将重新回到原始野蛮的“披发之人”状态，北魏王朝的命运将不堪设想。

---

①《资治通鉴·卷第一百三十九·齐纪五》胡三省注，中华书局，1956年版，第4370页。

②《魏书·景穆十二王列传中·任城王澄》，中华书局，1974年版，第469页。

③《魏书·献文六王列传上·咸阳王禧》，中华书局，1974年版，第536页。

在语言方面：禁鲜卑语，改说汉语。太和十九年（495年）六月诏令“不得以北俗之语言于朝廷，若有违者，免所居官”[①]，并把语言汉化作为推行封建礼教的先决条件。他以孔子“为政必先正名”和名正而言顺、而事成、而礼乐兴、而刑罚中的言论为经典依据指出：“焉有不先正名，而德行礼乎！”[②]于是决意“断诸北语，一从正音”[③]，以汉语为国家通行语言。

在姓氏方面：取消鲜卑姓氏，改姓汉族姓氏。太和二十年（497年）正月，诏令“改姓为元氏”[④]，即北魏皇室由鲜卑拓跋氏改为汉姓元氏，进而凡鲜卑贵族一律改姓：“改拓跋氏为长孙氏，达奚氏为窦氏，乙旃氏为叔孙氏，丘穆陵氏为穆氏，步六孤氏为陆氏，贺赖氏为贺氏，独孤氏为刘氏，贺楼氏为楼氏，勿忸于氏为于氏，尉迟氏为尉氏等等。”[⑤]

在婚姻方面：“绝同姓之娶”，“结他族之亲”。早在迁都之前的太和八年（483年），孝文帝即诏令“绝同姓之娶”，禁绝鲜卑同姓结亲，进而大力推行鲜卑贵族与汉族高门联姻，叫作“合二姓之好，结他族之亲”，把这看作是“上以事宗庙，下以继后世”[⑥]的攸关祖宗大业传承的大事。如孝文帝的六位弟弟即“献文六王”中，除河南王幹娶鲜卑贵族女外，其余皆为汉族高门。

以上，服饰、语言、姓氏、婚姻等社会习俗领域的汉化改制，有力地促进了鲜卑民族与汉民族生活方式的全面融合或趋同。

二是，政权建设领域。主要是定姓族，建门阀，进一步加强与汉族士族的政治联合，促使北魏政权全面封建化。太和十九年（495年），孝文帝诏令“定姓族”，要求厘定士、庶界限，提高士族地位，重用士族人物，建立门阀制度，由

---

①《魏书·高祖纪下》，中华书局，1974年版，第177页。

②《魏书·献文六王列传上·咸阳王禧》，中华书局，1974年版，第536页。

③《魏书·献文六王列传上·咸阳王禧》，中华书局，1974年版，第536页。

④《魏书·高祖纪下》，中华书局，1974年版，第179页。

⑤《资治通鉴·卷第一百四十·建武三年·齐纪六》，胡三省注，中华书局，1956年版，第4393页。

⑥《魏书·献文六王列传上·咸阳王禧》，中华书局，1974年版，第534页。

此确立“公门有公,卿门有卿”,公卿士族世袭垄断统治的政治格局。一方面,厘定了鲜卑贵族的姓族:一等贵族分甲、乙、丙、丁“四姓”,即四个级差的“郡姓”;四姓以下贵族亦入姓族。这样就从法制上确立了鲜卑贵族的封建士族身份。与此同时,厘定了汉族大族的姓族:范阳卢氏、清河崔氏、荥阳郑氏、太原王氏、河东薛氏、柳氏以及赵郡、陇西李氏、京兆韦氏、杜氏、弘农杨氏等,皆为著名郡姓。于是,鲜卑贵族与汉族大族的世袭门阀统治格局确立了,北魏政权事实上已成为门阀化的鲜卑贵族与汉族门阀地主的联合体,从而为北魏王朝的汉化、封建化进程提供了强有力的政治保证。

三是思想文化领域。即以统一“文轨”、实行“文治”为宗旨,以尊儒崇经为核心,大力提倡礼乐教化,积极兴办学校,选拔重用贤能,在思想文化领域与汉民族封建体制全面融为一体。当时,历经西晋“永嘉之乱”和十六国长期混战,中原地区文化遭受空前浩劫,“礼乐文章,扫地将尽”①。北魏建国后,疲于争战武功,无暇顾及文治;太武帝统一北方后,“方将偃武修文”②,逐步向“文治”过渡;至孝文帝统一“文轨”,实行“文治”的汉化改制全面推行,长期遭受战乱摧残的中原地区文化才得以重新振兴。当时的北魏社会,思想文化领域一派繁荣,“斯文郁然,比隆周汉”③,呈现出如同周、汉王朝那样的盛况。

综上所述,孝文帝前、后期汉化改制的成功实践,促使鲜卑族游牧文化全面融入汉民族农耕文化,北魏王朝全面融入封建王朝体制,从而把胡、汉民族大融合推向了极致,在社会生活的各个领域全面促进了北魏国家的发展。

迁都洛阳后,孝文帝着力后期汉化改制的同时,接连展开了军事南伐,兵锋所向,在于吞灭南齐,统一中国。用他的话说,叫做“南荡瓯吴,复礼万国”。瓯,今浙江温州古称;吴,古吴越大地。南荡瓯吴,就是“制御华夏,辑平九服”,统一中国南北,如同他在南伐途中感慨道:“白日光天无不曜,江左一隅独未照”。他志在白日光天普照江左,实现中华一统的宏伟大业。

---

①《魏书·儒林列传》,中华书局,1974年版,第1841页。

②《魏书·世祖纪上》,中华书局,1974年版,第79页。

③《魏书·儒林列传》,中华书局,1974年版,第1842页。

虽然，孝文帝“壮志未酬身先死”，统一中华的宏愿未及实现便英年早逝于第三次南伐途中，但是，鲜卑民族汉化改制促成的胡汉民族大融合，已经为隋唐王朝的崛起和中华大一统的重建直接铺垫了基石。

隋唐时期的汉民族便是在胡汉民族大融合的基础上，尤其是胡汉通婚造成民族血统混合的基础上经过重构而变更面貌的新汉族。据民族史学家王桐龄《中国民族史》考证，隋唐时期的汉民族主要是以汉族为父系，鲜卑为母系的新汉族。如他考证隋唐皇室胡汉混杂的血统：隋炀帝杨广、唐高祖李渊的母亲，都出自拓跋鲜卑的独孤氏；唐太宗李世民生母出自鲜卑族纥豆陵氏；唐太宗长孙皇后父系、母系皆鲜卑人，故唐高宗李治，承袭鲜卑血统近四分之三，承继汉族血统者仅四分之一[①]。

隋唐皇室便是以胡汉混杂的血统而统一中华的。并且，胡汉血统混合更大量地在于下层民众。所以，隋唐时期的汉人或号为“唐人”的汉人，已不是魏晋以前汉人血统的简单延续，而是胡汉血统混合的民族共同体。这个民族共同体构成的隋唐社会，冲破了僵硬的一元化格局，呈现出生动的多元化局面。隋唐王朝那朝气蓬勃、活力迸发的磅礴气度，隋唐文化那海纳百川、兼容并包的开放态势，在中华文明史上谱写了光彩夺目的篇章。

---

①参见冯天瑜等：《中华文化史》，上海人民出版社，1990年版，第575页。

参考文献

[1]司马迁.史记.北京:中华书局,1959.
[2]班固.汉书.北京:中华书局,1962.
[3]范晔.后汉书.北京:中华书局,1965.
[4]陈寿.三国志.北京:中华书局,1959.
[5]房玄龄等.晋书.北京:中华书局,1974.
[6]魏收.魏书.北京:中华书局,1974.
[7]令狐德棻等.周书.北京:中华书局,1971.
[8]李延寿.北史.北京:中华书局,1974.
[9]李延寿.南史.北京:中华书局,1974.
[10]魏征等.隋书.北京:中华书局,1974.
[11]刘昫等.旧唐书.北京:中华书局,1974.
[12]刘祁,欧阳修等.新唐书.北京:中华书局,1974.
[13]薛居正等.旧五代史.北京:中华书局,1974.
[14]欧阳修.新五代史.北京:中华书局,1974.
[15]脱脱,阿鲁图等.宋史.北京:中华书局,1974.
[16]脱脱等.辽史.北京:中华书局,1974.
[17]脱脱等.金史.北京:中华书局,1974.
[18]司马光.资治通鉴.北京:中华书局,1956.

[19]白寿彝总主编.中国通史.上海:上海人民出版社,1995.

[20]范文澜.中国通史.北京:人民出版社,1978.

[21]史仲文,胡晓林主编.百卷本中国全史.北京:人民出版社,1994.

[22]林惠祥.中国民族史(上、下).上海:上海书店,1984.

[23]翁独健主编.中国民族关系史纲要.北京:中国社会科学出版社,1990.

[24]张碧波,董国尧主编.中国古代北方民族史·民族文化卷.哈尔滨:黑龙江人民出版社,1993.

[25]张碧波,董国尧主编.中国古代北方民族史·专题文化卷.哈尔滨:黑龙江人民出版社,1995.

[26]米文平.鲜卑史研究.郑州:中州古籍出版社,1994.

[27]马长寿.乌桓与鲜卑.桂林:广西师范大学出版社,2006.

[28]马长寿.北狄与匈奴.桂林:广西师范大学出版社,2006.

[29]马长寿.碑铭所见前秦至隋初的关中部族.桂林:广西师范大学出版社,2006.

[30]周伟洲.汉赵国史.桂林:广西师范大学出版社,2006.

[31]周伟洲.南凉与西秦.桂林:广西师范大学出版社,2006.

[32]周伟洲.敕勒与柔然.桂林:广西师范大学出版社,2006.

[33]周伟洲.唐代党项.桂林:广西师范大学出版社,2006.

[34]周伟洲.吐谷浑史.桂林:广西师范大学出版社,2006.

[35]王仲荦.魏晋南北朝史.上海:上海人民出版社,1979.

[36]冯天瑜等.中华文化史.上海:上海人民出版社,1990.

[37]苏秉琦.华人·龙的传人·中国人——考古寻根记.沈阳:辽宁大学出版社,1994.

[38]苏秉琦.中国文明起源新探.北京:生活·读书·新知三联书店,1999.

[39]李元庆.三晋古文化源流.太原:山西古籍出版社,1997.

[40]李元庆.晋学初集.太原:山西人民出版社,2003.

[41]沈起炜.细说两晋南北朝.上海:上海人民出版社,2002.